Carla Andrea Taramasco Toro

Obésité et Structures Sociales

Carla Andrea Taramasco Toro

Obésité et Structures Sociales

Facteurs Individuels et Sociaux

Presses Académiques Francophones

Impressum / Mentions légales
Bibliografische Information der Deutschen Nationalbibliothek: Die Deutsche Nationalbibliothek verzeichnet diese Publikation in der Deutschen Nationalbibliografie; detaillierte bibliografische Daten sind im Internet über http://dnb.d-nb.de abrufbar.
Alle in diesem Buch genannten Marken und Produktnamen unterliegen warenzeichen-, marken- oder patentrechtlichem Schutz bzw. sind Warenzeichen oder eingetragene Warenzeichen der jeweiligen Inhaber. Die Wiedergabe von Marken, Produktnamen, Gebrauchsnamen, Handelsnamen, Warenbezeichnungen u.s.w. in diesem Werk berechtigt auch ohne besondere Kennzeichnung nicht zu der Annahme, dass solche Namen im Sinne der Warenzeichen- und Markenschutzgesetzgebung als frei zu betrachten wären und daher von jedermann benutzt werden dürften.

Information bibliographique publiée par la Deutsche Nationalbibliothek: La Deutsche Nationalbibliothek inscrit cette publication à la Deutsche Nationalbibliografie; des données bibliographiques détaillées sont disponibles sur internet à l'adresse http://dnb.d-nb.de.
Toutes marques et noms de produits mentionnés dans ce livre demeurent sous la protection des marques, des marques déposées et des brevets, et sont des marques ou des marques déposées de leurs détenteurs respectifs. L'utilisation des marques, noms de produits, noms communs, noms commerciaux, descriptions de produits, etc, même sans qu'ils soient mentionnés de façon particulière dans ce livre ne signifie en aucune façon que ces noms peuvent être utilisés sans restriction à l'égard de la législation pour la protection des marques et des marques déposées et pourraient donc être utilisés par quiconque.

Coverbild / Photo de couverture: www.ingimage.com

Verlag / Editeur:
Presses Académiques Francophones
ist ein Imprint der / est une marque déposée de
AV Akademikerverlag GmbH & Co. KG
Heinrich-Böcking-Str. 6-8, 66121 Saarbrücken, Deutschland / Allemagne
Email: info@presses-academiques.com

Herstellung: siehe letzte Seite /
Impression: voir la dernière page
ISBN: 978-3-8381-8918-5

Ecole Polytechnique

THESE

pour obtenir le titre de

Docteur en Sciences

Mention : HUMANITÉS ET SCIENCES SOCIALES

présentée par

Carla Andrea TARAMASCO TORO

Impact de l'obésité sur les structures sociales et impact des structures sociales sur l'obésité

———

Facteurs individuels et environnementaux

Thèse dirigée par Jacques DEMONGEOT

Préparée au CREA (Ecole Polytechnique & CNRS) et au TIMC-IMAG (Université J. Fourier Grenoble & CNRS)

Soutenue le 8 Juillet 2011

devant le jury composé de :

Rapporteurs :	Alain DUHAMEL	-	CERIM (U. Lille 2/PRES U.Lille Nord)
	Yannick KERGOSIEN	-	LI (U.Cergy-Pontoise)
Examinateurs :	Jose LABARERE	-	TIMC-IMAG (CNRS/U. Joseph Fourrier)
	Paul BOURGINE	-	CREA (CNRS/Ecole Polytechnique)
	Dominique BICOUT	-	TIMC-IMAG (CNRS/U. Joseph Fourrier)
Directeur :	Jacques DEMONGEOT	-	TIMC-IMAG (CNRS/U. Joseph Fourrier)

Nadie se hace humano solo.
Solo el contagio, el contacto con los otro humanos nos hace humanos.

Résumé de la thèse:

La thèse porte sur le développement d'un cadre théorique (conceptualisation et formalisation) qui cherche à modéliser l'obésité comme un processus de transformation du corps de l'individu obèse, déterminé par des facteurs individuels, inter-individuels, sociaux et culturels. J'ai d'abord pris en compte ces facteurs indissociables, pour analyser l'impact dans le temps d'une telle transformation individuelle sur la structure sociale. Pour ce faire, j'ai développé un modèle de réseau, dans lequel une partie des interactions individuelles sont dues à une sélection/désélection homophilique, consistant en un détachement et un attachement préférentiels de liens, selon les propriétés des individus. Deuxièmement, et réciproquement, j'étudie le rôle que pourrait jouer la structure du tissu social dans l'actuel développement de l'obésité. J'utilise pour cela deux modèles stochastiques : un modèle épidémiologique à compartiments et un modèle de réseau individu-centré considérant deux types d'influences : exogène (environnement-individu) et endogène (individu-individu).

Résumé de la thèse:

I will propose a theoretical framework (conceptualization and formalization) which seeks to model obesity as a process of transformation of one's own body determined by individual (physical and psychological), inter-individual (relational, due to relations between the individual and others) and socio-cultural factors (environmental, due to relations between the individual and his milieu). Individual and inter-individual factors are tied to each other in a socio-cultural context whose impact is notably related to the visibility of any body being exposed in the public context in a non-contingent way. To investigate obesity in this multifactorial manner, this paper is divided in two main parts. First, I take into account these inseparable factors to analyze the impact through time that obese individual transformation may have on the social structure. With this aim, I develop a network model in which individual interactions are in part due to homophilic selection/deselection, *i.e.*, preferential attachment and detachment of inter-individual links according to characteristics of the individuals involved. Homophily is here defined as the tendency of an individual to create links with other individuals sharing similar attributes with him and to cut links with other dissimilar individuals. Homophily suggests that individuals tend to interact with those who resemble them. Second, and reciprocally, I study the role which could be played by the structure of the social fabric in the increase and current development of obesity. I evaluate the impact of micro level (*i.e.*, relations between individuals) as well as the impact of meso level (*i.e.*, relations between districts) and between macro levels (*i.e.*, countries). This approach highlights the necessity to integrate the dynamics of each scale to better understand the evolution of the pathology. With this aim, I use two stochastic models : epidemiological compartmental model and individual centered network model, considering three influences : exogenous heterogeneous (individual-cultural), exogenous homogeneous (individual-social) and endogenous (individual-individual). All together, this investigation of obesity will allow me to investigate the social and cultural dimension involved in being and transforming one's body.

Remerciements

Quiero dedicarle este trabajo a las dos personas que me acompañaron día a día durante todo este proceso, lleno de vida, alegría, tristezas, dudas, aprendizaje y sueños.

Quiero agradecerle a Carlo, mi hijo, quien con tan solo 9 años me acompaña en esta larga aventura, acepta dejar su país, integrarse a uno nuevo y acompañarme en esta locura que hoy puede llamarse "doctorado". Los anos pasan y lo veo ahora transformado en un hermoso adolescente, quien con sus sonrisas y abrazos me llena de fuerza, luz y alegrías. Quiero también agradecerle a Antonio, gran compañero, que deja su vida en Chile por esta aventura, quien cada día me acompaña con una mirada paciente y silenciosa. Gracias por tu apoyo sobre todo en esta ultima etapa. Junto con ellos, mi madre y mi hermana que siempre estuvieron presentes con cariño y preocupación, al igual que mi padre, sonriente desde su lejano jardín de silencios.

Quiero agradecer además a quienes me han recibido y acompañado en este periodo : a mi director de tesis, Jacques Demongeot, por darme la libertad y confianza para trabajar, por su disposición a toda prueba y por la profunda sabiduría con la que ha guiado mi trabajo, siendo un ejemplo del verdadero oficio de la investigación. A Paul Bourgine por su apoyo sin limites, por sus palabras de animo cuando todo parecía imposible, por su disposición, risas y energía. A Dominique Bicout por guiarme en este trabajo con ideas innovadoras, con disponibilidad y paciencia para discutir cada nueva pregunta que se abre durante este proceso.

Quiero agradecer especialmente a Dorothee Legrand, quien, quizás, sin darse cuenta me ayudo mucho en la parte final de este trabajo, a través de largas discusiones sobre el tema, en las que destaco su visión clara, sus respuestas precisas y su capacidad de análisis, mostrando gran entusiasmo e interés por el trabajo.

Quiero agradecer a Jonathan, quien a estado conmigo entregándome locura, risas, compañia y preocupación, tanto para enfrentar mis desafíos académicos como personales.

Gracias a tantos que estuvieron a mi lado en estos largos años Gabriel, Jean Phillipe, Camille, David, Renaud, Nadiege, Marie-Jo, Emmanuel, Elisabeth, Claudio, Antonio, Marta, Andres, Alan, Paulina, Victor y tantos otros que me acompañaron y apoyaron ya sea desde aqui o a la distancia.

Es importante además agradecer al laboratorio CREA, el cual ha sido un refugio para la generación de este trabajo, gracias a todos por compartir sus experiencias y pasión por la investigación. Como olvidar dentro el CREA a Marcel quien se encargo los últimos meses de recordarme cada día lo importante que era terminar lo mas pronto posible ! !... gracias por tu obstinación y cariño.

Finalmente quiero agradecer a las instituciones Chilenas que me han apoyado en el desarrollo de mi tesis, a la Universidad de Valparaíso y la Comisión Nacional de Investigación Científica y Tecnológica de Chile (CONICYT).

Recuerdo en este momento, las lejanas y extensas conversaciones que despertaron, finalmente el deseo de seguir este sueño que ahora estoy concretando... gracias a la cordillera, al mar, a mi tierra y su gente que viaja dentro nuestro cuando estamos lejos.

Table des matières

Introduction   **13**

I   Une maladie chronique multifactorielle : L'obésité   **17**

1   Qu'est-ce que l'obésité ?   **19**
   1.1   Introduction 20
       1.1.1   Mesure de corpulence 21
       1.1.2   Les différentes phases d'évolution de l'obésité 25
   1.2   Situation de l'obésité - Une épidémie mondiale 27
       1.2.1   Dans le monde 27
       1.2.2   En France 29
   1.3   Principaux facteurs déterminants de l'obésité 34
       1.3.1   Niveau individuel 35
       1.3.2   Niveau environnemental 39
   1.4   L'individu et son milieu 42
       1.4.1   Impact de l'obésité sur la structure sociale 42
       1.4.2   Liens d'amitié et pratiques communes 46
       1.4.3   Corrélation entre les IMC des amis 46
       1.4.4   Influence interindividuelle et sociale sur les pratiques 48
       1.4.5   Contagion de l'obésité 51
       1.4.6   Autres études 54
   1.5   Discussion 55
   1.6   Conclusion 56

2   Problématique   **59**
   2.1   Introduction 59
   2.2   Problématique 60
   2.3   Discussion et Conclusion 63

II   Modèle de réseaux pour l'obésité   **71**

3   Construction des Réseaux   **73**
   3.1   Introduction 73
   3.2   Formalisation des réseaux 74
   3.3   Propriétés des réseaux 75
   3.4   Description des différentes topologies des réseaux étudiés 77
       3.4.1   Aléatoire (Bollobas, Erdös Rényi) 77

3.4.2 Réseaux invariants d'échelle (Barabasi-Albert) 80

3.4.3 Petit Monde (Schabanel, Strogatz, Watts) 83

3.4.4 Empirique (approximation des réseaux de Christakis) 87

3.4.5 Résumé des réseaux étudiés 90

3.5 Construction des réseaux orientés 93

3.5.1 Réseaux dirigés étudiés 94

3.5.2 Résumé des réseaux dirigés étudiés 94

3.6 Discussion 97

3.7 Conclusion 98

4 Une dynamique d'interaction sociale homophilique   **101**

4.1 Introduction 101

4.2 Formalisation 104

4.3 Modèle de simulation 105

4.4 Méthodes d'analyse 108

4.4.1 L'homophilie 108

4.4.2 Structure des réseaux 110

4.5 Résultats 110

4.5.1 Effet de la dynamique homophilique sur la structure de réseaux 110

4.5.2 Effet de la tolérance avec une distribution d'états corporels fixe 111

4.5.3 Effet de la prévalence avec une tolérance moyenne fixée . . . 114

4.6 Discussion 132

4.7 Conclusion 132

5 Modélisation de la Propagation de l'Obésité dans les Réseaux Sociaux   **137**

5.1 Introduction 138

5.2 Description du système général 138

5.3 Modèle conceptuel 139

5.3.1 Mécanismes qui influencent la propagation 140

5.4 Simulation du modèle 142

5.4.1 Les hypothèses présentes dans notre modèle 142

5.5 Méthodes d'analyse et résultats 144

5.5.1 Effet de la force Exogène homogène sur la propagation de l'obésité 145

5.5.2 Effet de la force Endogène sur la propagation de l'obésité . . . 149

5.5.3 Effet de l'influence sociale (endogène et exogène) sur la propagation de l'obésité 154

5.6 Discussion 162

5.7 Conclusion 162

6   L'observation individuelle et sociale de l'obésité   165

  6.1   Introduction 165

      6.1.1   La CIM10 166

      6.1.2   Le dossier médical résumé (DMR) 167

      6.1.3   La durée de séjour documentée dans les RSS 169

      6.1.4   Les troubles nutritionnels liés à l'obésité. 170

  6.2   Vers le dossier médical personnalisé (DMP) 172

      6.2.1   Bref historique 172

      6.2.2   L'hébergement du DMP 174

      6.2.3   Un exemple de DMP 175

      6.2.4   Place de l'obésité dans le DMP 178

      6.2.5   Description du réseau social lié à l'obésité dans la base DMP . 179

  6.3   Discussion 179

  6.4   Conclusion 180

Conclusion   191

A   Publications et présentations   194

  A.1   Travaux développés pendant la thèse, liés a l'obésité 194

      A.1.1   Articles de conférence 194

      A.1.2   Présentations 194

      A.1.3   Poster 194

      A.1.4   Autres 194

  A.2   Autres travaux développés pendant la thèse 195

      A.2.1   Articles de journaux 195

      A.2.2   Articles de conférence 195

      A.2.3   Poster 195

B   Eléments de théorie des graphes pour représenter les réseaux sociaux   196

  B.1   Les graphes 196

C   Complément des figures chapitre IV   198

  C.1   Dynamique homophilique 198

      C.1.1   Effet de la dynamique homophilique sur la structure de réseaux 198

      C.1.2   Effet de la tolérance avec une distribution d'états corporels fixe 205

      C.1.3   Effet de la prévalence avec une tolérance moyenne fixée . . . 205

Bibliographie   218

Table des figures

1.1   Distribution de l'IMC en 2003   22
1.2   Obésité et risque de mortalité   23
1.3   Evolution de l'obésité aux Etats-Unis   28
1.4   Distribution de l'IMC dans différents pays   29
1.5   Tendances de la prévalence de l'obésité adulte   30
1.6   Répartition de la population française en fonction de l'IMC, 2009 . .   31
1.7   Répartition de la population française en fonction de l'IMC depuis
      1997   32
1.8   Répartition de la population adulte obèse par catégories sociopro-
      fessionnelles   33
1.9   Web Causal IOTF   35
1.10 Cercle de la stigmatisation de l'obésité   44

2.1   Schéma de l'obésité, centré sur l'individu   64
2.2   Intégration des facteurs individuels et sociaux   65
2.3   Processus homophilique   66
2.4   Propagation de l'obésité   68

3.1   Distribution du degré et du coefficient de clustering : réseaux aléa-
      toires   79
3.2   Distribution du degré et du coefficient de clustering : réseaux scale-
      free   83
3.3   Distribution du degré et du coefficient de clustering : réseaux petit
      monde   86
3.4   Distribution observée par Christakis   87
3.5   Distribution du degré et du coefficient de clustering : réseaux de
      Christakis   90
3.6   Graphes des réseaux non-dirigés étudiés   92
3.7   Distribution du "degré - in " pour tous les réseaux   95
3.8   Distribution du "degré - out " pour tous les réseaux   96
3.9   Graphes des réseaux dirigés étudiés   99

4.1   Dynamique homophilique par topologie 116
4.2   Dynamique homophilique par topologie 117
4.3   Dynamique homophilique par topologie 118
4.4   Dynamique homophilique par topologie 119
4.5   Dynamique homophilique totale 120
4.6   Dynamique homophilique par états 121

4.7   Homophilie à l'équilibre 121
4.8   Temps de relaxation 122
4.9   Evolution du "degré-in" par états 123
4.10   Distributions du "degré-in" avec probabilité de connexion donnée . . 124
4.11   Evolution du coefficient de clustering moyen 125
4.12   Evolution du coefficient de clustering moyen par états 126
4.13   Coefficient d'associativité moyen temporel 127
4.14   Coefficient d'associativité moyen 127
4.15   Dynamique homophilique totale 128
4.16   Dynamique homophilique par états 129
4.17   Homophilie a l'équilibre en fonction de la prévalance 130
4.18   Temps de relaxation en fonction de la prévalance 130
4.19   Evolution du "degré-in" par états 131
4.20   Distributions du "degré-in" avec probabilité de connexion donnée . . 133
4.21   Coefficient d'associativité moyen temporel 134
4.22   Coefficient d'associativité moyen 134

5.1   Schéma compartimental des individus 140
5.2   Prévalence des états corporels avec une force Exogène 146
5.3   Prévalence des états corporels avec une force Exogène 147
5.4   Prévalence des états corporels avec une force Exogène 148
5.5   Prévalence des états corporels avec une force Exogène 149
5.6   Incidence des états corporels avec une force Exogène 150
5.7   Force Exogène à l'équilibre 151
5.8   Prévalence des états corporels avec une force Endogène 152
5.9   Incidence des états corporels avec une force Endogène 153
5.10   Distributions Initiale et Finale de la Force Endogène à risque 156
5.11   Force Endogène à l'équilibre 157
5.12   Prévalence des états corporels avec les deux forces 158
5.13   Prévalence des états corporels avec les deux forces 159
5.14   Incidence des états corporels avec les deux forces 160
5.15   Incidence des états corporels avec les deux forces 161

6.1   Rubriques d'un RUM 182
6.2   Distribution de la durée de séjour 183
6.3   Répartition géographique et saisonnière des patients 184
6.4   Proportions cumulées moyennes des groupes de GHM 185
6.5   Analyse en composantes principales sur les effectifs des GHM 186
6.6   Historique de l'informatique médicale en France 187
6.7   Système de Gestion de Bases de Données 188
6.8   Réseaux médico-sociaux dans lesquels est inséré un patient 189
6.9   Evolution de l'obésité en France 189

C.1   Dynamique homophilique par topologie 199
C.2   Dynamique homophilique par topologie 200
C.3   Dynamique homophilique par topologie 201
C.4   Dynamique homophilique par topologie 202
C.5   Dynamique homophilique par topologie 203
C.6   Dynamique homophilique par topologie 204
C.7   Dynamique homophilique totale 205
C.8   Dynamique homophilique en fonction de la tolérance 206
C.9   Dynamique homophilique par états 207
C.10 Distributions de "degré-in"" avec une probabilité de connexion 2 . . . 208
C.11 Distributions du "degré-in" avec une probabilité de connexion 3 . . . 209
C.12 Evolution du coefficient d'agrégation moyen par états 210
C.13 Evolution du coefficient d'agrégation moyen par états 211
C.14 Dynamique homophilique totale 212
C.15 Homophilique en fonction de la prévalance 212
C.16 Dynamique homophilique par états 213
C.17 Distributions du "degré-in" avec probabilité de connexion donnée . . 214
C.18 Distributions du "degré-in" avec probabilité de connexion donnée . . 215
C.19 Evolution du coefficient de clustering moyen par états 216
C.20 Evolution du coefficient de clustering moyen par états 217

Introduction

L ES systèmes sociaux sont des systèmes complexes dynamiques, dans lesquels le réseau social est une donnée observable de première importance. Les structures et les diverses relations existant entre groupes sociaux, souvent représentées sous forme de graphes, ont été longuement étudiées dans diverses disciplines. Le travail de thèse s'appuie essentiellement sur l'analyse et la modélisation des phénomènes de morphogenèse (motifs structurels non triviaux) et les processus d'influence au sein de réseaux sociaux, en se basant sur des interactions multi-échelles.

Pour analyser tant le processus de morphogenèse que celui d'influence, nous avons pris le cas spécifique de l'obésité, étant donné, d'une part, sa visibilité sociale et, d'autre part, sa large expansion nationale, comme internationale. L'obésité est définie comme une accumulation anormale ou excessive de graisse dans les tissus adipeux (constitués d'adipocytes), pouvant engendrer des problèmes plus ou moins importants pour la santé au niveau individuel. On assiste actuellement à un développement épidémique de l'obésité, partout dans le monde : d'après les dernières estimations mondiales de l'OMS (Organisation Mondiale de la Santé), le taux d'obésité aurait au moins triplé entre 1980 et 2005. Ce rythme de développement laisse supposer que la maladie relève d'un problème socioculturel, greffé sur une prédisposition au niveau individuel.

La thèse porte sur le développement d'un cadre théorique (conceptualisation et formalisation), qui cherche à **modéliser l'obésité comme un processus de transformation du corps constitutivement individuel (physique et psychologique), inter-individuel (relationnel, provenant du rapport entre l'individu et autrui) et socio-culturel (environnemental, provenant du rapport entre l'individu et son milieu)**. Les facteurs individuels et inter-individuels se nouent les uns aux autres dans un contexte socio-culturel, dont l'impact est notamment lié à la visibilité de tout le corps, qui se trouve exposé sur la scène publique de manière non contingente.

Pour étudier l'obésité de cette façon multifactorielle, les apports de la thèse sont divisés principalement en deux parties. Tout d'abord, nous prenons en considération les facteurs inséparables ci-dessus, pour analyser l'obésité comme processus de transformation individuelle impactant, au cours du temps, la structure et la dynamique sociale. Dans ce but, nous développons un modèle de réseau, dans lequel une partie des interactions individuelles est due à une dynamique homophilique d'attachement et détachement de liens, liens qui sont attachés ou détachés préférentiellement selon les propriétés des individus. Nous prenons l'homophilie, d'une part comme la tendance qu'ont les individus ayant des attributs similaires à créer des liens entre eux et, d'autre part, la tendance qu'ont les individus connectés entre eux et ayant des attributs dissemblables, à couper leurs liens. Le principe d'homophilie suggère que les individus tendent à interagir avec ceux qui leur ressemblent.

Deuxièmement et réciproquement, nous étudions le rôle que pourrait jouer la structure du tissu social dans l'augmentation et le développement actuels de l'obésité. Il s'agit d'évaluer l'impact des relations micro (*i.e.*, inter-individuelles), mais aussi l'influence du niveau méso (*i.e.*, inter-quartiers) et macro (*i.e.*, inter-pays) sur l'obésité. Cette approche met en évidence la nécessité d'inclure les dynamiques de chaque échelle, pour mieux rendre compte de l'évolution globale de la maladie. Nous développons deux modèles stochastiques, un modèle épidémiologique à compartiments et un modèle de réseaux individus-centrés, en considérant deux types d'influence : exogène (environnement-individu) et endogène (individu-individu). Plus spécifiquement, les objectifs de ce travail sont principalement au nombre de deux :

Effet des états individuels sur la structure sociale et sa dynamique : comment les relations sociales peuvent-elles se modifier, en fonction des états individuels ? Dans l'hypothèse où le réseau social est construit entre les individus avec une certaine «sélection » ou « désélection » des amis, l'apparence corporelle peut jouer un rôle non anodin dans ce choix. Dans ce contexte, nous étudions l'impact relatif du statut corporel sur la dynamique des relations inter-individuelles.

Effet d'influences inter-individuelles ou environnementales sur le comportement individuel : comment le tissu social (la structure du réseau social) peut-il transmettre des habitudes ou comportements à risque, conduisant au déséquilibre énergétique et donc à l'obésité ? Dans l'hypothèse où le réseau social représente l'état et l'historique des interactions entre individus, il peut jouer un rôle crucial dans la vectorisation (influence de personne à personne ou via une source exogène commune) de l'obésité. Dans ce contexte, nous étudions l'impact relatif des interactions endogènes et exogènes dans un réseau social donné, donc le poids relatif des causes endogènes (interactions inter-individuelles) et exogènes (interactions entre l'individu et son milieu) dans l'augmentation et la possible propagation de l'obésité.

L'objectif de cette thèse est donc de développer un cadre d'analyse quantitative des dynamiques et des processus en jeu, contribuant à l'augmentation et au développement de l'obésité. Après avoir, dans la partie I, défini ce que recouvre la définition de l'obésité, ses facteurs pré-déterminants et les différentes études fondées sur l'individu et son milieu, nous aborderons, dans la partie II, l'examen des interrogations concernant le co-évolution de l'obésité et des structures sociales en deux grandes catégories : (i) étude de la morphogenèse de réseaux (partie II, chapitre 4) avec mise en évidence de motifs structurels globaux non triviaux (structures sociales formées sur la base des états individuels), couplée à l'étude des comportements locaux (propension d'un acteur à s'attacher préférentiellement à des acteurs présentant certaines caractéristiques corporelles, c'est-à-dire, homophilie basée sur le statut corporel et à (ii) l'étude des forces endogènes et exogènes influençant l'obésité (partie II, chapitre 5), tant à un niveau local que global, en s'interrogeant sur leur rôle et celui de la topologie du réseau, tant dans l'augmentation de l'obésité que dans sa vitesse de propagation. Nous finirons la partie II, chapitre 6, avec l'étude des potentialités que peut présenter l'inclusion des réseaux sociaux des individus obèses, dans la prise en charge et la prévention de l'obésité.

Première partie
Une maladie chronique multifactorielle : L'obésité

D ANS cette première partie, nous cherchons à comprendre ce qu'est l'obésité. Dans le premier chapitre, nous abordons la définition, la situation et les déterminants d'une des maladies chroniques les plus étendues actuellement dans le monde. L'obésité est liée à des facteurs génétiques, aux comportements des individus et à leur environnement. Aujourd'hui, les individus vivent dans une société de type *Janus* à double face : d'un côté, ils sont incités à réduire leurs apports caloriques ("mangez cinq fruits et légumes par jour !") et à augmenter leurs dépenses ("bougez 30 minutes par jour, c'est facile !") pour régler leur bilan énergétique ; de l'autre, ils sont dans un contexte où l'alimentation a une densité calorique accrue, où la disponibilité et la diversité alimentaires ont augmenté, où il y a une diminution de la consommation de glucides complexes aidant à la digestion (féculents, fibres), où les rythmes alimentaires sont déstructurés, et enfin où il y a une diminution de l'activité physique et un style de vie sédentaire. Devant ce constat, dans le deuxième chapitre où nous explicitons les enjeux de cette thèse, nous essaierons de voir comment nous pouvons expliquer l'augmentation rapide de l'obésité ces dernières années, quels sont les facteurs sociaux susceptibles d'intervenir dans le développement, de l'obésité qui puissent rendre compte de la situation actuelle et aussi expliquer le développement socialement différencié, de l'obésité. La dimension sociale du corps, sa visibilité, tout comme la dynamique sociale de l'obésité et ses influences, sont les clés de notre recherche.

CHAPITRE 1

Qu'est-ce que l'obésité ?

Sommaire

1.1	**Introduction**	**20**
	1.1.1	Mesure de corpulence	21
		1.1.1.1 Utilisation et interprétation de l'IMC	22
		1.1.1.2 Quelques critiques de l'IMC	24
	1.1.2	Les différentes phases d'évolution de l'obésité	25
1.2	**Situation de l'obésité - Une épidémie mondiale**	**27**
	1.2.1	Dans le monde	27
	1.2.2	En France	29
1.3	**Principaux facteurs déterminants de l'obésité**	**34**
	1.3.1	Niveau individuel	35
		1.3.1.1 Variations individuelles	35
		1.3.1.2 Génétique	36
		1.3.1.3 Physiologie	37
		1.3.1.4 Psychologie	38
	1.3.2	Niveau environnemental	39
		1.3.2.1 Variations environnementales	39
		1.3.2.2 Relations inter-individuelles	40
		1.3.2.3 Milieu social	41
		1.3.2.4 Milieu culturel	41
1.4	**L'individu et son milieu**	**42**
	1.4.1	Impact de l'obésité sur la structure sociale	42
		1.4.1.1 Stigmatisation	44
		1.4.1.2 Valorisation	45
	1.4.2	Liens d'amitié et pratiques communes	46
	1.4.3	Corrélation entre les IMC des amis	46
	1.4.4	Influence interindividuelle et sociale sur les pratiques	48
	1.4.5	Contagion de l'obésité	51
	1.4.6	Autres études	54
1.5	**Discussion**	**55**
1.6	**Conclusion**	**56**

Dans ce chapitre nous abordons la définition de l'obésité, comme aussi la situation de l'obésité, tant en France que dans le monde, pour arriver à la fin a étudier les déterminants de cette maladie. L'obésité constitue actuellement une des maladies chroniques les plus étendues dans le monde. Les causes de cette maladie sont multifactorielles, liés à des facteurs individuels et environnementaux. Dans ce chapitre, nous essayons de répondre en détails a le question clé : Qu'est-ce que l'obésité ?.

1.1   Introduction

L'obésité est définie comme un excès de masse adipeuse[1] ayant des conséquences somatiques, psychologiques et sociales, et retentissant sur la qualité de vie (Basdevant and Guy-Grand, 2004), ou comme une accumulation anormale ou excessive de graisse dans les tissus adipeux, pouvant engendrer des problèmes de santé (Garrow, 1988). En résumé, nous pouvons définir l'obésité comme une augmentation de la masse grasse, entraînant des risques qui peuvent être plus ou moins importants pour la santé au niveau individuel (Aranceta et al., 2007).

Pourquoi devient-on obèse ? Dans la majorité des cas, le mécanisme mis en jeu pour devenir obèse est le déséquilibre énergétique, entre l'énergie qu'un individu ingère par l'apport quotidien en graisses (lipides), sucres (glucides) et protéines et l'énergie qu'il dépense de par le fonctionnement du corps humain (par exemple l'énergie appelée spécifique, qui est nécessaire à la digestion des aliments, l'activité physique, la thermorégulation, l'énergie dissipée par le système nerveux central pour la commande végétative,...) la relation entre l'énergie des entrées (ou apport énergétique) et l'énergie de sortie (ou dépense énergétique) s'appelle l'équation d'équilibre calorique ou énergétique.

Quand l'organisme reçoit plus d'énergie qu'il n'en dépense, il stocke une partie de cet apport dans les cellules (appelées adipocytes) du tissu adipeux (organe produisant des hormones appelées adipokines, comme dans une glande endoctrine). Le déséquilibre entre apports et dépenses énergétiques a des conséquences « thermodynamiques » sur le métabolisme, bien résumées par l'effet Warburg (Vander-Heiden et al., 2009; Watson, 2009; Demetrius et al., 2010; Demetrius and Tuszynski, 2010) : si l'organisme a tendance à privilégier la voie glycolytique, il prend du poids en fabriquant des graisses et a tendance à avoir une pathologie cancéreuse (Agutter and Tuszynski, 2011), alors que, quand l'organisme privilégie la voie oxydatrice, il fabrique des radicaux oxydés qui favorisent les pathologies neuro-dégénératives, comme la maladie d'Alzheimer (Pavlides et al., 2010). Dans

---

1. La masse adipeuse est la substance, constituée d'adipocytes, située entre la peau et les muscles. Elle sert d'isolant, de protection et de réserve énergétique

les deux cas, l'effet sur la durée de vie dû au déséquilibre entre apports et dépenses énergétiques est négatif (Braeckman et al., 2006). Le surpoids se caractérise
par un grossissement des cellules adipeuses, contraintes de stocker toujours plus
de graisses, et l'obésité se caractérise par la multiplication de ces cellules, arrivées
à saturation. Pour comprendre pourquoi se produit ce déséquilibre énergétique, il
faut prendre en compte les différents facteurs déterminants de la maladie. Selon
divers auteurs, les déterminants de l'obésité sont multiples : cellulaires, métaboliques, neuroendocriniens, psychologiques, comportementaux, sociaux et économiques (Laitinen et al., 2001; Basdevant and Guy-Grand, 2004; Romon et al., 2005;
de Saint Pol, 2008; Poulain and Tibère, 2008; Poulain, 2009; Scharoun-Lee et al.,
2009). Ainsi, nous pouvons dire que l'obésité est une maladie multifactorielle, hétérogène [2] et physio-pathologiquement complexe.

Quelles sont les conséquences de l'obésité ? L'obésité a des conséquences sanitaires, comme l'augmentation du risque cardio-vasculaire et du risque de développer un diabète de type 2, des conséquences économiques, étant donné le coût du
système d'assurance maladie, et des conséquences sociales, comme la stigmatisation et les discriminations que subissent les personnes obèses.

1.1.1 Mesure de corpulence

Vers 1817, Adolphe Quételet (1796-1874), mathématicien belge, est le créateur
de la notion de physique sociale [3]. Avec l'objectif de classer les conscrits pour sélectionner ceux qui sont en état de servir au mieux l'armée, il cherche une méthode
pour classer les hommes selon leur corpulence. Il cherche donc un moyen d'expri-
mer la corpulence par une formule mettant en relation le poids et la taille. Il définit
ainsi le rapport du poids sur la taille au carré (voir équation 1.1), qui sera nommé
plus tard Indice de Masse Corporelle (IMC, en anglais BMI : Body Mass Index).

$$IMC = \frac{poids(Kg)}{taille^2(m)} \qquad (1.1)$$

A cette époque, une conception positiviste de la science et de la médecine est
en plein développement, conception selon laquelle une pathologie n'est qu'une
forme extrême, en plus ou en moins, de l'état normal, c'est-à-dire une variante
quantitative mesurable (Basdevant, 2006). La distribution des IMC présentée dans
la figure 1.1 [4] fournit une bonne illustration graphique de cette conception de la pathologie, comme déviation par rapport à une moyenne. Dans le cas des femmes, on

---

2. Les situations cliniques individuelles sont très variables en ce qui concerne leurs présentations
cliniques et leurs déterminants

3. Ecole de pensée située entre les physiocrates du XVIII ème siècle et la sociologie d'Auguste
Comte (1839)

4. Cette figure montre l'IMC des individus de 18 à 65 ans, résidant en France métropolitaine

voit que les poids "normaux" sont rassemblés près de la médiane de la population totale, entourés par des groupes de poids de moins en moins nombreux et de plus en plus éloignés de la norme, correspondant à la fois à la population en surpoids et à celle, beaucoup moins importante, de la population en sous-poids. Par contre, pour les hommes, on voit que les poids sont rassemblés autour de la moyenne (la distribution est plus symétrique que celle des poids des femmes), avec les poids "normaux" déplacés vers le haut, donc vers le surpoids.

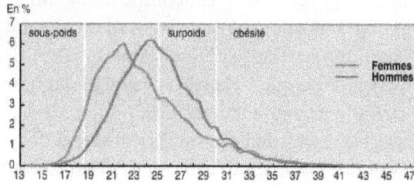

FIGURE 1.1: Distribution de l'IMC selon le sexe en 2003 [5]

1.1.1.1   Utilisation et interprétation de l'IMC

La nécessité d'avoir un indicateur pour classer les individus et l'utilisation de l'IMC l'ont transformé en outil pour mesurer l'obésité. L'Organisation Mondiale de la Santé (OMS) définit l'indice de masse corporelle (IMC) comme une mesure standard pour évaluer les risques liés au surpoids chez l'adulte, et les épidémiologistes ne tardèsent pas à découvrir une relation entre l'indice de masse corporelle et la mortalité : comparativement aux gens de poids moyen, les gens très maigres et les gens obèses meurent plus jeunes (voir figure 1.2) (Basdevant, 2006).

La mise en évidence de cette relation a poussé l'OMS à créer des classes de corpulence en fonction de l'IMC. Ces classes sont dénotées : maigreur, indice normal, surpoids, obésité, obésité sévère ou morbide. Selon l'OMS, un IMC élevé est corrélé avec une hausse de la mortalité, toutes causes confondues. Comme le montre la figure 1.2, on constate en particulier, au fur et à mesure de l'augmentation de l'IMC, une hausse des décès dus aux maladies cardio-vasculaires (risque accru d'infarctus du myocarde ou de maladies des artères du cœur, troubles circulatoires au niveau des jambes et attaque cérébrale), à certains types de cancers, et au diabète (type II, non insulinodépendant) (OMS, 1995).

Le seuil de l'IMC à partir duquel, selon les études épidémiologiques, la mortalité augmente significativement a été fixé à 30. A partir d'un IMC de 40, on parle d'obésité massive ou morbide, avec une augmentation de la mortalité plus significative qu'au seuil de 30. Les experts de l'International Obesity Task Force (IOTF) ont décidé de fixer les mêmes seuils pour les deux sexes et les différentes classes

---

5. http://www.insee.fr/fr/themes/document.asp?reg_id=0&ref_id=ip1123

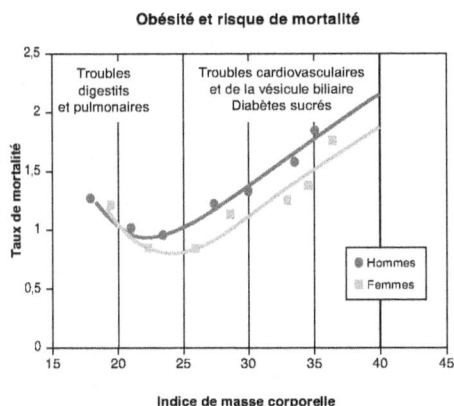

FIGURE 1.2: Obésité et risque de mortalité (Basdevant, 2006)

d'âges. Ces définitions s'appliquent ainsi aux femmes comme aux hommes, jusqu'à 65 ans.

La définition et la classification de l'OMS de l'obésité adulte en fonction de
l'IMC sont montrées dans le tableau 1.1 (OMS, 1995, 1997). Cette classification (basée sur l'association entre IMC et mortalité) est conforme aux recommandations
de l'IOTF, mais comprend une subdivision supplémentaire pour les IMC compris
entre 35,0 et 39,0. Pour calculer l'IMC, il suffit de croiser la taille en mètres et le
poids en kilos sur le tableau 1.2. Ainsi, si une personne pèse $95kg$, mesure $1,81m$ et
a un IMC de 29, d'après le tableau 1.2, cette personne est en surpoids.

Classification	IMC (kg·m²)	Risque de morbidité associée
Dénutrition	< 16,5	Très Important
Insuffisance pondérale	<18,5	Faible (Mais risque accru d'autres problèmes cliniques)
Eventail normal	18,5-24,99	Moyen
Surpoids :	>=25,0	
Pré-obèse	25,00-29,99	Accru
Obésité, classe I (modérée)	30,0-34,99	Modéré
Obésité, classe II (sévère)	35,0-39,99	Important
Obésité, classe III (morbide ou massive)	>=40	Très Important

TABLE 1.1: Classification des adultes en fonction de l'IMC, indépendante de l'âge et analogue pour les deux sexes (OMS, 1997)

En plus de l'IMC, il existe une grande diversité de méthodes de mesure de l'obésité : poids idéal selon la taille, mesure des plis cutanés, rapports des mensurations taille sur hanches, positionnement du poids médian dans une population de référence, entre autres. Cette trop grande diversité constitue le principal obstacle à la réalisation de méta - analyses comparatives, qui permettraient de définir des populations à risque et de proposer des stratégies préventives et thérapeutiques collectives.

L'IMC est considéré comme le descripteur de l'obésité de référence internationale, mais il faut garder à l'esprit que ce n'est qu'un indicateur, non une donnée absolue. L'IMC a deux limites principales : sa valeur prédictive individuelle est faible ; son caractère normatif risque d'enfermer la réflexion dans le cadre arbitraire du " poids idéal théorique ". Malgré ses limites, même si l'IMC est grossière au niveau individuel, elle constitue la mesure la plus couramment utilisée de l'obésité et des risques qui y sont associés dans une population.

Masse (kg)

taille (m)	30	33	36	39	42	45	48	51	54	57	60	63	66	69	72	75	78	81	84	87	90	93	96	99	102	105	108	111	114	117	120	123	126	129
2.1	7	7	8	9	10	10	11	12	12	13	14	14	15	16	16	17	18	18	19	20	20	21	22	22	23	24	24	25	26	27	27	28	29	29
2.08	7	8	8	9	10	10	11	12	12	13	14	15	15	16	17	17	18	19	19	20	21	21	22	23	24	24	25	26	26	27	28	28	29	30
2.06	7	8	8	9	10	11	11	12	13	13	14	15	16	16	17	18	18	19	20	20	21	22	23	23	24	25	25	26	27	28	28	29	30	30
2.04	7	8	9	9	10	11	12	12	13	14	14	15	16	17	17	18	19	19	20	21	22	22	23	24	25	25	26	27	27	28	29	30	30	31
2.02	7	8	9	10	10	11	12	12	13	14	15	15	16	17	18	18	19	20	21	21	22	23	24	24	25	26	26	27	28	29	29	30	31	32
2	8	8	9	10	11	11	12	13	14	14	15	16	17	17	18	19	20	20	21	22	23	23	24	25	26	26	27	28	29	29	30	31	32	32
1.98	8	8	9	10	11	11	12	13	14	15	15	16	17	18	18	19	20	21	21	22	23	24	24	25	26	27	28	28	29	30	31	31	32	33
1.96	8	9	9	10	11	12	12	13	14	15	16	16	17	18	19	20	20	21	22	23	23	24	25	26	27	27	28	29	30	30	31	32	33	34
1.94	8	9	10	10	11	12	13	14	14	15	16	17	18	18	19	20	21	22	22	23	24	25	26	26	27	28	29	29	30	31	32	33	33	34
1.92	8	9	10	11	11	12	13	14	15	15	16	17	18	19	20	20	21	22	23	24	24	25	26	27	28	28	29	30	31	32	33	33	34	35
1.9	8	9	10	11	12	12	13	14	15	16	17	17	18	19	20	21	22	22	23	24	25	26	27	27	28	29	30	31	32	32	33	34	35	36
1.88	8	9	10	11	12	13	14	14	15	16	17	18	19	20	20	21	22	23	24	25	25	26	27	28	29	30	31	31	32	33	34	35	36	36
1.86	9	10	10	11	12	13	14	15	16	16	17	18	19	20	21	22	23	23	24	25	26	27	28	29	29	30	31	32	33	34	35	36	36	37
1.84	9	10	11	12	12	13	14	15	16	17	18	19	19	20	21	22	23	24	25	26	27	27	28	29	30	31	32	33	34	35	35	36	37	38
1.82	9	10	11	12	13	14	14	15	16	17	18	19	20	21	22	23	24	24	25	26	27	28	29	30	31	32	33	34	34	35	36	37	38	39
1.8	9	10	11	12	13	14	15	16	17	18	19	19	20	21	22	23	24	25	26	27	28	29	30	31	31	32	33	34	35	36	37	38	39	40
1.78	9	10	11	12	13	14	15	16	17	18	19	20	21	22	23	24	25	26	27	27	28	29	30	31	32	33	34	35	36	37	38	39	40	41
1.76	10	11	12	13	14	15	15	16	17	18	19	20	21	22	23	24	25	26	27	28	29	30	31	32	33	34	35	36	37	38	39	40	41	42
1.74	10	11	12	13	14	15	16	17	18	19	20	21	22	23	24	25	26	27	28	29	30	31	32	33	34	35	36	37	38	39	40	41	42	43
1.72	10	11	12	13	14	15	16	17	18	19	20	21	22	23	24	25	26	27	28	29	30	31	32	33	34	35	37	38	39	40	41	42	43	44
1.7	10	11	12	13	15	16	17	18	19	20	21	22	23	24	25	26	27	28	29	30	31	32	33	34	35	36	37	38	39	40	42	43	44	45
1.68	11	12	13	14	15	16	17	18	19	20	21	22	23	24	26	27	28	29	30	31	32	33	34	35	36	37	38	39	40	41	43	44	45	46
1.66	11	12	13	14	15	16	17	19	20	21	22	23	24	25	26	27	28	29	30	32	33	34	35	36	37	38	39	40	41	42	44	45	46	47
1.64	11	12	13	15	16	17	18	19	20	21	22	23	25	26	27	28	29	30	31	32	33	35	36	37	38	39	40	41	42	44	45	46	47	48
1.62	11	13	14	15	16	17	18	19	21	22	23	24	25	26	27	29	30	31	32	33	34	35	37	38	39	40	41	42	43	45	46	47	48	49
1.6	12	13	14	15	16	18	19	20	21	22	23	25	26	27	28	29	30	32	33	34	35	36	38	39	40	41	42	43	45	46	47	48	49	50
1.58	12	13	14	16	17	18	19	20	22	23	24	25	26	28	29	30	31	32	34	35	36	37	38	40	41	42	43	44	46	47	48	49	50	52
1.56	12	14	15	16	17	18	20	21	22	23	25	26	27	28	30	31	32	33	35	36	37	38	39	41	42	43	44	46	47	48	49	51	52	53
1.54	13	14	15	16	18	19	20	22	23	24	25	27	28	29	30	32	33	34	35	37	38	39	40	42	43	44	46	47	48	49	51	52	53	54
1.52	13	14	16	17	18	19	21	22	23	25	26	27	29	30	31	32	34	35	36	38	39	40	42	43	44	45	47	48	49	51	52	53	55	56
1.5	13	15	16	17	19	20	21	23	24	25	27	28	29	31	32	33	35	36	37	39	40	41	43	44	45	47	48	49	51	52	53	55	56	57
1.48	14	15	16	18	19	21	22	23	25	26	27	29	30	32	33	34	36	37	38	40	41	42	44	45	47	48	49	51	52	53	55	56	58	59
1.46	14	15	17	18	20	21	23	24	25	27	28	30	31	32	34	35	37	38	39	41	42	44	45	46	48	49	51	52	53	55	56	58	59	61

Dénutrition — Maigreur — 22 Corpulence normale — 27 Surpoids — 32 Obésité modérée — 37 Obésité sévère — 45 Obésité morbide

TABLE 1.2: Tableau de l'IMC [6]

1.1.1.2 Quelques critiques de l'IMC

Toutes les personnes n'ont pas le même type physique, et bien qu'en introduction les spécialistes de l'obésité précisent souvent que l'IMC n'est valide que pour (selon leur expression) les "caucasiens", les tendances à la généralisation reprennent souvent le pas et les études utilisent alors l'échelle d'interprétation "caucasienne" pour des populations d'autres types ethniques.

6. http://upload.wikimedia.org/wikipedia/commons/d/d2/Tableau_imc.png

Il faut néanmoins être attentif au fait que cet indice de risque est une mesure basée sur le poids et la taille, c'est un indicateur incomplet, qui ne tient pas compte de la masse musculaire (il ne permet pas de distinguer le poids associé à la masse musculaire de celui associé aux tissus adipeux), de l'ossature ou de la répartition des graisses. Il est donc inadapté pour certaines populations, en particulier pour les sportifs, qui se retrouvent alors très souvent en surpoids, alors que leur forme physique est souvent meilleure que la moyenne des individus. Du fait de leur masse musculaire, certains sportifs ont un indice de masse corporelle supérieur à 25, alors qu'ils ne courent pas de danger de type surpoids/obésité. De plus, selon la morphologie d'une personne, son IMC de bonne forme varie. Une personne peut être trapue sans être grasse, et une autre peut être longiligne mais avoir une masse graisseuse importante.

Une mesure plus sélective de l'adiposité peut fournir un complément d'information, plutôt qu'une information essentielle. Tout jugement concernant le surpoids ou l'obésité d'un individu doit donc également prendre en compte son indice de masse grasse et la consultation d'un médecin nutritionniste ou d'un diététicien diplômé est recommandée.

1.1.2 Les différentes phases d'évolution de l'obésité

L'obésité évolue en plusieurs stades, correspondant à des situations distinctes sur le plan du bilan d'énergie. Différents auteurs ont remarqué 3 phases d'évolution de l'obésité (Basdevant and Guy-Grand, 2004; Basdevant, 2005; Lecerf, 2001; Dargent, 2005). En reprenant les termes de Basdevant (Basdevant and Guy-Grand, 2004), on peut distinguer : la phase de constitution (dynamique), la phase de maintien (statique) et la phase de perte de poids (une phase dynamique avec fluctuations pondérales).

– Phase de constitution : dans cette phase, les apports énergétiques dépassent les dépenses, ce qui produit la prise de poids (bilan énergétique positif). Cet excès d'énergie venant des apports est stocké sous forme de masse grasse [7] et aussi de masse maigre [8]. La répartition de la prise de poids entre la masse maigre et la masse grasse varie selon les individus : par exemple, selon Basdevant (Basdevant and Guy-Grand, 2004), *en moyenne, pour 10kg de gain de poids, 7 kg seront acquis sous forme de masse grasse et 3 kg sous forme de masse maigre. Cette augmentation de la masse maigre (volume sanguin, augmentation du volume des organes) entraîne une augmentation de la dépense énergétique de*

---

7. La masse grasse est constituée par l'ensemble des réserves de graisse (lipides de stockage) du corps

8. La masse maigre est la masse du corps moins les matières grasses, elle est constituée d'éléments structurels et fonctionnels dans les cellules, les muscles, les os, et d'autres organes comme le cœur, le foie et les reins. Elle est constituée essentiellement d'eau (50%)

repos et, par voie de conséquence, de la dépense énergétique en 24 heures. De cette manière, le bilan énergétique, pendant la prise de poids, est en déséquilibre énergétique positif, jusqu'à ce que la personne augmente progressivement sa dépense énergétique. Ce déséquilibre énergétique ne se produit pas seulement avec un excès en apports massifs, mais un faible excès (quelques calories), cumulé sur des années, peut aussi parfaitement rendre compte d'un gain de masse grasse de plusieurs kilos.

– Phase d'obésité constituée, en période de stabilité pondérale : l'individu obèse est en bilan énergétique équilibré, où les entrées égalent les sorties. Dans cette phase d'obésité constituée, les apports et les dépenses sont supérieurs à ceux de la période non obèse. Etant donné la difficulté à rompre cet état d'équilibre, l'obésité devient rapidement une maladie de longue durée, qui évolue lentement, donc une maladie chronique difficilement réversible [9].

– Phase de prise en charge (ou période de perte de poids sous régime restrictif) : il y a une diminution des apports énergétiques et ainsi une diminution de la masse grasse et de la masse maigre. Dans la plupart des cas, lors de la levée de la restriction alimentaire, le gain de masse grasse est plus rapide et plus important que celui de la masse maigre, ce qui provoque le retour au niveau initial de masse grasse avant celui de la masse maigre. Tant que la masse maigre n'a pas retrouvé son niveau initial, même si un excès de masse grasse n'a pas pu s'accumuler, la surconsommation énergétique va continuer.

Cette approche classique, qui identifie différentes phases dans l'évolution de l'obésité, privilégie l'hypothèse que tout dépend primitivement du bilan énergétique, donc de la balance entre apports et dépenses énergétiques. Bien que cette hypothèse soit acceptée par la plupart des spécialistes, la question qui se pose est de connaître quels sont les facteurs déterminants de chaque phase et comment ces facteurs interagissent entre eux, d'une part dans la constitution et dans le maintien de l'obésité, et, d'autre part, dans la résistance à la perte de poids.

---

9. Selon diverses études réalisées par des spécialistes, seule une minorité de personnes parvient à "guérir" durablement de l'obésité avec les méthodes utilisées actuellement (Apfeldorfer, 2000; Lecerf, 2001; Basdevant and Guy-Grand, 2004; Basdevant, 2005; Apfeldorfer and Zermati, 2006; Apfeldorfer, 2008; Zermati, 2009). Ces études montrent que les différents traitements visant la perte de poids et utilisant de multiples formes de régimes (restriction cognitive), ont des succès très relatifs sur le court terme et nettement mauvais sur le moyen terme (5 ans)

1.2 Situation de l'obésité - Une épidémie mondiale

1.2.1 Dans le monde

Tous les spécialistes s'accordent à dire que l'on assiste, depuis des décennies, à un développement épidémique de l'obésité partout dans le monde, tant dans les pays développés que dans les pays en développement (Seidell and Flegal, 1997; Seidell, 1997, 1999, 2005). Aucune société ne semble être immunisée contre cette maladie. En effet, en 1990, l'obésité est entrée dans la nosographie *officielle* [10] devenant une véritable maladie. En 1997, l'Organisation Mondiale de la Santé (OMS) a réuni un groupe d'experts et lui a commandé un rapport dont le titre est : "Obésité : prévention et gestion de l'épidémie globale" (OMS, 1997), dans lequel on peut lire que : *la fréquence actuelle du surpoids et de l'obésité est telle qu'ils remplacent progressivement les problèmes plus traditionnels de santé publique, comme la malnutrition et les maladies infectieuses, parmi les facteurs les plus significatifs d'altération de l'état de santé.* En 2000, l'OMS a déclaré l'obésité comme épidémie mondiale.

L'obésité est devenue une question globale mettant en cause le bien-être physique, psychologique et social de l'individu (OMS, 1997). Selon les dernières estimations mondiales de l'OMS en 2005, il y avait 1,6 milliard d'adultes en surpoids et 400 millions d'adultes obèses, ce qui signifie que le taux d'obésité a au mois triplé entre 1980 et 2005. Leurs prévisions pour 2015 indiquent que 2,3 milliards d'adultes auront un surpoids et plus de 700 millions seront obèses. Les données du projet MONICA (WHO) (Tunstall-Pedoe, 2003) montrent que la prévalence [11] de l'obésité, dans la plupart des pays, a augmenté de 10 à 40% en 10 ans, passant de 10 à 20% chez les hommes et de 10 à 25% chez les femmes.

La série de cartes présentée dans la figure 1.3 montre l'évolution sur vingt ans de la fréquence de l'obésité aux Etats-Unis. En 1985, entre 5 et 10% de la population était obèse, selon l'Etat des Etats-Unis considéré. Cinq ans après, c'est-à-dire en 1990, entre 10 à 15% de la population était obèse, aussi selon l'Etat. En 5 ans, il y a eu une augmentation de la population obèse moyenne de 5%. Dans l'année 2000, presque la moitié des cinquante Etats avait franchi la barre des 20% et finalement, en 2005, une large majorité d'Etats avait dépassé les 20% (Mokdad et al., 1999; Basdevant, 2006).

Cette émergence de l'obésité a été identifiée en même temps dans un grand nombre d'autres pays, tant en Europe qu'en Asie, dans les pays du Pacifique, et même dans des pays à haute prévalence de dénutrition (voir figure 1.4), ce qui a alerté l'Organisation Mondiale de la Santé.

Comme le montre la figure 1.5, depuis trois décennies, nous pouvons constater

---

10. La nosographie officielle est l'*International Classification of Diseases* : : ICD-10-CM, OMS, 1993

11. La *prévalence* est une mesure de l'état de santé d'une population à un instant donné. Pour une affection donnée, elle est calculée en rapportant à la population totale, le nombre de cas de malades présents à un moment donné dans une population (que le diagnostic ait été porté anciennement ou récemment). La prévalence est une proportion qui s'exprime généralement en pourcentage.

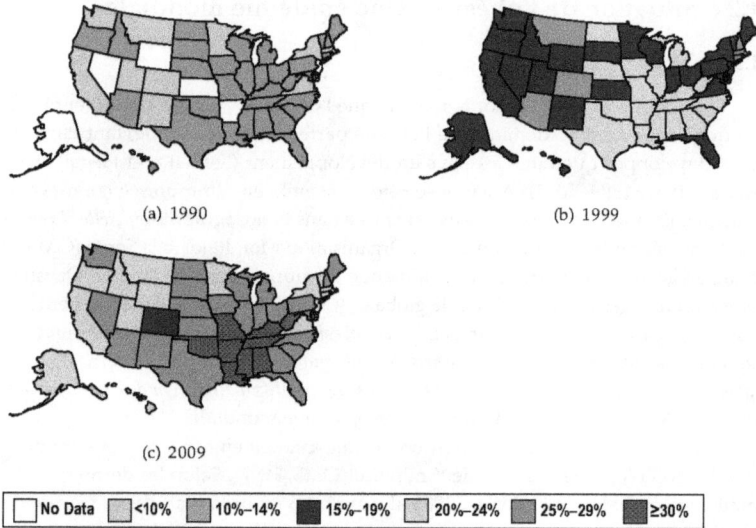

(a) 1990   (b) 1999

(c) 2009

| No Data | <10% | 10%–14% | 15%–19% | 20%–24% | 25%–29% | ≥30% |

FIGURE 1.3: Evolution de l'obésité (IMC > 30) aux Etats-Unis parmi la population adulte entre les années 1990 et 2009 (disease control prevention, 2010)

une progression rapide de la prévalence de l'obésité dans les sociétés développées et aussi dans les sociétés en développement, traditionnellement confrontées aux problèmes de manque alimentaire ou de dénutrition. Différentes études ont mis en évidence que la progression du surpoids et de l'obésité, aussi bien dans les pays en voie de développement qu'en Europe, peut être superposable à celle des Etats-Unis, avec un décalage dans le temps comme unique différence (Oliver et al., 2006; Force, 2008; Kopelman, 2000; OMS, 1997). L'obésité progresse pratiquement dans tous les pays. Il s'agit d'une épidémie mondiale et non d'un phénomène uniquement présent dans quelques pays. La seule différence entre les pays est l'époque à laquelle la progression de l'obésité a commencé, comme le montre la figure 1.5. Par exemple, aux Etats-Unis et au Brésil, le début se situe dans les années soixante-dix. Par contre, en Suède, en Australie ou en Angleterre, il est situé dans les années quatre-vingt. Même si ces pays sont très différents au niveau du développement, la progression de l'obésité est exactement superposable à celle des Etats-Unis, à l'exception du Japon et de la Finlande, dont la progression est stable et non crois-sante. Dans le cas de Cuba, la tendance n'est pas claire, avec une forte chute en 1993 et une croissance rapide juste après.

Nous pouvons donc constater une augmentation de l'obésité dans différents

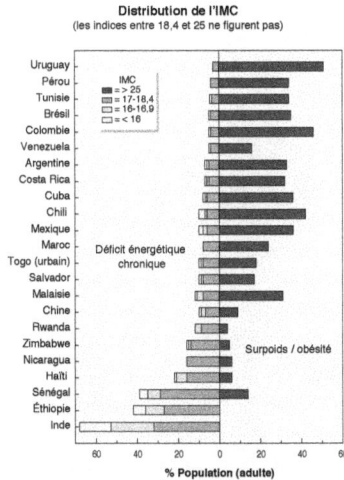

FIGURE 1.4: Distribution de l'IMC dans différents pays (Basdevant, 2006)

pays. Cette croissance n'est pas uniformément distribuée à l'intérieur des populations. Dans les sociétés en développement, les obèses se trouvent plus fréquemment dans le haut de l'échelle sociale et ceci, quelque soit le sexe. Par contre, dans les sociétés développées, les sujets obèses se retrouvent plus fréquemment dans les couches populaires et dans le bas de l'échelle sociale. Ce phénomène est très visible pour les femmes et beaucoup moins pour les hommes (Poulain, 2009). La différentiation sociale de l'obésité de l'adulte fait l'objet d'un large consensus (Tunstall-Pedoe, 2003; ObEpi-Roche, 2009; Sobal and Stunkard, 1989).

1.2.2 En France

La France n'échappe pas à l'augmentation générale de l'obésité. L'obésité est un phénomène en forte augmentation en France depuis une vingtaine d'années (Salem et al., 2006; Charles et al., 2008). Pour montrer ce phénomène, nous nous basons sur l'enquête " ObEpi-Roche " qui a été mise en place depuis douze ans (depuis 1997), sur une base triannuelle (ObEpi-Roche, 2009). L'enquête " ObEpi-Roche " a été réalisée avec le soutien du laboratoire Roche et avec l'expertise du Dr Marie-Aline Charles, épidémiologiste et directeur de recherche à l'Inserm-Unité 780 du Pr Arnaud Basdevant, responsable du pôle endocrinologie, diabétologie, métabolisme, nutrition, prévention cardiovasculaire de la Pitié Salpêtrière, l'Uni-

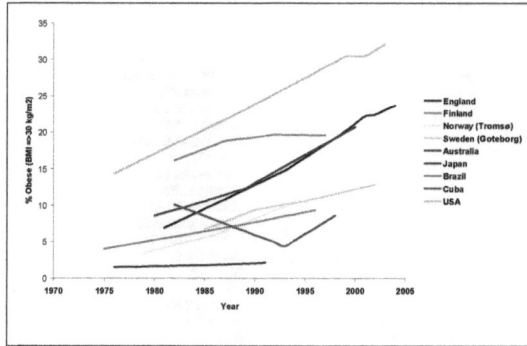

FIGURE 1.5: Tendances de la prévalence de l'obésité adulte dans certains pays (Force, 2008)

versité Paris 6, ainsi que de l'endocrinologue Eveline Eschwège.

L'enquête collecte des données anthropométriques [12] sur un échantillon de foyers [13] représentatif de la population française. L'enquête ObEpi 2009 a été réalisée du 29 janvier au 12 mars 2009 auprès d'un échantillon de 27 243 individus âgés de 15 ans et plus, représentatif de la population française. Les données qui seront montrées dans cette partie résultent de 25 286 individus adultes de 18 ans et plus, issus de cet échantillon. L'enquête a été menée auprès d'un échantillon de 20 000 foyers représentant la population des ménages ordinaires français issus de la base permanente du projet TNS Healthcare SOFRES [14], excluant les sujets vivant en institution, en foyer, en résidence, en communauté, ou sans domicile fixe. Les personnes ont été interrogées par un questionnaire auto-administré, adressé par voie postale (avec les questions habituelles portant sur le sexe, l'âge, la profession et le revenu, ainsi que sur leur taille, leur poids, leur tour de taille et leurs traitements actuels pour l'hypertension artérielle, la dyslipidémie [15] et le diabète.)

Cette étude constate qu'en 2009, 6,5 millions de Français, c'est-à-dire 14,5% de la population adulte, sont obèses et 31,9% sont en surpoids. La figure 1.6 présente la distribution de la population adulte française en fonction de l'IMC. La figure 1.7 montre comment l'obésité sévère, dont l'IMC est supérieure à 35, a sensiblement augmenté depuis douze ans, en passant de 1,5% en 1997 à 3,9% en 2009. Selon les données recueillies dans l'enquête ObEpi, les experts montrent que les Français en 2009 ont *grossi en moyenne de 900 g par rapport à 2006, de 1,3 kg par rapport à*

---

12. Considérant le poids et la taille
13. Un *foyer* est défini dans cette enquête comme toute famille vivant sous un même toit ou toute personne habitant seule.
14. Institut de sondage français, créé en 1963 par Pierre Weill.
15. Excès de cholestérol ou de triglycérides

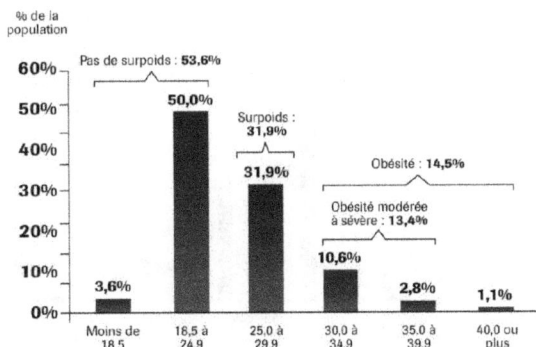

FIGURE 1.6: Répartition de la population française en fonction de l'IMC en 2009 (ObEpi-Roche, 2009)

2003, de 2,3 kg par rapport à 2000 et de 3,1 kg par rapport à 1997. L'augmentation ne concerne pas seulement l'obésité sévère : en 2009, la prévalence de l'obésité était de 14,5%, en 2006 de 13,1%, en 2003 de 11,9%, en 2000 de 10,1% et en 1997 de 8,5%, ce qui montre une augmentation moyenne par période (3 ans) de 1,5% et une augmentation moyenne relative de +6% depuis 1997, comme le montre la figure 1.7 (ObEpi-Roche, 2009). Ainsi, si rien ne change, la fréquence de l'obésité en France dans 24 ans sera similaire à celle des Etats-Unis aujourd'hui.

Si nous pouvons voir clairement une augmentation de l'obésité en France, cette augmentation est distribuée différemment dans la population selon l'âge, le sexe, la région ou la situation socio-économique. De façon plus détaillée, la prévalence de l'obésité augmente avec l'âge, tant chez les hommes que chez les femmes. Avant 45 ans, l'obésité féminine (15,1%) est plus importante que l'obésité masculine(13,9%) ; entre 55 et 64 ans, la prévalence de l'obésité atteint un pic de 20,1 % chez les hommes, et 19,5 % chez les femmes, mais une situation plus préoccupante se retrouve chez les plus de 65 ans, où la prévalence du surpoids et de l'obésité des deux sexes augmente considérablement (Maillard et al., 1999).

En France, nous pouvons voir de vastes disparités inter-régionales pour la prévalence de l'obésité, comme on l'observe dans la table 1.3, qui présente la prévalence de l'obésité et son évolution par région. Nous pouvons voir que le Nord-Pas-de-Calais est la région la plus touchée avec 20,5%, soit une prévalence de près de 40% plus élevée que la moyenne. L'Alsace, la Picardie, le Centre et la Lorraine suivent, avec des prévalences respectives de 17,8%, 17,7% et 17,6%. Parmi les régions ayant un fort taux de prévalence, on peut également citer la Champagne-Ardennes (17%) et la Basse-Normandie (16,3%). Les régions les moins touchées

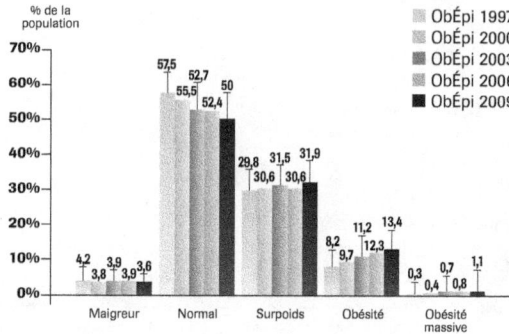

FIGURE 1.7: Répartition de la population française en fonction de l'IMC depuis 1997 (ObEpi-Roche, 2009)

par l'obésité sont la région PACA (11,5%), Rhône-Alpes (11,9%) et la Bretagne (12,2%). Si on regarde l'évolution dans le temps (de 1997 à 2009) de la prévalence de l'obésité, la plupart des régions dans lesquelles la prévalence était inférieure à la moyenne nationale en 1997 sont dans le même cas en 2009 (voir table 1.3), l'inverse étant également vrai. [16]

De même, si on peut parler d'une augmentation de la prévalence de l'obésité dans toutes les catégories socioprofessionnelles, cette augmentation a des vitesses inégales. Les autres augmentations relatives les plus importantes sont observées chez les inactifs (+106,6% depuis 1997), les agriculteurs (+94,6% depuis 1997), les ouvriers (+82% depuis 1997) et les employés (+88,5% depuis 1997). C'est chez les cadres que l'augmentation relative est la plus faible depuis 1997 (+37,9%). Cette augmentation inégale n'est pas seulement fonction des catégories socioprofession-nelles. On la trouve aussi en relation avec les revenus du foyer, la prévalence de l'obésité étant plus fréquente dans les populations à bas niveaux de revenus (22%) (ObEpi-Roche, 2009).

Ces distributions inégales de la prévalence de l'obésité sont mises en évidence dans de nombreux travaux, comme ceux de Sobal et Stunkard (Sobal and Stun-kard, 1989; Stunkard and Sorensen, 1993), qui montrent que l'obésité affecte da-vantage les catégories sociales les plus pauvres. D'autres montrent que l'obésité morbide est plus fréquente dans les milieux en précarisation (Poulain, 2001; Ro-mon et al., 2005; Poulain, 2009). Les travaux sociologiques sur la santé ont mis en

---

16. Avec quelques exceptions, comme les régions de Franche-Comté et Champagne-Ardennes, où la prévalence de l'obésité est passée de 8,5% en 1997 (moyenne nationale : 8,5%) à 17,0% en 2009 (moyenne nationale : 14,5%)

| Régions françaises | Prévalence de l'obésité en : | | | | | Évolution de la prévalence de l'obésité entre 1997 et 2009 |
	1997	2000	2003	2006	2009	
Alsace	9,1%	12,2%	12,2%	16,2%	17,8%	+95,6%
Aquitaine	8,5%	9,7%	11,0%	12,7%	13,7%	+61,2%
Auvergne	11,1%	10,2%	14,4%	13,9%	14,4%	+29,7%
Basse-Normandie	9,4%	8,7%	11,9%	14,2%	16,3%	+73,4%
Bourgogne	9,8%	9,8%	12,0%	11,7%	15,5%	+58,2%
Bretagne	6,7%	8,5%	9,4%	10,5%	12,2%	+82,1%
Centre	9,8%	10,7%	13,6%	13,7%	17,7%	+80,6%
Champagne-Ardenne	8,5%	13,6%	16,0%	14,2%	17,0%	+100,0%
Franche-Comté	6,3%	9,3%	10,6%	15,3%	14,8%	+134,9%
Haute-Normandie	10,9%	14,8%	12,9%	16,7%	15,2%	+39,4%
Languedoc-Roussillon	10,3%	11,0%	13,1%	13,9%	14,2%	+37,9%
Limousin	8,1%	9,4%	14,0%	14,7%	13,8%	+70,4%
Loire	6,8%	7,6%	10,0%	12,2%	13,3%	+95,6%
Lorraine	10,5%	12,5%	12,1%	14,1%	17,6%	+67,6%
Midi-Pyrénées	7,8%	8,3%	9,6%	10,1%	13,6%	+74,4%
Nord-Pas de Calais	13,5%	14,3%	16,0%	19,2%	20,5%	+51,9%
PACA	6,8%	10,0%	10,6%	11,5%	11,5%	+69,1%
Picardie	9,1%	12,7%	15,7%	14,4%	17,7%	+94,5%
Poitou-Charentes	8,8%	7,9%	12,1%	12,8%	14,2%	+61,4%
Région parisienne	7,0%	8,9%	11,9%	12,1%	13,2%	+88,6%
Rhône-Alpes	7,9%	9,0%	9,8%	10,6%	11,9%	+50,6%
FRANCE	8,5%	10,1%	11,9%	13,1%	14,5%	+70,6%

TABLE 1.3: Prévalence de l'obésité et son évolution depuis 1997 en fonction des régions INSEE (ObEpi-Roche, 2009)

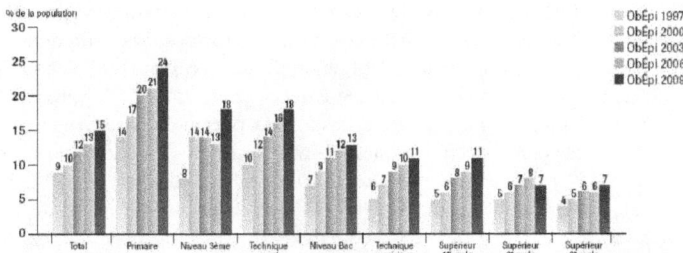

FIGURE 1.8: Répartition de la population adulte obèse par catégorie socioprofessionnelle depuis 1997 (ObEpi-Roche, 2009)

évidence les liens entre l'obésité et les dynamiques sociales intergénérationnelles et intragénérationnelles, les prévalences plus fortes étant associées à des dynamiques descendantes, c'est-à-dire à des dégradations de position sociale (Poulain, 2001; Poulain and Tibère, 2008; Poulain, 2009).

Pour bien comprendre ces inégalités dans la répartition de la population obèse, plusieurs études ont été menées, afin d'identifier les facteurs qui permettent d'expliquer l'augmentation rapide de cette affection et d'endiguer cette épidémie, qui est un réel problème de santé publique (Basdevant et al., 2001; Barth, 2002). Aujourd'hui, il est admis que la génétique joue manifestement un rôle dans le développement de l'obésité (Stunkard et al., 1990; Basdevant and Guy-Grand, 2004; Farooqi and O'Rahilly, 2006). Toutefois, l'effet génétique seul ne permet pas d'expliquer la vitesse d'augmentation de la prévalence de la maladie. Nous pensons que l'obésité se développe sur un fond de susceptibilité génétique, qui s'exprime uniquement ou majoritairement lorsque les individus prédisposés sont exposés à certains facteurs environnementaux qui induisent ou, tout au moins, favorisent son développement. Nous allons étudier plus en détail, dans la section suivante, quels sont les principaux facteurs déterminants de l'obésité.

1.3 Principaux facteurs déterminants de l'obésité

L'OMS a déclaré l'obésité comme maladie grave, touchant tous les âges, toutes les catégories de population, dans tous les pays. C'est une épidémie mondiale, qui est le reflet de problèmes sociaux, économiques et culturels (OMS, 1997). Ainsi, depuis une vingtaine d'années, l'étude de l'obésité a intéressé différents chercheurs, au-delà de la communauté des médecins, comme les économistes, les psychologues, les sociologues ou les géographes, qui cherchent à définir/comprendre les causes de l'obésité.

Dans les différents travaux de recherche, des cas extrêmes apparaissent, comme des formes purement génétiques, liées à de rarissimes mutations (par exemple, la mutation du gène de la leptine ou de son récepteur) (Loos and Bouchard, 2003; Farooqi and O'Rahilly, 2006; Farooqi et al., 2007; O'Rahilly and Farooqi, 2008a,b; Figueroa et al., 2009) ou des formes purement comportementales, dépendant de facteurs psychologiques, sociaux, culturels, économiques, entre autres (Bruch, 1978; Sobal and Stunkard, 1989; Tambs et al., 1991; Hewitt, 1997; Booth et al., 2005; Cummins and Macintyre, 2006; Sallis and Glanz, 2006; Wang and Beydoun, 2007; Grangeard, 2007; Christakis and Fowler, 2007a; Lopez, 2007; de Saint Pol, 2008). Entre ces deux extrêmes, toutes les situations se rencontrent, mais, pour notre étude, la règle est une interaction entre les variations individuelles (âge, sexe, niveau d'éducation...) affectant les facteurs individuels (génétiques, physiologiques, psychologiques) et les variations environnementales (style de vie, accélération des rythmes de vie...) affectant les facteurs environnementaux (relations interindividuelles, milieu social et milieu culturel).

Un exemple de la trame complexe des facteurs causaux, qui pourront jouer un rôle dans le développement de l'obésité au niveau individuel, est étudié par Ritenbaugh (Ritenbaugh and Kumanyika, 1999), qui a conçu un schéma synthétique *Web causal de l'obésité*, présenté dans la figure 1.9 [17]. Ce schéma montre les

---

17. Le Web causal de Ritenbaugh a été diffusé aussi par l'IOTF

divers facteurs déterminants et leur trame complexe d'interactions, ainsi que les différents niveaux de l'organisation sociale concernés par l'obésité. Nous nous baserons sur ce diagramme, pour comprendre le rôle que peuvent jouer les structures et les dynamiques sociales dans l'augmentation actuelle de l'obésité, dans les populations. Nous étudierons les facteurs que nous considérons déterminants de l'obésité au niveau individuel et environnemental, ainsi que leurs relations.

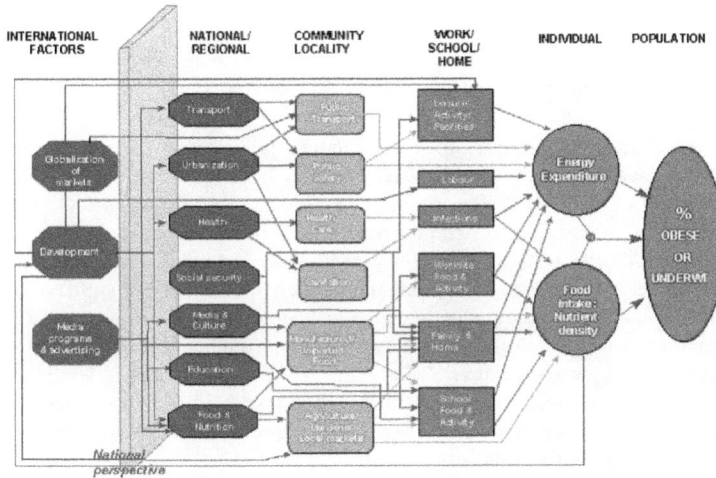

FIGURE 1.9: Web Causal IOTF [18]

1.3.1   Niveau individuel

1.3.1.1   Variations individuelles

Avant d'étudier les différents facteurs individuels déterminant l'obésité, nous voulons mettre en évidence que, parmi tous les facteurs que nous allons étudier, figurent ce que nous appelons les variations individuelles. Ces variations sont par exemple l'âge, le sexe, le niveau d'éducation, entre autres, qui rendent certains sous-groupes plus vulnérables que d'autres. Pour cette raison, de notre point de vue, les variations individuelles affectent aussi l'obésité et vont amplifier ou non les facteurs déterminants. Différentes études ont mis en évidence que la prévalence de l'obésité augmente avec l'âge et qu'elle est distribuée différemment entre les hommes et les femmes (Maillard et al., 1999; ObEpi-Roche, 2009). En ce sens,

---

18. http://www.iotf.org/groups/phapo/causal.htm

comme nous l'avons vu à la section 1.2.2, il existe une relation inverse entre le niveau de formation, de revenus ou la catégorie socio-professionnelle et la prévalence de l'obésité.

1.3.1.2   Génétique

La génétique aide à la compréhension du phénomène d'augmentation de l'obésité, mais elle ne peut pas expliquer la vitesse à laquelle elle s'est développée ces dernières années. Si le *gène de l'obésité* en tant que tel n'a pas encore été trouvé, certains chercheurs ont cependant réussi à prouver que les gènes avaient une responsabilité non négligeable dans le développement de la maladie.

Il est largement reconnu par les scientifiques qu'il existe une agrégation familiale de l'obésité (Sorensen et al., 1989; Stunkard et al., 1990; Clément et al., 1997; Basdevant et al., 2001; Basdevant and Guy-Grand, 2004; Farooqi and O'Rahilly, 2006; Scharoun-Lee et al., 2009; Bouchard, 1991; Loos and Bouchard, 2003; Stunkard et al., 1986; Bouchard, 1994; Allison et al., 2000). Par contre, la notion de transmission familiale (70% des obèses ont au moins un parent obèse) ne suffit pas pour affirmer une transmission génétique, car les membres d'une même famille partagent non seulement des gènes, mais aussi un type d'alimentation et un contexte socio-économique (entre autres). Selon A.Basdevant (Basdevant et al., 2001; Basdevant and Guy-Grand, 2004), l'héritabilité génétique de l'indice de masse corporelle et de la graisse sous-cutanée est faible (5%), alors que celle de la masse grasse totale et de la distribution du tissu adipeux atteint 25%.

Le rôle de l'hérédité génétique dans l'expression de l'obésité avait été mis en évidence par la comparaison de plusieurs couples de vrais jumeaux (génétiquement identiques), dont la corpulence se confondait de façon « quasi parfaite », même quand « ils avaient été élevés séparément dans des familles adoptives différentes » (Stunkard et al., 1986, 1990; Bouchard, 1991, 1994; Allison et al., 1996; Hainer et al., 2001). En 2007, Froguel (Clément et al., 1997) et son équipe ont isolé le gène FTO qui interviendrait, quand il est surexprimé, dans 25% des cas d'obésité modérée. Selon ces chercheurs, *les personnes ayant hérité de deux copies de certaines formes hyperactives de ce gène auraient ainsi 70% de plus de risque d'être obèses que celles qui n'en ont qu'une copie. Quant aux personnes qui auraient hérité d'une seule copie hyperactive de certaines formes de ce gène, elles auraient 30% de plus de risque de souffrir d'obésité.* Mais la découverte d'un gène, dont l'une des formes hyperactives encourage la prise de poids, n'épuise pas la question des causes de l'obésité, pas plus qu'elle n'enlève à nos sociétés leur part de responsabilité dans la multiplication récente des cas d'obésité. Le développement récent de la maladie est en effet trop important pour être de nature uniquement génétique et procède avant tout d'un changement des modes de vie, intervenu dans la deuxième moitié du XXème siècle.

1.3.1.3   Physiologie

Comme nous l'avons exposé dans la section 1.1, le surpoids et l'obésité résultent souvent d'un déséquilibre entre l'apport énergétique quotidien de l'alimentation et la somme des dépenses énergétiques. Dans les apports énergétiques quotidiens, nous trouvons les graisses [19], tout comme les sucres [20] et les protéines [21], qui servent à stocker l'énergie dans le corps. Les sucres fournissent une énergie rapidement utilisable et les graisses permettent de stocker beaucoup d'énergie dans peu d'espace. Dans les dépenses énergétiques, nous trouvons l'échange de chaleur avec l'environnement (thermorégulation), l'énergie nécessaire au fonctionnement de l'organisme (comme l'énergie spécifique nécessaire à la digestion) et les efforts physiques (marche, sport et activités physiques). Quand l'organisme reçoit plus qu'il ne dépense, il stocke une partie de l'apport sous forme de graisses, dans le tissu adipeux. Cependant, le métabolisme, très différent selon les individus, joue un rôle important, certaines personnes ayant plus tendance à la saturation des adipocytes ou lipocytes [22], et par conséquent à l'obésité, que les autres (Basdevant and Guy-Grand, 2004).

En ce sens, à partir des années 80, différentes études ont mis en évidence un lien entre le microbiote [23] et le poids. Le rôle important du microbiote dans la digestion est assez bien reconnu, bien que sa fonction dans l'absorption des calories prélevées dans la nourriture ne soit pas claire. Une des premières études, cherchant à éclaircir sa fonction dans l'absorption des calories, est fondée sur l'observation de deux échantillons de souris, le premier avec des souris à bactéries intestinales normales et l'autre avec des souris sans flore intestinale, élevées en condition aseptisée. Ils ont observé que des rongeurs dépourvus de bactéries intestinales (ou axéniques) devaient absorber 30% de calories de plus que des souris normales pour maintenir leur masse corporelle (Wostmann, 1981). Dernièrement, les travaux de Gordon (Bäckhed et al., 2004) ont éclairci les mécanismes sous-jacents, remarqués préalablement par Wostman. Ainsi, des souris dépourvues de flore avaient une masse grasse inférieure de 42% à celle des souris normales, alors qu'elles absorbaient un tiers de calories de plus. L'équipe transféra le microbiote des souris normales à des souris axéniques : ces dernières virent leur masse grasse augmenter de 60% en 14 jours, malgré une réduction de la prise alimentaire. Ces chercheurs expliquent ces prises de poids dans les souris, en supposant que les bactéries intestinales ont un impact sur la régulation du stockage des graisses dans le tissu adipeux. En se basant sur ces mises en évidence chez la souris, différents cher-

---

19. Les lipides (acides gras) trouvés dans les huiles végétales et graisses animales

20. Les glucides : sucres lents ou rapides, à index glycémique plus ou moins élevé, par exemple : saccharose, glucose, fructose, etc.

21. Végétales comme celles venant des algues, lentilles ou animales comme les viandes, le poisson

22. Ces cellules stockent la graisse.

23. ou microflore, constituée par l'ensemble des micro-organismes commensaux qui vivent dans l'organisme

cheurs ont étudié le rôle du microbiote dans l'obésité humaine, en trouvant une réduction de bacteroidetes et une concentration élevée de lactobacillus chez les patients obèses. La mise en évidence des variations entre la composition du microbiote intestinal d'individus obèses et celle d'individus minces supporte le concept d'une implication des bactéries de la flore commensale sur la gestion du métabolisme énergétique. Cela peut être utile pour l'identification des profils spécifiques chez les patients présentant un poids anormal (Ley et al., 2005, 2006; Raoult, 2008; DiBaise et al., 2008; Duncan et al., 2008; Turnbaugh et al., 2006, 2008; Armougom et al., 2009).

Nous pouvons aussi considérer certains des nombreux facteurs hormonaux qui jouent un rôle sur la régulation du poids (la régulation pondérale est un mécanisme physiologique encore en grande partie méconnu). Ainsi, les événements marquant de la vie génitale (puberté, grossesses, accouchements, ménopause et andropause) ont une influence notable, via la modification des taux d'hormones sexuelles et thyroïdiennes, sur le poids. On peut d'ailleurs rattacher à ces facteurs la première prise de contraception hormonale, qui entraîne fréquemment la prise de quelques kilos. Des facteurs iatrogènes sont bien connus : outre la contraception (orale, injectable, ou par dispositif intradermique), il faut citer des traitements psychotropes : neuroleptiques, antidépresseurs (en particulier les plus anciens, surtout les tricycliques), et certains antiépileptiques et antalgiques neurotropes.

Pour finir, mentionnons la disparition, avec l'âge, du sentiment de satiété, due à une dégénérescence d'origine centrale, cause de nombreuses obésités de l'âge mûr.

1.3.1.4 Psychologie

Du point de vue psychologique, nous pouvons concevoir que l'excès de masse graisseuse ne permet pas de définir adéquatement cette pathologie, mais est plutôt un symptôme non causal – une manifestation secondaire d'un problème plus grave. Selon le travail pionnier de H. Bruch (Bruch, 1978), l'obésité peut être caractérisée comme un moyen de réduire un risque plus grave, qui se situerait sur le plan psychologique, lié à de trop fortes tensions intérieures ou à des problèmes psychologiques graves.

En ce sens, nous pouvons concevoir l'obésité comme une « maladie-médiat », dont le but serait d'empêcher des maladies plus graves d'advenir. Nous pouvons considérer l'obésité comme résultant d'une relation entre le poids psychique et le poids physique. En ce sens, l'obésité impliquerait une perturbation de la communication alimentaire au niveau interindividuel, qui affecterait la sensibilité des individus obèses à leurs sensations alimentaires. En effet, la prise de nourriture peut être envisagée comme une action du sujet régulée sur la base de l'expérience que le sujet fait de ses besoins nutritionnels, émotionnels, etc. (facteurs individuels), de sa relation à autrui, du milieu social et du contexte culturel dans lequel il s'insère (facteurs environnementaux). Plus précisément, l'appel de l'enfant qui a faim exprime typiquement à la fois son besoin de recevoir de la nourriture et son désir de recevoir de l'affection. Quand le parent répond à cet appel, la nourriture apaise la tension de la faim et, dans le même temps, la réceptivité même du parent vient valider la conscience qu'a l'enfant de lui-même (de son corps, ses besoins, ses désirs). Si l'enfant reçoit de la nourriture sans recevoir d'affection, si le parent entend le besoin sans écouter le désir, si l'enfant est nourri en fonction des exigences contingentes des adultes nourriciers, il pourra étouffer ses propres sensations alimentaires et son désir qu'elles soient entendues. Sur cette base, nous proposons qu'une perturbation précoce de la *communication alimentaire* invaliderait les sensations corporelles nécessaires à une régulation saine du comportement alimentaire. Il en résulterait une mauvaise perception du besoin de manger, due à une confusion entre ses besoins biologiques et ses états émotionnels (Legrand, 2010). Comment pourrait-il alors exercer un contrôle volontaire sur une demande qu'il ne reconnaîtrait pas précisément ? Les obèses, très souvent, ne peuvent pas dire ce qu'ils mangent, mais insistent sur le vide à remplir inexorablement (Grangeard, 2007) : tel que le constate Winnnicott (Winnicott, 2000), manger est une modalité défensive contre le caractère effrayant du vide. Incorporer, mettre dans son corps, devient ainsi la solution pour apaiser une tension du corps. L'obésité peut donc bien être vue comme la relation entre le poids psychique et le poids physique.

1.3.2   Niveau environnemental

1.3.2.1   Variations environnementales

Le style de vie a beaucoup évolué au cours du siècle dernier. Ces évolutions concernent d'abord la taille des portions alimentaires et le nombre de calories ingérées, par individu et par jour, qui n'ont cessé d'augmenter depuis les années 1950. Nous pouvons mentionner aussi la modification de la fréquence des repas, avec une offre alimentaire illimitée et une place croissante prise par le grignotage, ayant comme conséquence une perturbation de l'organisation des repas, plus précisément par rapport au contenu des menus et au choix des aliments (Fischler, 1990; Poulain, 2002; Corbeau, 2005). On consomme de plus en plus d'aliments riches en sucre, en sel et en graisse animale, comme les plats préparés de façon industrielle (surgelés, fastfood), les sodas qui produisent du tissu adipeux, passant très vite dans le sang et ne procurant pas de sensation durable de satiété. Cette consommation a un effet pervers majeur : elle se fait au détriment d'autres aliments qui passent moins vite dans le sang ou qui sont plus riches en fibres, en vitamines, en minéraux, comme les fruits, les légumes, les laitages et l'eau. Notre organisme et son évolution n'ont pas pris la mesure des nouveaux régimes alimentaires, qui combinent à la fois déséquilibre entre l'apport en lipide/glucide et l'apport en protéine/fibre/vitamines, multiplication des prises alimentaires, augmentation de la

taille des portions et détérioration de la qualité des aliments, et ne brûlent pas assez vite les calories ingérées. Ces variations dans la consommation ne sont pas les
seules responsables. Si nous ne dépensons pas toute l'énergie que nous consom-
mons, cela est aussi dû à la sédentarisation croissante de nos modes de vie. Nous
sommes de plus en plus sédentaires, de moins en moins physiquement actifs[24].
Cette sédentarisation est avant tout imputable aux progrès techniques et technolo-
giques qui ont conduit à l'automatisation de nombreuses tâches : ménagères (aspi-
rateurs, lave vaisselle), nourricières (moissons), construction (pelleteuse), déplacement (voiture, train, bus). Même les phénomènes naturels comme la thermorégulation sont aujourd'hui facilités par les machines comme les climatiseurs ou les ra-
diateurs. Nous sommes passés d'une économie «secondaire» à une économie « ter-
tiaire », les emplois ne sont pas «physiques», comme pouvaient l'être la plupart des
métiers au siècle dernier. En plus du travail, la plupart des loisirs auxquels nous
nous adonnons dans nos temps libres sont souvent passifs : télévision, cinéma, lecture, etc. Des nombreuses études prouvent que le manque d'activité physique est
un des déterminants de la prise de poids (Oja et al., 1998; Frank et al., 2004) et la
diminution de l'activité physique favorise donc l'augmentation de l'obésité. Ainsi,
les transformations des modes de vie de l'homme moderne mettent, d'un côté de
la balance, des besoins énergétiques réduits et, de l'autre côté, des consommations
alimentaires qui n'ont pas diminué de la même façon que les besoins énergétiques.

1.3.2.2   Relations inter-individuelles

Si nous nous référons au paragraphe 1.3.1.4, nous pouvons penser que, puisque
l'expérience individuelle du corps de la personne est inscrite dans un réseau de relations interindividuelles, elle n'est, ni intime, ni innée, mais dépend partiellement
d'une validation intersubjective, qui l'inscrit dans un réseau de relations interindividuelles se déployant dynamiquement. Cela implique que l'absence de communication interindividuelle invaliderait cette expérience du corps, perturberait
le comportement alimentaire et contribuerait ainsi à l'obésité. On peut croire que
l'obésité est liée à une désarticulation croissante entre les rythmes de vie des différents membres d'un milieu social, augmentant la dissonance entre eux et diminuant ainsi la validation interindividuelle nécessaire à la régulation du comportement alimentaire. En ce sens, nous pensons qu'il y a une influence très importante
du milieu dans lequel la personne gravite, sur le développement de l'obésité. On
considère que les actes conscients ou inconscients d'un individu peuvent influencer les actes des autres individus qui appartiennent à son milieu et vice-versa.
Nous pouvons croire qu'il y a une adoption, fondée sur une influence mutuelle
entre l'individu et son milieu proche, des modèles de vie mis en commun entre
membres de la même famille ou dans des réseaux d'amis, des groupes d'affinités,

---

24. Selon l'OMS, les deux tiers des Européens ne suivent pas les recommandations mondiales en
matière d'activité physique, à savoir 30min d'activité modérée par jour

dans lesquels on trouve une similarité. En d'autres termes, le tissu social, pourrait jouer un rôle non anodin dans la vectorisation de l'obésité. Les individus peuvent donc exercer des influences favorables ou défavorables sur des comportements de santé, parmi les membres de leur famille ou de leurs réseaux sociaux. Récemment, le travail de Christakis et al. (Christakis and Fowler, 2007a) a montré la possibilité de contagion de l'obésité de personne à personne. Les travaux de Trogdon et al. et de Bahr et al. (Trogdon et al., 2008; Bahr et al., 2009) ont également souligné l'impact significatif des réseaux interindividuels dans l'épidémie d'obésité. Par ailleurs, Cohen et al. (Cohen-Cole and Fletcher, 2008) ont montré l'influence d'une source exogène commune à un ensemble d'individus dans le développement de l'obésité. Ces deux hypothèses (influence interindividuelle vs. influence exogène) peuvent nous amener à l'idée qu'il existe un *effet multiplicateur social*, qui a contribué à l'augmentation rapide du surpoids et de l'obésité dans le monde (Sassi et al., 2009).

1.3.2.3 Milieu social

Différents scientifiques spécialistes de l'obésité affirment qu'il existe une forte influence d'un environnement obésogène sur une prédisposition génétique des individus (Basdevant et al., 2001; Basdevant and Guy-Grand, 2004; Hill and Peters, 1998; Hill et al., 2003). Pour décrire cette influence simultanée qu'exercent la biologie et l'environnement, Georges Bray utilise la métaphore *genes load the gun ; environment pulls the trigger*, (les gènes chargent le pistolet ; l'environnement appuie sur la gâchette) (Bray and Bouchard, 2004). Comment pouvons-nous comprendre un environnement obésogène ? Pour répondre à cette question, nous pouvons considérer la description réalisée dans la partie 1.3.2.2 comme un environnement obésogène basé sur des relations interindividuelles, qui puissent influencer les individus en les amenant vers l'obésité, mais nous pouvons aussi penser que ces relations sont immergées dans une structure sociale plus large que les simples interrelations. Cette structure sociale dans laquelle sont les individus peut être décrite de la façon suivante. Par exemple, considérons un individu donné, habitant dans une zone donnée. Cette zone a des caractéristiques sociales, mais aussi structurelles, qui sont communes à tous les individus habitant dans cette zone. La structure du milieu social peut être reliée, d'une part, à l'offre et à la demande alimentaire, sportive, éducative, et d'autre part, aux représentations alimentaires collectives et à la diffusion de normes de consommation.

1.3.2.4 Milieu culturel

Dans le paragraphe 1.3.2.3, nous considérons les particularités d'un milieu social donné par rapport à d'autres. Cependant, si nous augmentons l'échelle, nous pouvons aussi voir l'influence des caractéristiques culturelles dans le développement de l'obésité. Nous pouvons voir que, tant l'alimentation que les représentations relatives au corps et à la corpulence, ne sont pas les mêmes pour toutes les cultures. Les valeurs associées à un type de corpulence attractive, souhaitable, désirable ou au contraire inélégante, repoussante, etc. évoluent et se transforment en fonction des imaginaires socioculturels. D'autre part, il y a aussi une structure culturelle différente qui se reflète dans les lois, les subventions, les politiques sociales, économiques, et la situation du pays, entre autres.

L'étude des facteurs déterminants de l'obésité se transforme ainsi en un véritable continent scientifique, comprenant tant les facteurs individuels qu'environnementaux qui sont dont indispensables pour comprendre les transformations touchant les individus obèses. Les individus sont donc devenus de plus en plus gros, par une combinaison de facteurs individuels et environnementaux. Ce constat peut se résumer par l'affirmation suivante : la société a évolué vers la recherche du plaisir immédiat, avec une décorrélation croissante entre des rythmes de vie de plus en plus individuels et une norme alimentaire instituée. Nous pouvons dire que c'est la confrontation dysharmonique entre soi et son environnement qui fait grossir.

1.4   L'individu et son milieu

Dans cette partie, nous allons présenter les différentes études qui ont modélisé les différents déterminants sociaux de l'obésité. Ces études utilisent comme outil l'analyse des réseaux sociaux[25], pour résoudre des questions complémentaires entre elles, liées tant à la structure sociale dans laquelle sont les obèses qu'au développement de l'obésité et à l'interaction entre ces deux facteurs.

1.4.1   Impact de l'obésité sur la structure sociale

Une des premières études s'intéresse aux réseaux des amis d'adolescents normaux et en surpoids[26] aux USA (Strauss and Pollack, 2003). La base de cette étude se concentre sur le nombre de nominations d'amitié que chaque adolescent a reçu d'autres adolescents. Les chercheurs ont travaillé sur des données réelles récoltées entre 1994 et 1995 par auto-déclaration des adolescents. Ces données s'inscrivent dans l'étude longitudinale nationale de la santé adolescente[27]. Cette étude a un total de 90 118 adolescents, âgés de 13 à 18 ans, provenant de 140 établissements (établissements publics/privés et ruraux/urbains). Les adolescents devaient répondre au questionnaire de base et ils devaient aussi faire une liste de leurs 10 ami(e)s les

---

25. Selon Michel Forsé (Forsé, 2008), un réseau social est un ensemble de relations entre un ensemble d'acteurs. Cet ensemble peut être organisé ou non et ces relations peuvent être de nature fort diverse, spécialisées ou non, symétriques ou non

26. Le surpoids a été défini selon l'index de masse corporelle (> 95e percentile par âge et sexe)

27. National Longitudinal Study of Adolecent Health (Add Health)[28]

plus proches (5 femmes et 5 hommes). Une partie (1 sur 5) de l'échantillon total des adolescents a été choisie pour une évaluation détaillée, dans la maison. Cette étude comprend les mesures de taille et de poids et les entretiens avec les parents (n = 17 670).

Les mesures de réseaux considérées dans cette étude sont :

- Le nombre de liens d'amitiés, c'est-à-dire le numéro de nominations d'amitié.
- La centralité (en utilisant la mesure de Bonacich) : cette mesure compare la popularité d'un individu avec celle des individus avec lesquels il est connecté. Les individus ayant peu d'amis induisent une centralité basse à leurs voisins dans le réseau.
- La popularité, caractéristique de l'ensemble des individus qui reçoivent plus de nominations.
- Le réciprocité, résultant de nominations mutuelles.

Avec cette étude, Strauss a pu tirer des conclusions très marquantes, par rapport aux liens d'amitié et aux interrelations entre les adolescents. Il a pu montrer que les adolescents en surpoids sont socialement plus isolés et périphériques dans les réseaux (marginalisés) que les adolescents avec un poids normal. Les adolescents en surpoids ont presque la même quantité de nominations d'amitié[29] que les adolescents avec un poids normal. Par contre, ils reçoivent significativement moins de nominations que les sujets avec un poids normal[30]. La participation à un club, une diminution des heures passées devant l'écran et une augmentation de la pratique sportive sont associées, dans la plupart des cas, à une quantité de nominations d'amitié élevée, tant pour les adolescents normaux que pour les adolescents en surpoids. Cependant, si nous regardons plus en détail un adolescent en surpoids qui pratique un sport 5 fois par semaine, il reçoit le même nombre de nominations qu'un adolescent normal qui ne pratique pas ce genre d'activité. En résumé, cet article étudie l'influence du poids des adolescents sur leurs liens d'amitié (en entrée et en sortie), en considérant différents collèges, dans une mixité ethnique, culturelle et socio-économique. Cependant, il n'étudie pas l'impact interindividuel (poids des voisins) sur le poids de l'adolescent, ni la corrélation entre le poids et les pratiques des adolescents, par exemple le sport ou la télévision. De plus, cette étude est statique. Elle ne donne donc pas de détails sur l'évolution des relations d'amitié dans le temps et à travers les différents âges des adolescents enquêtés.

---

29. la moyenne des nominations "out" est de 4.29 versus 4.58
30. la moyenne des nominations "in" est de 3.39 versus 4.79

1.4.1.1 Stigmatisation

Nous pouvons considérer l'effet étudié dans la section précédente comme le résultat d'un processus de discréditation, et plus précisément de stigmatisation [31], envers les individus obèses. C'est au cours d'interactions sociales que le label de *déviant* est attribué à un individu par d'autres individus, supposés *normaux*. Cette étiquette justifie alors une série de discriminations sociales, voire d'exclusions. La stigmatisation devient un véritable cercle vicieux (voir figure 1.10), qui tend à transformer les victimes en coupables. Cela amène à accepter et considérer comme normaux les traitements discriminatoires et les préjudices subis. Cela produit une dépréciation personnelle, qui débouche sur une altération de l'estime de soi et un renforcement de l'état *déviant*" (Goffman, 1963). Dans le cas spécifique de l'obésité, la stigmatisation entraîne le rejet et la disgrâce, qui sont associés à ce qui est perçu comme une déformation physique et une aberration comportementale (Cahnman, 1968). La violence du milieu social, où être obèse est considéré comme *grotesque*, voire *monstrueux*, joue ainsi un rôle important dans la prise de poids. L'obésité deviendra une façon de s'éloigner, de se protéger des autres.

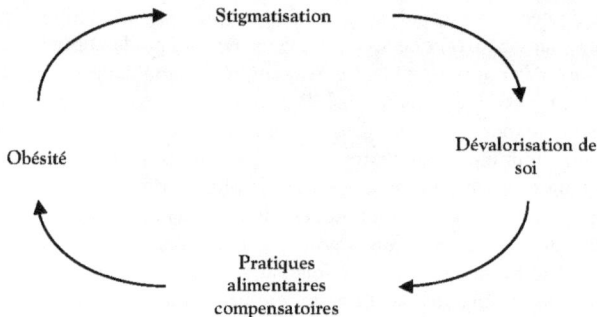

FIGURE 1.10: Le cercle vicieux de la stigmatisation de l'obésité (Poulain, 2001, 2009)

La stigmatisation de l'obésité a été l'objet d'analyses descriptives par de nombreux auteurs (Cahnman, 1968; Allon, 1982; Sobal, 1991; Tibere et al., 2007; Poulain, 2009). Ils montrent comment un certain nombre d'attitudes négatives à l'égard des obèses peuvent se transformer en véritables discriminations. Des liens statistiquement significatifs ont été mis en évidence à différents niveaux entre l'obésité et :
  – l'accès à l'enseignement supérieur (Canning and Mayer, 1966) : à performances scolaires égales, les étudiants obèses intègrent moins facilement les

---

31. La stigmatisation a été décrite par Erwing Goffman comme "un processus de discréditation qui touche un individu, considéré comme anormal ou déviant"

écoles les plus prestigieuses que leurs condisciples de poids inférieur et de même classe sociale,

– l'accès à l'emploi (Benson et al., 1980) : les obèses sont moins facilement engagés,
– le niveau des revenus (McClean and Moon, 1980) : les obèses sont moins bien payés,
– la promotion professionnelle (Hinkle et al., 1968) : les obèses ont une promotion plus lente que les sujets de poids moyen,
– la vie domestique (Myers and Rosen, 1999; Karris, 1977) : les femmes obèses ont moins de chance que les autres d'épouser des hommes d'une classe sociale supérieure à la leur. Les propriétaires préfèrent louer à des personnes non obèses,
– la mobilité sociale [32] (Canning and Mayer, 1966; Hinkle et al., 1968) : l'obésité ralentit la mobilité intra-générationnelle [33] et augmente la fréquence de la mobilité inter-générationnelle [34] descendante.

1.4.1.2 Valorisation

Depuis le Moyen-Age, l'obésité a rarement été valorisée et cela, quelque soit le corps social et le régime politique. Dans un ouvrage récent (Vigarello, 2010), l'auteur rappelle que seuls les hommes ont pu avoir une image de vigueur (plus que de corpulence) valorisée, du fait de la nécessité de bien maîtriser un cheval (de combat ou de trait). Pour la femme, la minceur ou la "normalité" pondérale a toujours été la norme, au moins pour le buste, ainsi que l'attestent les nombreuses représentations picturales ou sculpturales féminines (sauf chez les peintres flamands comme Brueghel ou Rubens ou chez des artistes français comme Renoir ou Maillol). Mais, comme le note R. Girard, "avant notre siècle, il y a eu des variations du goût, sans aucun doute, dans les écoles de peinture, aussi bien que chez les peintres individuels mais elles ne peuvent être réduites à aucun simple facteur. Dans la peinture flamande, les femmes semblent plus corpulentes, en règle générale, que dans la peinture italienne, mais les exceptions abondent. Vermeer peint des silhouettes féminines plus minces que Titien et Tintoret. Devons-nous supposer qu'il était le mieux nourri des trois ?" (Girard, 1996). L'exigence de minceur a conquis le reste du corps féminin à l'aube de l'ère industrielle, et encore plus à l'époque moderne, où les canons du sport et de la beauté ont poussé à l'abandon du corset et des artifices au niveau de la robe et de la jupe, renforçant l'impression de finesse de la taille.

---

32. La mobilité sociale est définie comme le déplacement d'un individu dans la structure sociale. La mobilité peut être ascendante, descendante ou équivalente, selon que le déplacement s'élève, descend ou reste au même niveau de l'échelle sociale (Cuin, 1993)

33. Elle met en relation la position sociale d'un fils et celle de son père.

34. Elle compare la position d'un même individu à deux moments de sa vie (début de carrière et fin de carrière par exemple)

1.4.2   Liens d'amitié et pratiques communes

A partir de la même base de données décrite dans la section 1.4.1, Voorhees et al. (Voorhees et al., 2005) ont étudié les relations possibles entre l'activité physique de filles adolescentes et l'activité physique de leurs réseaux d'amies. Cette étude montre que l'activité physique des amies est sensiblement liée à l'activité physique individuelle. Elle montre donc une corrélation entre les liens d'amitié et les pratiques sportives entre les adolescentes. Cette étude rencontre les mêmes problèmes que l'étude vue précédemment portant sur l'évolution de l'obésité et/ou des réseaux. De la même manière, elle n'étudie pas le facteur interindividuel, c'est-à-dire l'impact du poids des voisins sur l'état d'obésité ou sur le choix des amies.

1.4.3   Corrélation entre les IMC des amis

La corrélation existant entre les liens d'amitié et les pratiques sportives peut nous induire à croire d'une part que dans les choix des amis, il y a une influence non négligeable pour sélectionner les individus qui sont semblables et d'autre part, que les liens d'amitié créés ont une influence non négligeable sur le choix des pratiques quotidiennes, comme par exemple le sport. La question qu'il nous reste à aborder porte sur la causalité de cette corrélation :

– Une année plus tard et en utilisant la même base de données, décrite dans la section 1.4.1, une première étude permet d'estimer, non plus comme précédemment l'effet de l'obésité sur la structure sociale, ni la corrélation entre les activités physiques et les liens d'amitié, mais l'influence des liens d'amitié sur le poids des adolescents. Cette étude, réalisée par Trogdon (Trogdon et al., 2008), se base sur l'hypothèse qu'il y a plusieurs raisons de croire que les liens d'amitiés peuvent affecter le poids des adolescents. En effet, les amis peuvent influencer une série de choix liés au poids, notamment les modes de consommation sains et malsains (par exemple : snacks, activité physique, régime, entre autres). De plus, les amis peuvent également affecter la perception de ce qu'est un "poids acceptable". En utilisant le cadre de Manski, Trogdon a supposé que les poids d'un adolescent donné et de ses amis pouvaient être corrélés entre eux. A partir de ses observations de terrain, il pose l'hypothèse que cette corrélation peut être déterminée par plusieurs facteurs. En particulier, (1) le poids d'un adolescent est influencé directement par le poids des amis (ce que nous appelons ici, effets endogènes ou causaux), (2) le poids d'un adolescent est influencé par d'autres caractéristiques (effets exogènes ou contextuels), (3) un ensemble commun de caractéristiques inaperçues influencent le poids d'un adolescent et le poids de ses amis (effets corrélés). Le but de cette analyse est d'identifier les facteurs déterminant le poids des adolescents, en prenant comme facteur principal le poids de ses amis.

Le modèle propose une équation expliquant l'influence BMI_{ijs} sur l'obésité de l'adolescent i, causée par ses amis j dans l'école s :

$$BMI_{ijs} = \beta_0 + \beta_1 BMI_{js} + \beta_2 X_{is} + \delta_s + \varepsilon_{is}$$

La variable principale d'intérêt est le poids moyen parmi des pairs (BMI_{js}). Les variables de contrôle (X_{is}) incluent des caractéristiques de l'adolescent et des caractéristiques de sa famille. La constante β_0 correspond à un effet fixe dû à l'école s commune à l'adolescent i et à ses amis j, et ε_{is} désigne un bruit additif. La variable δ_s correspond aux effets fixes par école. En utilisant les mêmes spécifications, il est possible de remplacer BMI_{js} par la proportion de pairs qui sont en surpoids. La conclusion de Trogdon est que la moyenne de l'IMC des amis est corrélée avec l'IMC de l'adolescent et que la proportion des amis qui sont en surpoids est corrélée avec la probabilité de l'adolescent d'être en surpoids. Il a également été mis en évidence que les femmes sont plus sensibles à l'IMC et au surpoids des amis. En outre, le poids des amis est plus influent parmi des adolescents qui ont un IMC plus haut. Ces faits peuvent aider à expliquer l'augmentation dramatique du poids excessif des adolescents qui a été constatée dans les dernières décennies. Ces résultats sont compatibles avec notre hypothèse selon laquelle le gain de poids pourrait être véhiculé par le réseaux des amis et rétroagir sur ces réseaux. Au delà des corrélations rapportées par cette étude, une analyse longitudinale serait nécessaire pour déterminer si l'IMC ou le statut de surpoids des amis cause les changements de l'IMC et la prévalence du surpoids. Par ailleurs, aucune étude n'a encore établi de rapport entre le poids des amis et le poids individuel, dans le cas où le comportement alimentaire est sain et où l'individu perd du poids (c'est-à-dire : est-ce que la perte de poids se propage dans les réseaux sociaux ?). Une telle mise en évidence montrerait la pertinence des multiplicateurs sociaux et leur efficacité, dans le cadre d'interventions visant à réduire l'obésité.

– Dans ce même contexte de corrélation entre l'IMC des amis, Valente (Valente et al., 2009) analyse les relations d'amitié et l'obésité chez les adolescents (âgés de 11 à 15 ans, 64 % de filles et 36 % de garçons, 562 seulement ayant complètement répondu). Il mesure, chez 617 adolescents, leur choix d'amitiés et leur IMC. Sur la base des études précédentes, on peut penser que les groupes d'adolescents sont formés autour de certaines habitudes qui affectent leur poids, que ce soit de façon directe ou indirecte (sports, jeu de vidéo, alimentation, etc...). L'objectif de cette étude est de déterminer si les adolescents en surpoids ont une probabilité plus élevée que les adolescents qui ont un poids normal d'avoir des amis en surpoids, donc s'il y a une corrélation entre les IMC des amis. Valente et al. trouvent, en utilisant ERGM et MCMC (The exponential random model graph model et Markov chain Monte Carlo), que les amis ont des statuts pondéraux similaires. Ils posent donc l'hypothèse que les liens d'amitié sont plus probables entre amis ayant le même statut pondéral. Les adolescents en surpoids ont 2 fois plus de probabilité d'avoir des amis en surpoids. Ils trouvent une association faible entre position sociale et poids. Les adolescents en surpoids nomment plus d'amis que les adolescents de poids normaux, mais ils sont nommés comme amis moins fréquemment que les adolescents qui ont un poids normal. L'étude montre que les adolescents en surpoids ont plus de probabilité d'avoir plus d'amis en surpoids que d'amis avec un poids normal. Quelques implications importantes de cette étude sont que l'obésité peut déterminer les liens d'amitié des adolescents et peut aussi influencer une discrimination/marginalisation sociale. De même que les études précédentes, cette étude n'est pas dynamique, donc on ne peut pas dire si les corrélations trouvées dans ces données persistent ou évoluent dans le temps et dans les différents âges. Par ailleurs, on ne peut pas valider l'hypothèse empiriquement, puisqu'une corrélation ne peut pas être interprétée comme une causalité.

1.4.4   Influence interindividuelle et sociale sur les pratiques

– Les familles jouent un rôle dominant dans la socialisation des adolescents, tant dans l'établissement de normes que dans les pratiques. Avec pour objectif d'évaluer l'influence que peut avoir l'environnement familial sur les pratiques et donc sur le statut pondéral des jeunes adultes, on peut analyser l'existence ou non d'environnements obésogènes. L'équipe de Crossman (Crossman et al., 2006) a examiné, six années après, les adolescents qui ont d'abord participé à l'étude exposée dans la sous-partie 1.4.1. L'étude de Crossman contribue à la compréhension de la potentielle transmission intergénérationnelle du poids à l'intérieur des familles.

Cette étude considère 4 types de données différents :

1. Mesures des caractéristiques familiales :
   – statut socio-économique de la famille : le niveau d'étude et les salaires annuels
   – structure familiale (l'adolescent vit avec les deux parents ou un seul ou autre)
   – parents obèses
   – démographie des adolescents et origine ethnique

2. Mesures des relations familiales :
   – perception du contrôle parental
   – contrôle parental du temps passé devant la TV
   – contrôle parental de l'alimentation
   – proximité avec ses parents.
   – perception du fait que les parents l'aiment

3. Mesures du poids et de l'amour-propre de l'adolescent :

- poids au moment de la première enquête
- niveau d'amour-propre

4. Mesures du comportement de l'adolescent :
   - fréquence d'activité physique
   - heures de TV et de jeux vidéo
   - prise ou non d'un petit déjeûner

Cette étude indique qu'il existe une transmission du surpoids entre les générations dans une famille, transmission qui touche différemment les filles et les garçons. Spécifiquement, par rapport à l'ensemble des données, les jeunes filles dont les parents ont un niveau scolaire plus élevé, qui ont une perception plus forte du fait que leurs parents prennent soin d'elles, et qui ont un amour-propre plus élevé, ont un risque réduit d'être en surpoids quand elles deviennent jeunes adultes. A l'inverse, être afro-américaine ou indienne aux USA augmente le risque de surpoids. En revanche, pour les jeunes garçons, la perception du fait que leurs parents essayent de commander leurs régimes alimentaires, et un degré plus élevé de proximité avec un parent augmente le risque de surpoids quand ils deviennent jeunes adultes. Diverses études (Goran et al., 1999; Lovejoy et al., 2001; Kimm et al., 2005) ont trouvé une corrélation entre une faible pratique sportive et le surpoids dans un intervalle de temps donné (sans faire de suivi longitudinal des individus). Cette étude montre que, tant pour les filles que pour les garçons, la participation aux activités physiques pendant l'adolescence ne peut pas prédire leur poids de jeunes/adultes. Par contre, pour les filles, le nombre d'heures passées à des activités sédentaires permet de prédire un surpoids. Cette prédiction n'est pas présente pour les garçons.

- Une autre étude examinant les comportements liés à l'obésité dans les réseaux d'amitié d'adolescents est celle de Kayla de la Haye (de la Haye et al., 2009). Ils ont appliqué l'ERGM [35] pour rechercher les rapports entre les réseaux des amis d'adolescents et les comportements liés à l'obésité, avec pour objectif de déterminer si un adolescent et ses amis adolescents s'engagent dans des comportements à risque semblables. Ils ont réalisé des enquêtes dans deux collèges (une classe dans un collège et deux classes dans l'autre) avec un total de 385 adolescents entre 13 et 14 ans. Ils ont étudié initialement trois réseaux différents, un pour chaque niveau (classe au collège). Dans le modèle ERGM, ils ont testé les paramètres de : réciprocité [36], po-

---

35. Exponential Random Graph Models de (Robins et al., 2007). Cette méthode permet de modéliser la structure des réseaux sociaux complexes
36. modélise la tendance qu'ont les liens d'être réciproques

pularité [37], "expansiveness" [38], "transitive closure" [39], multiple connectivité [40], emetteur [41], récepteur [42], différence absolue [43]. Ils ont construit le réseau des amis comme un réseau orienté. Les adolescents doivent lister les noms de leurs meilleurs amis dans le collège ou à l'extérieur, sans inclure frères ou soeurs. Ils ont trouvé que le réseau d'amis est divisé par sexe, ce qui les a amenés à considérer six types de réseaux différents (en ne prenant en compte que les liens intra- genre).

Les comportements liés à l'obésité qu'ils ont analysés sont :
– consommation d'aliments caloriques, en considérant la fréquence (nombre de fois par semaine) à laquelle les adolescents prennent ce type d'aliments,
– activité physique, en considérant la fréquence (quantité de fois par semaine et nombre d'heures par occurrence) avec laquelle les participants ont des activités physiques organisées et non organisées,
– temps devant un écran, en considérant la fréquence (nombre d'heures par jour de la semaine de travail et du week-end) avec laquelle les participants sont devant la télévision, les jeux vidéo et l'internet.

Les propriétés structurelles mises en évidence sont la réciprocité et le *clustering* "les amis de mes amis deviennent mes amis", avec une faible connectivité multiple. Ils ont trouvé aussi que les hauts "degree-in" et "degree-out" ne sont pas très fréquents. Ils ont trouvé que les amis adolescents sont semblables sur quelques comportements à risque pour l'obésité, en particulier pour les activités de loisir. L'activité physique organisée était un facteur important dans des amitiés adolescentes de deux des trois réseaux. Les amies, dans chacun des trois réseaux, sont semblables sur des activités sédentaires [44], par contre les amis masculins, dans deux des trois réseaux, n'étaient pas semblables sur ces types d'activité. Les amis masculins ont tendance à être semblables dans leur consommation de nourriture à hautes calories. Dans cette étude, les chercheurs concluent que les statuts du poids chez les adolescents et les adultes peuvent être influencés par leurs liens d'amitié. Ils ont constaté que les amis sont semblables sur quelques comportements liés à l'obésité, spécifiquement dans les activités de loisir et la consommation de nourriture. Ce constat peut mettre en évidence un mécanisme potentiel pour la contagion sociale du surpoids et de l'obésité.

---

37. modélise la distribution de "degree-in" et la tendance à la popularité
38. modélise la distribution de "degree-out" et le reflet de l'activité sociale ou expansivité
39. modélise la tendance à créer des triangles du type "les amies de mes amies deviens mes amies"
40. c'est un précurseur de la "transitive closure", qui modélise les nœuds qui sont connectés à plusieurs "2-paths"
41. modélise la tendance des liens à connecter les noeuds avec un attribut particulier vers n'importe quel autre noeud
42. modélise la tendance des liens à connecter les noeuds avec un attribut particulier à partir de n'importe quel noeud
43. modélise la tendance des liens à connecter des noeuds similaires ou différents
44. écran, jeu vidéo, jeu d'ordinateur et utilisation d'Internet

Les différentes études appliquées aux données de la "National Longitudinal Study of Adolescent Health (Add Health)" vue précédemment ont mis en évidence l'impact de l'obésité sur les relations amicales et familiales, ainsi que l'influence sociale sur le développement de l'obésité. En résumé :

 – Les adolescents en surpoids sont socialement plus isolés et périphériques dans les réseaux (marginalisés) que les adolescents ayant un poids normal. Ainsi, les adolescents en surpoids reçoivent significativement moins de nominations de la part des autres adolescents que les sujet ayant un poids normal.
 – L'activité physique chez les amis est sensiblement liée à l'activité physique individuelle.
 – L'IMC d'un adolescent est corrélée avec la moyenne de l'IMC de ses amis.
 – La proportion d'amis qui sont en surpoids est corrélée avec la probabilité de l'adolescent à être en surpoids.
 – Il existe une transmission du surpoids entre les générations au sein d'une famille, transmission qui touche différemment les jeunes adultes selon leur genre.

1.4.5 Contagion de l'obésité

 – L'étude développée par Christakis et Fowler (Christakis and Fowler, 2007a) est la première à déclarer que l'obésité peut se propager à l'intérieur d'un réseau social. Ils ont traité l'obésité comme une maladie *contagieuse* qui peut passer d'un individu à l'autre avec différentes probabilités, selon le type de relation (famille, voisins, amis, autres) existant entre eux. Pour l'étude, ils ont pris les données longitudinales des 12 067 individus interconnectés (réseaux des amis, fils, couples, parents et voisins géographiques) entre 1971 et 2003 [45]. Pour l'étude, il ont pris l'IMC de tous les individus. Ils ont défini 5124 individus comme "egos" et toutes les personnes connectées à un "ego" sont définies comme "alter". Naturellement, un ego peut être alter et vice versa. Il y a 38611 liens sociaux avec une moyenne de 7.5 liens au total (sans inclure les voisins géographiques) et 0.7 liens d'amitié par ego. Ils ont défini trois types de liens d'amitié : lien perçu par l'ego, lien perçu par l'alter et lien mutuel. L'intervalle d'âge va de 21 à 70 ans, avec une moyenne de 38 ans, et 53% des individus sont des femmes. Le niveau moyen scolaire est de 13,6 années d'études, avec un intervalle de 0 à plus de 17 ans. Chaque ego déclare au moins un ami proche dans chaque année [46]. Tous les changements de situation sont pris en compte (déménagement, nouvel ami, naissance, décès, etc). Ainsi, chaque ego est connecté avec des alters, au moins dans une

---

45. Données de Framingham Heart Study
46. 1971,1973,1981,1985, 1992,1997,1999, 2003

période de temps. Les auteurs ont observé que, dans les relations mutuelles d'amitié, si l'un des amis devient obèse, la probabilité pour le deuxième de devenir obèse augmente de 171%. Parmi les paires de frères adultes, si l'un devient obèse, la probabilité pour l'autre de devenir obèse dans un temps postérieur augmente de 40%. Les résultats de cette étude indiquent également que l'obésité est regroupée dans les communautés. Par exemple, le risque que l'ami d'un ami d'une personne obèse dévienne obèse était environ 20 % plus élevé dans le réseau observé que dans un réseau aléatoire ; cet effet a disparu seulement dans le quatrième degré de séparation. Il y a trois explications possibles pour ces *clusters* d'obèses :

- homophilie : un individu choisit de s'associer avec des individus comme lui (dans son même état ou dans un état proche).
- *confounding* : existence d'événements contemporains, non observés dans l'étude, causant la variation de poids des individus.
- induction : le comportement d'un individu peut influencer le comportement de ses voisins dans le réseau, dont deux individus voisins ne deviennent pas obèses en même temps.

Distinguer ces trois facteurs n'est pas une tâche facile. Initialement, pour distinguer l'induction interpersonnelle de l'homophilie, il faudrait connaître, d'une part, la temporalité et, d'autre part, établir une relation de causalité entre les liens interindividuels, un effet externe identique pour tous les individus (comme le fait d'être exposé à un environnement commun) et le changement d'état des individus.

- L'article de Christakis (Christakis and Fowler, 2007a) a provoqué diverses réactions dans la communauté scientifique. Une des remarques faites sur cet article est celle développée par Cohen-Cole et al.(Cohen-Cole and Fletcher, 2008). Ainsi, Chistakis a identifié trois raisons [47] pour lesquelles les poids des individus pourraient être corrélés. Selon Cohen-Cole et al., les principaux problèmes de la méthode de Christakis sont :
  - la méthode n'inclut pas un ensemble suffisamment large d'effets contextuels, pour expliquer une large gamme de causes présumées de l'épidémie,
  - la méthode de contrôle pour le choix est beaucoup trop étroite,
  - le modèle dynamique estimé produit des coefficients avec un biais important.

  Etant donné l'existence d'hypothèses alternatives qui pourraient expliquer que les poids des amis sont corrélés à travers le temps, pour ces chercheurs, la distinction centrale doit se faire entre les effets endogènes, également appelés "effets inductifs ou effets de réseaux sociaux", et les effets "contex-

---

47. homophilie, influences confondues, effet du réseau social

tuels". Dans le cas de l'obésité, on peut penser à des effets endogènes comme la propension à devenir obèse, à cause de l'interaction directe avec un autre individu obèse ou non obèse. On peut décider de manger plus (ou plus calorique) parce que son ami, conjoint, voisin fait ainsi. D'autre part, les influences contextuelles reflètent les environnements partagés des membres d'un groupe qui pourraient mener à des résultats semblables en termes de poids. Sans information détaillée sur les caractéristiques d'un individu, ses choix, ses préférences, et sur ceux de l'environnement, il est difficile de discerner si le gain de poids simultané ou décalé de deux amis est attribuable à leur amitié ou à une exposition à un facteur environnemental commun (Manski, 1993; Durlauf, 2004). Pour distinguer l'effet social de l'expérience partagée (contexte ou environnement), ils ont répliqué les résultats de Christakis, en utilisant les mêmes spécifications et en ajoutant un ensemble d'effets environnementaux (confounding/contextuels) dépendant du temps. Pour distinguer l'homophilie[48] de l'influence sociale[49], ces auteurs ont regardé le changement d'IMC dès la déclaration de l'amitié, jusqu'à la mesure suivante de poids. Avec ces variations du modèle initial proposé par Christakis, ils ont estimé que l'effet "réseau social" devient statistiquement non représentatif, quand les techniques standards d'économétrie sont intégrées. Ils ont suggéré que la diffusion de l'obésité est liée à l'environnement dans lequel les individus vivent. Bien qu'ils n'éliminent pas complètement la possibilité d'induction ou propagation de personne à personne de l'obésité, les résultats suggèrent que les facteurs environnementaux partagés peuvent reproduire l'aspect vu dans le travail de Christakis comme des effets interindividuels (réseaux sociaux). Cette divergence dans les résultats souligne l'importance de la précaution dans l'interprétation des corrélations dans l'IMC des individus. Ce travail montre la difficulté qui existe pour distinguer l'effet de réseaux sociaux de l'effet contextuel ou environnemental.

– Pour étudier ces divergences dans un cadre théorique, le travail développé par Bahr et al. utilise des modèles d'interaction basés sur des réseaux, pour simuler comment l'obésité peut se propager dans un réseau social (Bahr et al., 2009). Ils ont simulé une large variété de conditions et de réseaux. Les simulations montrent que les interventions traditionnelles ont échoué, parce qu'elles sont orientées vers les personnes obèses et en surpoids, sans considérer leur environnement, ni leur réseau social. Ils ont trouvé que des individus avec des IMC semblables se rassemblent en groupes et les forces sociales conduisent ces groupes vers une augmentation de l'obésité. Ils proposent que, pour prévenir l'obésité, il faut forcer une variation aux frontières

---

48. le désir d'aller vers des amis, basé sur la similitude de poids
49. effet de gain de poids, influencé par les liens d'amitié

de l'agrégation. Ainsi, la stratégie de régime avec les amis d'amis se révèle la plus efficace. Pour arrêter la diffusion de l'obésité, ils proposent des interventions visant les individus bien connectés et/ou normaux. Changer seulement les forces sociales et le comportement d'un petit groupe aléatoire d'individus obèses et normaux permettrait de renverser les tendances d'augmentation de poids et d'amener un segment de la population à un poids plus sain.

Ils ont simulé de grands réseaux de 1000 à 1000000 individus [50], avec différentes topologies [51] :

– Treillis carrés ("square lattices")
– Réseaux aléatoires ("random networks")
– Réseaux petit-monde ("small-world networks")
– Réseaux invariants d'échelle ("Scale invariant networks").

Tous les individus du réseau sont initialisés avec un état d'IMC. Ils ont défini quatre états possibles : sous-poids, normal, surpoids, obèse. A un pas de temps régulier et arbitraire, le modèle actualise tous les IMC des individus simultanément. Pour s'assurer que les résultats ne sont pas sensibles aux règles des interactions entre les individus, ils ont simulé différents types d'interaction, cohérents avec ceux de l'étude Framingham (Christakis and Fowler, 2007a).

Dans toutes les simulations, indépendamment de la règle d'interaction et de la topologie du réseau, les individus se sont groupés selon leur IMC (avec un IMC semblable). Il y a donc eu émergence d'agrégats très dominants. Si la population initiale est décentrée vers n'importe quelle classe d'IMC, l'agrégat avec cette IMC sera dominant. Les résultats des simulations suggèrent l'existence d'une forte force sociale (environnement à forte propension à l'obésité), qui a poussé les individus vers l'augmentation de leur IMC et, plus particulièrement, vers l'obésité. Les simulations prouvent que les individus de poids normaux prenant du poids appartiennent d'abord à la population en surpoids avant d'appartenir à la population obèse. Ainsi, sous l'influence des forces sociales, les agrégats obèses recrutent dans la population de surpoids, recrutant elle-même dans la population de poids normal.

Dans la partie finale de l'article, ils ont testé et proposé quelques interventions effectives pour perdre du poids. Par exemple, ils ont proposé d'impulser la perte de poids aux amis de mes amis.

1.4.6   Autres études

– Barabasi a écrit une discussion générale sur la manière dont les réseaux et l'analyse des réseaux influent sur tous les aspects liés à la santé des

---

50. ils ont fait varier le nombre d'individus dans les simulations, pour s'assurer que les résultats ne sont pas sensibles au nombre d'individus en interaction

51. pour s'assurer que les résultats ne sont pas sensibles aux configurations particulières du réseau

personnes, au niveau cellulaire (les composants cellulaires sont reliés entre eux par des interactions métaboliques, régulatrices ou par des protéines) ou au niveau des maladies par exemple (deux maladies sont reliées, si elles partagent au moins un gène) (Barabasi, 2007). Dans ce réseau de maladies, l'obésité a des liens avec sept autres maladies, y compris l'asthme, la lipodystrophie et le glioblastome. Ainsi, le concept de réseau permet de trouver un certain nombre de connexions surprenantes entre les maladies. Au-delà de ces relations, l'aspect réseau peut expliquer aussi bien les influences environnementales que sociales sur les maladies, comme par exemple sur l'obésité, qui est vue comme un système composé de facteurs génétiques, métaboliques et sociaux, avec divers types de composants et relations.

– Koehly et al. (Koehly and Loscalzo, 2009) ont développé un travail pour montrer comment nous pouvons utiliser les réseaux sociaux pour la prévention de l'obésité. En se basant sur quelques études déjà vues dans cette partie (Christakis and Fowler, 2007a; Barabasi, 2007; Bahr et al., 2009; Valente et al., 2009), ils ont utilisé une approche de réseau social pour proposer quelques stratégies de prévention de l'obésité. Ils ont considéré que, pour aborder le problème de l'obésité, il est nécessaire d'inclure tant les personnes qui habitent dans la même maison, comme la famille, que les liens vers la communauté, pour avoir un changement durable dans le temps. De plus, ils proposent d'implanter des mécanismes pour la promotion de la santé au sein des sous-groupes cohésifs d'amis, *i.e.*, dans l'école, et d'identifier les personnes centrales dans les groupes, afin qu'elles soient formées pour agir, *e.g.*, par la promotion de l'activité physique, comme liaison entre les réseaux d'amis et l'équipe d'intervention.

1.5 Discussion

L'indice de masse corporelle a été défini il y a près de deux siècles, néanmoins, il représente encore l'outil de base, pour diagnostiquer et suivre l'évolution, sous thérapie ou non, de l'obésité. Cette maladie sociale représente un des fléaux actuels, auxquels la santé publique doit s'attaquer, dans sa phase épidémique, voire pandémique mondiale. Plusieurs voies d'ouvrent dans ce domaine :
– la redéfinition de seuils optimaux, pour l'établissement de nouvelles classes de risque lié à l'obésité, à partir de l'IMC classique (Dauphinot et al., 2008),
– la définition d'un nouvel indice, appelé Indice d'Adiposité Corporelle (IAC) permettrait de faire la part entre les masses musculaires, squelettiques et adipeuses (Bergman et al., 2011),
– l'élucidation de tous les facteurs génétiques impliqués dans la genèse de l'obésité (influence du terrain) (Baranova et al., 2005),

– l'identification de tous les facteurs sociaux favorisant la phase épidémique actuelle (influence de l'environnement), dans des réseaux de patients obèses, comme le REPOP [52], qui observent la croissance de la maladie chez les enfants et les adolescents, dans leur contexte social, scolaire, sportif et familial, et proposent une prévention active.

1.6   Conclusion

Dans ce chapitre, nous avons décrit le contexte socio-familial dans lequel se développe l'obésité. Nous avons également donné des arguments pour l'aspect multiplicateur de la présente pandémie, nous permettant, dans les chapitres suivants, de mettre l'accent sur les facteurs d'influecne, et de proposer une modélisation de la dynamique due à cette influence, dans le cadre des réseaux sociaux dans lesquels est impliqué l'individu obèse.

---

52. www.repop.fr

Résumé du chapitre:

Dans ce chapitre, nous avons défini l'obésité et son état de développement en France, comme dans le monde. Nous avons étudié les différents
facteurs qui pourraient être causaux de cette maladie multifactorielle. Nous
avons également introduit les études existant jusqu'à maintenant, qui relient
l'individu obèse ou normal à son milieu, en utilisant, comme outil d'analyse,
les réseaux. Après avoir vu en détail les différentes avancées scientifiques et
médicales concernant l'obésité, nous voulons à présent proposer un cadre
d'analyse de cette maladie, qui nous aide à mieux comprendre sa genèse,
en incluant tant les facteurs individuels, que les facteurs environnementaux.
Dans le chapitre suivant, nous exposons la problématique et les clés de cette
thèse.

CHAPITRE 2

Problématique

Sommaire

2.1   Introduction   59
2.2   Problématique   60
2.3   Discussion et Conclusion   63

Dans cette partie, nous exposons ce qu'est l'obésité dans le cadre de cette thèse, puis nous mettons en évidence quelle est la problématique que nous voulons étudier et, enfin, comment nous proposons de faire face à cette problématique.

2.1   Introduction

Dans le chapitre précédent, nous avons passé en revue différentes définitions de l'obésité et divers facteurs impliqués dans son développement. Dans le cadre de cette thèse, nous prenons comme point de départ de notre investigation la définition de l'obésité comme une maladie produite par un déséquilibre énergétique, qui a comme conséquence une accumulation anormale ou excessive de graisse dans les tissus adipeux et donc un excès de poids visible chez les individus. Le déséquilibre énergétique peut avoir diverses causes, parmi lesquelles nous supposons une prédisposition au niveau individuel, sur la base de laquelle l'obésité peut se développer, en conséquence de l'influence de facteurs déclenchants individuels et/ou environnementaux. L'ensemble de ces facteurs façonnent le comportement alimentaire et l'expérience que l'individu a de ses besoins nutritionnels. Au sein des facteurs individuels, nous regroupons les facteurs génétiques, physiologiques et psychologiques ; au sein des facteurs environnementaux, nous regroupons les facteurs interindividuels, sociaux et culturels. L'ensemble de ces facteurs ont été expliqués plus en détail dans le chapitre 1.3. Graphiquement, le schéma 2.1 présente la définition de l'obésité utilisée dans cette thèse.

Nous pouvons distinguer les facteurs individuels suivants, sous-jacents au déséquilibre énergétique :
– les apports énergétiques, donc la prise alimentaire,

- les dépenses, donc la capacité à brûler des nutriments énergétiques,
- les capacités de stockage, en fonction du recrutement des cellules qui en sont chargées : les adipocytes.

Par ailleurs, nous pouvons distinguer les facteurs environnementaux suivants, ayant un impact sur les individus et pouvant ainsi avoir des conséquences sur le déséquilibre énergétique :

- les relations interindividuelles (la relation à autrui),
- le milieu social,
- le milieu culturel.

Un ensemble d'individus peut partager le même milieu culturel (par exemple utiliser les mêmes moyens de communication) qui compose donc ce que nous appelons ici un milieu homogène. En revanche, ces mêmes individus peuvent graviter dans des milieux sociaux différents (par exemple habiter des quartiers socioéconomiquement différents), qui composent donc ce que nous appelons ici un milieu hétérogène. Graphiquement, la figure 2.2 présente les différents niveaux de spécificité des facteurs environnementaux.

2.2   Problématique

Nous nous intéressons à l'exploration des comportements individuels associés à l'obésité, qui seraient co-influencés par le contexte environnemental. Nous parlons de co-influence, étant donné que, pour nous, autant le contexte environnemental survient à travers les individus, autant les individus sont eux-mêmes transformés par la structure qu'ils ont produite. De cette manière, nous supposons que les comportements individuels liés à l'obésité sont co-guidés par des variations particulières à chaque individu, ainsi que par des facteurs interindividuels, sociaux et culturels, qui peuvent être partagés par un ensemble d'individus. En ce sens, l'analyse des réseaux sociaux nous offre un cadre précieux pour la compréhension des états individuels et de leurs variations, qui ne place pas a priori l'individu ou ses attributs au centre du dispositif, mais est orienté plutôt vers l'étude des relations interindividuelles. L'attention que porte cette analyse à l'interaction sociale ne saurait être réduite à une théorie ou même à une approche purement interactionniste. L'interaction ou la relation inter-individuelle se trouve toujours plongée dans un contexte plus large, un tissu relationnel. On peut donc dire que la modélisation sous forme de réseau décrit les interactions locales des agents les uns avec les autres, tout en intégrant un contexte, méso- ou macroscopique, incluant une partie ou l'ensemble des agents et de leurs interactions. Plus spécifiquement pour le cas de l'obésité, nous posons l'hypothèse que les liens interindividuels peuvent faciliter ou contraindre les comportements liés à l'obésité, et que, réciproquement, ces liens interindividuels peuvent être facilités ou contraints par l'état de santé des individus obèses ou non. Ces influences réciproques des facteurs individuels/interindividuels sont contextuelles et dépendent notamment des milieux sociaux et culturels. Ainsi, par exemple, les initiatives prises par mes proches, comme celle de suivre un régime ou pratiquer une activité physique, peuvent avoir un impact sur mon adoption ou le maintien de ces mêmes comportements. Dans ce cadre, nous posons les questions suivantes :

1. Quel impact l'obésité a-t-elle sur l'environnement des individus ?
   - Quelles transformations de l'organisation sociale sont-elles causées par les états de santé des individus obèses ou non ?
   - Comment pouvons-nous expliquer les regroupements d'obèses ?
   - Pouvons-nous rendre compte d'un comportement stigmatisant les obèses ?

2. Quel impact les facteurs environnementaux ont-ils sur le développement de l'obésité ?
   - Pouvons nous penser que les facteurs environnementaux favorisent ou contraignent l'augmentation de l'obésité ?
   - Les facteurs environnementaux peuvent-ils expliquer l'augmentation rapide de l'obésité constatée ces dernières années ?
   - Quels sont les facteurs environnementaux déterminant la vitesse de développement de l'obésité ?
   - Pouvons-nous dire qu'il y a un "effet multiplicateur social" basé sur une influence interindividuelle ? Le tissu social des individus peut-il être un vecteur de l'obésité ?
   - Pouvons nous considérer l'obésité comme une maladie qui peut se propager de personne à personne, donc contagieuse, comme le font actuellement les chercheurs en sociologie et psychiatrie pour les maladies sociales ou mentales (Jones and Jones, 2000; Yapko, 2009; Carminati and Mendez, 2010) ?

L'objectif de cette thèse est de proposer un cadre théorique (conceptualisation et formalisation) qui nous permette d'étudier ces questions. Nous proposons de comprendre l'obésité comme une transformation corporelle visible, que nous modélisons comme un processus de transition d'états déterminé par des facteurs individuels (génétiques, physiologiques et psychologiques) et environnementaux (interindividuels, sociaux, culturels). Dans cette transition des états corporels, les facteurs individuels et interindividuels se nouent les uns aux autres dans un contexte socioculturel, dont l'impact est notamment lié à la visibilité de tout corps, qui se trouve exposé sur la scène publique de manière non-contingente.

Initialement, nous regardons deux facteurs inséparables l'un de l'autre. Premièrement, nous considérons l'impact dans le temps de cette transition, au niveau de l'individu, sur la structure de son environnement. Plus spécifiquement, nous nous demandons comment un tel statut corporel peut modifier les relations directes (interindividuelles) et indirectes (sociales et culturelles) des individus entre eux. Pour analyser cet impact et les différents facteurs qui sont en jeu dans ces relations, nous développons un modèle de réseaux individus-centrés, dans lesquels un individu donné est dans un état corporel donné, fixe dans le temps, et dans lequel les liens interindividuels évoluent (attachement ou détachement préférentiel) en fonction des états corporels de chacun des individus. Ainsi, la structure environnementale évolue selon l'état des individus, les individus semblables les uns aux autres ayant tendance à se regrouper les uns avec les autres et à s'isoler des groupes dissemblables. Nous comprenons ce processus comme un attachement/-détachement préférentiel, que nous appelons dynamique homophilique, régulée soit, d'une part, par la tendance qu'ont les individus caractérisés par des attributs semblables à créer de liens entre eux, soit, d'autre part, par la tendance qu'ont les individus qui sont caractérisés par des attributs dissemblables et qui sont connectés entre eux, à couper ces liens. Le principe d'homophilie suggère que les individus tendent à interagir avec ceux qui leur ressemblent. Le processus homophilique est schématisé dans la figure 2.3, où nous voyons comment l'état individuel peut modifier l'environnement des individus.

Deuxièmement, et réciproquement, nous étudions le rôle que peut jouer l'environnement dans le développement actuel de l'obésité. Il s'agit pour nous d'évaluer l'impact des relations interindividuelles, mais aussi l'influence du niveau social (par exemple inter-quartiers) et culturel (par exemple inter-pays), sur l'état corporel des individus et vice versa. Cette approche met en évidence la nécessité d'inclure les dynamiques spécifiques de chacun des facteurs environnementaux, pour mieux rendre compte de l'évolution de l'épidémie. Pour analyser l'influence que peut avoir la structure de l'environnement sur les individus et vice versa, nous développons deux modèles stochastiques, un modèle à compartiment et un modèle de réseaux. Dans ce dernier modèle, les structures du réseau sont fixes, mais les états des individus évoluent en suivant ou non une influence environnementale (interindividuelle, sociale et culturelle), qui elle-même évolue en suivant ou non l'influence des individus que la composent. En particulier, nous considérons trois forces :

– une force endogène (c'est-à-dire interne au réseau des relations interindividuelles)
– une force exogène hétérogène (c'est-à-dire externe au réseau et différente d'un groupe d'individus à un autre).
– une force exogène homogène (c'est-à-dire externe au réseau, mais similaire pour l'ensemble des individus concernés).

Nous nous intéressons aux facteurs sociaux, en tant que force exogène hétérogène et aux facteurs culturels, en tant que force exogène homogène. La distinction de ces trois forces nous permet donc d'étudier la spécificité des influences :

– individu - individu
– individu - milieu social - individu
– individu - milieu culturel - individu

Cette approche nous offre les outils qui nous permettront d'étudier la validité de l'hypothèse selon laquelle l'obésité se propage au sein et en fonction de l'environnement. Le processus de diffusion en jeu ici est schématisé dans la figure 2.4, dans laquelle nous voyons comment l'environnement peut influencer les individus et vice-versa.

2.3   Discussion et Conclusion

Les réseaux apparaissent donc comme une façon pertinente de modéliser les systèmes sociaux, en rendant compte, dans un même cadre, des actions locales et des structures sociales de plus haut niveau dans lesquelles elles se déploient, pourvu que cette modélisation permette simultanément : (i) de suivre fidèlement les actions individuelles, et plus précisément les dynamiques de mise en relation et (ii) de décrire les ordres locaux émergents des dynamiques individuelles. L'importance de la place des processus dynamiques (qu'ils rendent compte des comportements individuels ou de la dynamique des structures de haut-niveau) appelle à l'intégration d'une dimension temporelle à notre formalisme.

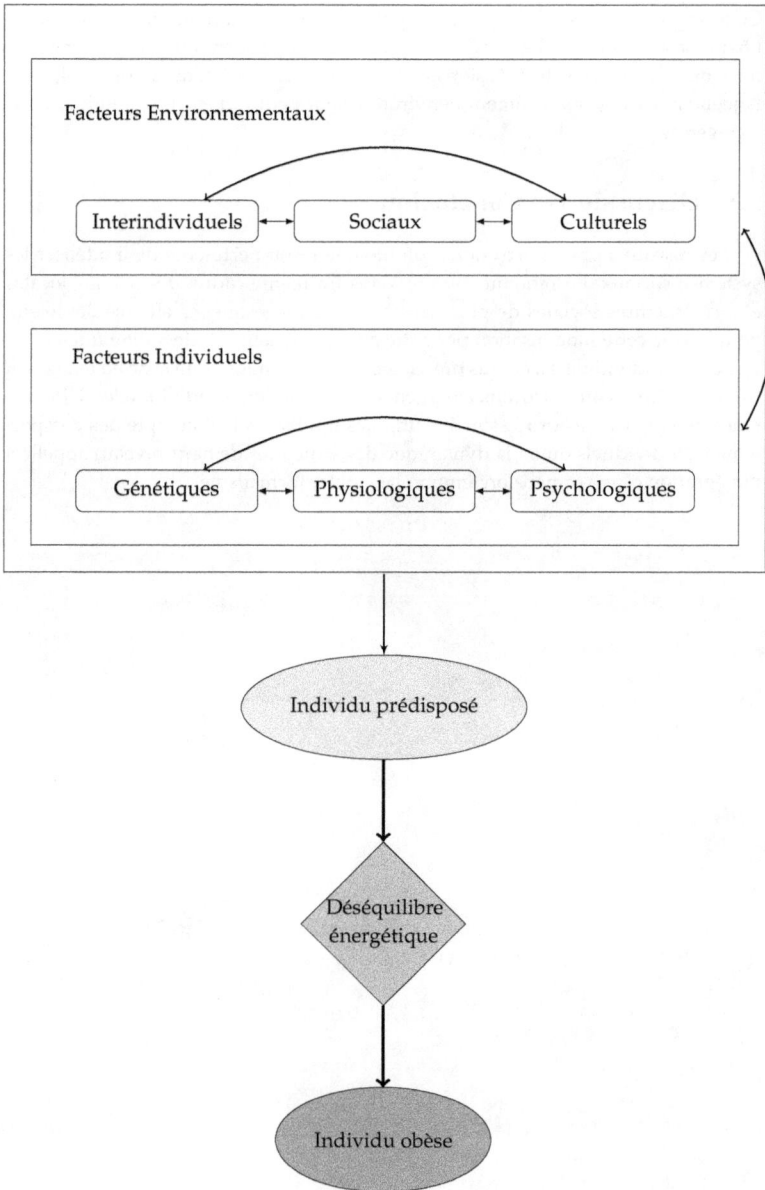

FIGURE 2.1: Schéma de l'obésité, centré sur l'individu

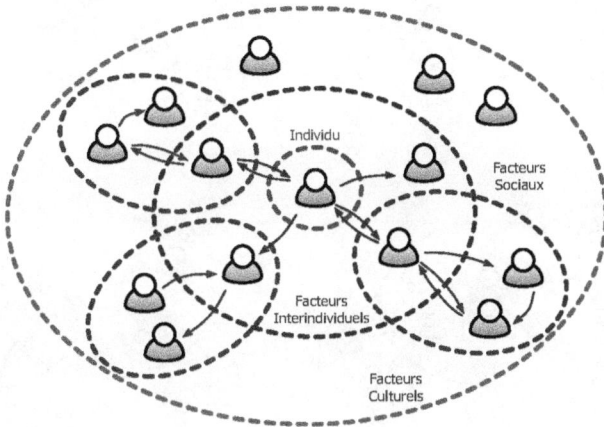

FIGURE 2.2: Impacts sur l'individu des différents facteurs environnementaux (interindividuels, sociaux et culturels)

PROCESSUS HOMOPHILIQUE

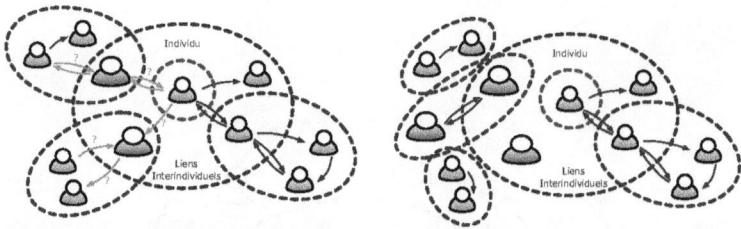

(a) INDIVIDU DE POIDS NORMAL

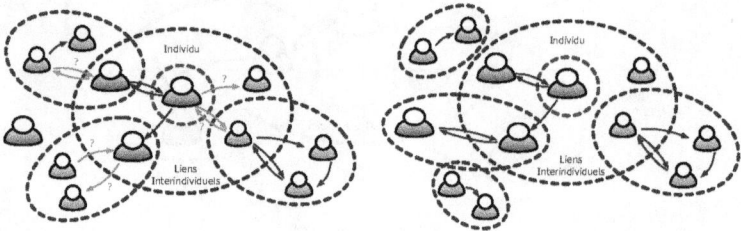

(b) INDIVIDU OBÈSE

FIGURE 2.3: Processus homophilique. Dans les deux schémas du haut 2.3(a), au centre un individu de poids normal est représenté à un temps donné t_0 (à gauche) et à $t_0 + \delta_t$ (à droite). A t_0, l'individu a des liens avec des individus de poids normal (en vert) et des individus obèses (en bleu). Les individus comparent leurs états entre eux et, selon leur tolérance à la différence, ils couperont à $t_0 + \delta_t$, leurs liens avec les individus qui leur sont dissemblables et créeront des liens avec des individus qui leur sont semblables. Dans les deux schémas du bas 2.3(b), le même processus homophilique est représenté, dans le cas où l'individu concerné est obèse.

FACTEURS INTERINDIVIDUELS

(a) Un individu de poids normal (en vert) entretient des liens directs (flèches bleues) vers des individus obèses (en bleu). Ces individus obèses pourront influencer de manière locale (force endogène) l'individu de poids normal, c'est-à-dire, dans ce cas, le pousser à devenir obèse (+ orange). Ce nouvel état est représenté en haut à droite.

FACTEURS SOCIAUX

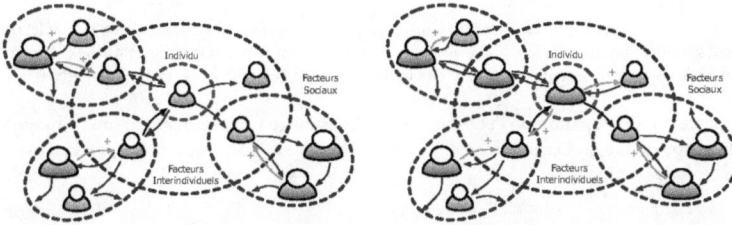

(b) Les relations interindividuelles représentées en haut sont ici mises en contexte social. Chaque individu influence (flèche rouge) les différents contextes proches auxquels il appartient. En conséquence, chaque individu appartenant à un milieu social donné pourra recevoir des influences indirectes de ce contexte (force exogène hétérogène). Sous l'effet de ces influences, certains de ces individus (en bleu) deviendront obèses et d'autres non (en vert).

FACTEURS CULTURELS

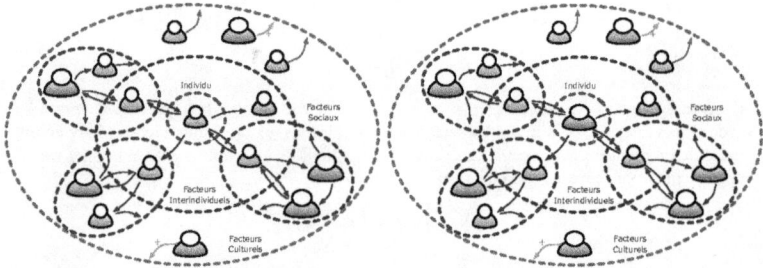

(c) Les relations interindividuelles (en haut) 2.4(a) et le contexte social (au centre) 2.4(b) sont ici représentés en fonction du milieu culturel. Tous les individus co-influencent le milieu culturel (flèche grise)
auxquels ils appartiennent et reçoivent des influences de ce milieu (force exogène homogène).

FIGURE 2.4: Propagation de l'obésité. Les schémas de gauche représentent une situation à
un temps donné t_0. Les schémas de droite représentent la situation telle qu'elle a évolué
au temps $t_0 + \delta_t$.

Résumé du chapitre:

Dans ce chapitre, nous avons présenté les deux grandes questions de cette thèse et comment nous voulons y répondre. En proposons un cadre théorique (conceptualisation et formalisation), qui cherche modéliser l'obésité comme un processus de transformation du corps constitutivement individuelle (physique et psychologique), inter-individuelle (relationnelle, dans un rapport entre l'individu et autrui) et socio-culturelle (environnementale, dans un rapport entre l'individu et son milieu). Cela nous permet d'appréhender les différents facteurs de cette maladie multifactorielle. Dans la deuxième partie de cette thèse, nous entrons dans des modèles décrits en détail, en commençant par une introduction sur les réseaux, pour mieux comprendre comment nous allons construire les réseaux qui vont nous permettre de simuler le système social étudié. Dans le chapitre suivant, nous utilisons les réseaux comme un cadre commun des actions locales et des structures sociales, pour mieux comprendre le rôle du tissu social sur l'obésité et vice versa.

Deuxième partie

Modèle de réseaux pour l'obésité

DANS cette deuxième partie, nous étudions l'impact de l'obésité sur les structures sociales. Nous découperons cette partie en deux grandes catégories :
(i) l'étude de la morphogenèse de réseaux (chapitre 4) avec mise en évidence de
structures sociales formées sur la base des états individuels, couplés à la propension d'un acteur à s'attacher préférentiellement à des acteurs présentant certaines
caractéristiques corporelles (homophilie basée sur le statut corporel) et (ii) l'étude
de l'impact des relations inter-individuelles et des structures sociales sur l'obésité,
et enfin l'étude des dynamiques des processus de diffusion à l'œuvre sur ces réseaux (chapitre 5).

CHAPITRE 3

Construction des Réseaux

Sommaire

3.1	Introduction	73
3.2	Formalisation des réseaux	74
3.3	Propriétés des réseaux	75
3.4	Description des différentes topologies des réseaux étudiés	77
	3.4.1 Aléatoire (Bollobas, Erdös Rényi)	77
	3.4.2 Réseaux invariants d'échelle (Barabasi-Albert)	80
	3.4.3 Petit Monde (Schabanel, Strogatz, Watts)	83
	3.4.4 Empirique (approximation des réseaux de Christakis)	87
	3.4.5 Résumé des réseaux étudiés	90
3.5	Construction des réseaux orientés	93
	3.5.1 Réseaux dirigés étudiés	94
	3.5.2 Résumé des réseaux dirigés étudiés	94
3.6	Discussion	97
3.7	Conclusion	98

L'objectif de ce chapitre est double : d'une part, introduire l'analyse de réseaux sociaux et, d'autre part, présenter la méthodologie que nous avons suivie pour définir, caractériser et construire les réseaux utilisés dans la suite de la thèse.

3.1 Introduction

L'analyse des réseaux sociaux est définie comme l'étude des interactions et relations entre des entités sociales (généralement des individus). Ces interactions et relations peuvent être modélisées par un graphe ou un réseau, dans lequel chaque noeud représente un individu et chaque lien est une relation. La notion de réseau est commune à de nombreuses disciplines, selon le type de système qu'il modélise : physique (réseau de transport, espaces géographiques), fonctionnel, organisationnel (réseau d'entreprises). Les réseaux sociaux, en particulier, sont très étudiés dans différents domaines de recherche, et ils constituent une observable précieuse des dynamiques et structures sociales (Breiger, 2004, 1974; Dorogovtsev and Mendes, 2003; Liljeros et al., 2003; Bearman et al., 2004; Bonaccorsi, 2008; Borgatti et al., 2009).

Nous pouvons décrire un système social à différents niveaux. Un tel système sera d'autant plus complexe qu'il est irréductible, c'est-à-dire que sa compréhension globale requiert à la fois une étude exhaustive de tous les éléments qui le composent et de leurs interactions. Il sera d'autant plus complexe que la description de sa structure et de son comportement nécessite un grand nombre d'informations.

Dans ce chapitre, nous avons construit quatre réseaux différents. Nous avons pris un ensemble de nœuds (en simulant les individus) et nous les avons connectés deux à deux, s'ils se connaissaient (en simulant les liens sociaux des individus), les nœuds se limitant à être connectés ou non. Dans un premier temps, nous avons défini les connexions comme étant symétriques : la connexion d'un premier nœud vers un deuxième ne se différencie en rien de la connexion du deuxième vers le premier (réseau non dirigé). Dans un second temps, sur la base de la méthode expliquée dans la partie 3.5, nous avons défini les relations entre les individus comme des relations asymétriques. La connexion d'un premier nœud vers un deuxième peut être différente de la connexion du deuxième vers le premier (réseau dirigé ou orienté).

3.2   Formalisation des réseaux

Les réseaux sont en général formalisés sous forme de graphes simples, c'est-à-dire comme un simple ensemble de nœuds et de liens (cf. annexe B pour des détails sur la théorie des graphes). Les nœuds peuvent être de nature différente (routes, villes, individus, entreprises, ordinateurs,...) . Les connexions entre les nœuds représentent des relations variées avec ou sans orientation (collaborations, compétitions, connexions, câbles) . Dans les réseaux sociaux, les nœuds représentent des individus et les liens entre eux symbolisent leurs interactions. Ainsi, dans un réseau social, le lien entre un individu i et un individu j dépend des caractéristiques de i et de j, de l'environnement relationnel de i et de j et, plus généralement, d'hypothèses propres à la relation. Si l'on dit qu'un réseau est un ensemble de nœuds reliés entre eux par des connexions, nous ne pouvons pas différencier un réseau d'un graphe (où les nœuds seront appelés sommets et les connexions arêtes).

Formellement, un graphe $G = (V, E)$ est composé de deux ensembles : un ensemble de sommets V et un ensemble d'arêtes E. Une arête e_{ij} connecte le sommet i avec le sommet j. Etant donné N le nombre total de sommets et L le nombre total d'arêtes, la matrice d'adjacence notée M sera de dimension $N \, xN$. La relation entre les nœuds i et j est décrite par la valeur $M_{i,j}$ de la matrice. $M_{i,j} = 1$ signifie qu'il y a une arête entre les sommets i et j, alors que la valeur 0 indique qu'il n'y en a pas.

Le voisinage $\mathcal{V}_i$ d'un nœud i est composé de l'ensemble des nœuds qui lui sont directement reliés. Nous pouvons définir k_i, le degré du nœud i comme étant le nombre de nœuds qui sont les voisins de i ($k_i = |\mathcal{V}_i| = \sum_j M_{i,j}$).

3.3   Propriétés des réseaux

Les réseaux sociaux présentent des propriétés structurelles communes singu-
lières (Pastor-Satorras and Vespignani, 2004; Watts, 1999; Newman, 2001; Barabasi
et al., 2001). Nous présentons dans cette partie différentes mesures employées
dans la thèse, permettant de caractériser les propriétés structurelles des réseaux
sociaux :

- Nombre de nœuds : nombre total de nœuds (soit la taille de la population
  d'individus dans les réseaux sociaux)
- Nombre de liens : nombre total de liens entre les nœuds.
- Connexité du graphe : un graphe est connexe, si, pour tout couple de nœuds,
  il existe un chemin continu permettant de joindre l'un à l'autre (c'est-à-dire
  s'il existe une suite d'arêtes permettant de passer de l'un à l'autre). Nous
  pouvons aussi trouver dans un graphe des composantes connexes qui sont
  des sous-graphes connexes. Les graphes réels présentent généralement une
  composante connexe géante, à laquelle appartiennent un nombre important
  de nœuds.
- Distance entre deux nœuds : chemin le plus court entre deux nœuds, c'est-à-
  dire le nombre minimum de liens à parcourir pour relier deux nœuds [1].
- Diamètre du graphe : la distance maximale entre les nœuds d'un couple de
  nœuds du réseau.
- Densité du graphe : proportion d'arêtes existantes par rapport aux arêtes
  possibles entre les nœuds [2]. Elle permet de décrire la connectivité à l'intérieur
  du graphe.
- Distribution du degré : distribution du nombre de plus proches voisins. La
  distribution du degré est représentée par un histogramme qui contient les
  valeurs des degrés de tous les nœuds et le nombre de nœuds d'un degré
  donné.
- Coefficient d'associativité : préférence qu'ont les nœuds à se relier à d'autres
  qui leur sont semblables. C'est une mesure de similitude, par rapport à un

---

1. Une des expériences les plus connues pour mesurer la distance entre deux nœuds dans des
réseaux réels a été réalisée par Milgram (Milgram, 1967), qui a montré que la distance moyenne entre
deux nœuds, dans un réseau réel connexe, est faible. L'expérience a consisté à suivre le parcours
d'un message entre deux individus choisis aléatoirement et étrangers l'un à l'autre. L'expéditeur ne
pouvait communiquer le message qu'à une de ses connaissances, qu'il jugeait à même de pouvoir
s'approcher de la cible, moyennant un nombre restreint d'informations sur celle-ci. Milgram a ainsi
observé que, lorsque le message arrivait à destination, la chaîne de diffusion entre la source et la cible
était longue en moyenne de 5 à 6 individus. Avec cette expérience, Milgram a pu affirmer que, dans
les réseaux réels, la distance moyenne entre deux individus est très faible et cela, indépendamment
de la taille et de la densité du réseau. Cette affirmation a été mise en question dans des travaux de
recherche ultérieurs.

2. Le nombre de liens possibles, dans un graphe non dirigé n'ayant pas d'auto-circuit (ou auto-
boucle ou self-loop), est égal à $n(n-1)/2$, n étant le nombre de œuds du graphe

attribut, entre les nœuds. Dans la plupart des cas, l'attribut considéré pour calculer l'associativité est le degré du nœud (équation 3.1, avec a_i et b_i égaux aux fractions de chaque type de liens entrant dans les nœuds du type i) (Newman, 2003a; Catanzaro et al., 2004; Xulvi-Brunet and Sokolov, 2005; Chang et al., 2007; Piraveenan et al., 2011).

$$A = \frac{\sum e_{ii} \sum a_i b_i}{1 - \sum a_i b_i} \tag{3.1}$$

où $e_{ii} = e_{ij}$, avec $i = j$ et $e_{ij} = 1$ ou 0 suivant que l'arête e_{ij} existe ou non et où $a_i = \frac{k_i}{N_i}$ (resp. $b_i = \frac{l_i}{N_i}$), où k_i (respectivement l_i) est le nombre de liens entrant dans i et venant d'un nœud de même état que le nœud i (respectivement d'un état différent de celui de i), et N_i le nombre total de liens entrant dans i.

– Coefficient de *clustering* : propension qu'ont deux nœuds liés à un troisième d'être connectés. Si le nœud i est connecté à j et k, le coefficient de *clustering* mesure la probabilité pour que j et k soient connectés entre eux. Cette propriété de transitivité est généralement traduite dans les réseaux sociaux par *"les amis de mes amis sont mes amis"*. Pour des réseaux non dirigés (e_{ij} est identique à e_{ji}) et non pondérés, deux définitions, corrélées mais non équivalentes, sont employées :

   – Coefficient de *clustering* local : il mesure le niveau de proximité entre les voisins d'un nœud spécifique. Pour un nœud i de degré k_i, le coefficient local de *clustering* peut être défini comme la proportion de liens existant entre ses voisins j et k et le nombre total de liens possibles avec ses voisins $\frac{k_i(k_i-1)}{2}$, (équation 3.2) (Watts and Strogatz, 1998).

$$C_i = \frac{2 \sum e_{jk}}{k_i(k_i - 1)} : j, k \in V, e_{jk} \in E \tag{3.2}$$

   – Coefficient de clustering ou densité globale : nombre de triangles observés dans un réseau divisé par le nombre de triplets ou fourches de nœuds connectés dans tout le graphe. Ce coefficient est défini par l'équation 3.3 (Newman, 2003b) :

$$C_g = \frac{3 * Nombre \quad de \quad triangles \quad observes}{Nombre \quad de \quad connections \quad triples} \tag{3.3}$$

– Entropie de nœud : permet de mesurer l'organisation (ou complexité) du réseau au niveau des nœuds. Plus l'entropie est élevée, moins les nœuds sont liés entre eux. L'entropie de nœud est définie comme étant égale à : $En_{node} = -\sum_k P_k log(P_k)$, où P_k est la probabilité pour les nœuds d'avoir un degré k, avec $\sum_k P_k = 1$.

3.4 Description des différentes topologies des réseaux étudiés

Dans cette section, nous allons décrire en détail la génération des différentes topologies considérées dans la thèse. Nous avons choisi de prendre les trois modèles classiques d'étude des réseaux et une approximation d'un réseau réel.

3.4.1 Aléatoire (Bollobas, Erdös Rényi)

Les réseaux à topologie aléatoire ont été décrits en utilisant la théorie des graphes aléatoires d'Erdös et Rényi (Erdös and Rényi, 1960). Cette topologie aléatoire répartit aléatoirement un nombre donné de nœuds et de liens, une des conséquences de cette règle de construction étant que les nœuds ont tous un degré proche du degré moyen du graphe.

Dans le modèle de graphe aléatoire d'Erdös et Rényi, nous commençons avec N nœuds et relions chaque paire de nœuds avec une probabilité p. Dans ce modèle, la probabilité qu'un nœud ait un degré k est égale à la probabilité qu'il soit relié à k autres nœuds, et qu'il ne soit pas relié aux $N - 1 - k$ nœuds restants. Cette probabilité est donnée par la distribution binomiale (équation 3.4), qui, dans la limite où N est grand, peut être approchée par la distribution de Poisson de paramètre la moyenne $< k >$ du degré, c'est-à-dire $< k > = Np$: :

$$P(k) = \binom{N-1}{k} p^k (1-p)^{N-1-k} \approx e^{-<k>} \frac{< k >^k}{k!} \qquad (3.4)$$

Dans cette topologie, il faut un nombre réduit de connexions, pour assurer que chaque nœud puisse se connecter à tous les autres, même si cette liaison n'est pratiquement jamais directe, donc demandera de transiter par un certain nombre de nœuds intermédiaires [3].

---

3. Dans ce type de réseaux, le nombre minimal de connexions est de l'ordre du nombre total possible de connexions, divisé par le nombre de nœuds. Ainsi, très approximativement, le nombre de connexions est égal au nombre de nœuds, ce qui fait que la distance entre deux nœuds est particulièrement petite

Le coefficient de clustering de ce modèle peut être facilement déduit, compte tenu de l'indépendance des placements des liens. Ainsi, il est déterminé implicitement par la distribution des degrés, comme dans l'équation 3.5. Le coefficient de clustering tend vers 0 dans le cas de très grands graphes.

$$C_i = \frac{<k>}{N} \tag{3.5}$$

Algorithme

Nous avons défini le nombre de nœuds, N, et la probabilité d'avoir un lien entre deux nœuds, p. Pour créer un certain nombre de liens, on parcourt toute la liste des nœuds, définie comme étant l'ensemble V : $[v_0, v_1, ...v_{N-1}]$, en prenant chaque fois un couple de 2 nœuds différents. Chaque nœud peut avoir $N*(N-1)/2$ arêtes avec une probabilité p. Nous prenons le nœud i avec chaque nœud de $v_{i+1}, ..., v_j, ...v_{N-1}$ (un par un) et, avec une probabilité uniforme p, nous allons créer une arête e_{ij} avec $i < j$ et $j \in [v_{i+1}......v_{N-1}]$.

– Tous les liens sont indépendants.
– Chaque e_{ij} est une variable aléatoire de Bernoulli, qui indique la présence de l'arête $e_{i,j}$

$$\text{Ainsi} : e_{i,j} = \begin{cases} 1 & avec \quad probabilité \quad p \\ 0 & avec \quad probabilité \quad 1-p \end{cases}$$

Nous donnons ci-après un extrait du package networkx de python [4] utilisé :

```
if create_using is None:
     create_using=nx.DiGraph()
G=empty_graph(n,create_using)
G.name="directed gnp_random_graph(%s,%s)"%(n,p)
if not seed is None:
    random.seed(seed)
for u in xrange(n):
    for v in xrange(n):
        if u==v: continue
        if random.random() < p:
            G.add_edge(u,v)
return G
```

---

4. http://networkx.lanl.gov/

Dans la figure 3.1, nous avons utilisé cet algorithme pour simuler 150 réseaux aléatoires constitués chacun de 10000 nœuds, qui sont reliés entre eux avec une probabilité 0.002 (probabilité d'apparition d'un lien entre les nœuds). Dans ce type de réseaux, nous pouvons dire que les nœuds sont tous égaux, donc ils ne sont pas pondérés. La distribution des degrés d'un réseau aléatoire engendre une distribution binomiale, avec une moyenne de $19, 99$, ce qui veut dire que la grande majorité des nœuds du réseau pourrait être en relation avec $19, 99$ autres nœuds (en incluant lui-même) et seulement un petit pourcentage de ceux-ci en connaitraît soit beaucoup moins, soit beaucoup plus (correspondant aux deux parties décroissantes de la courbe).

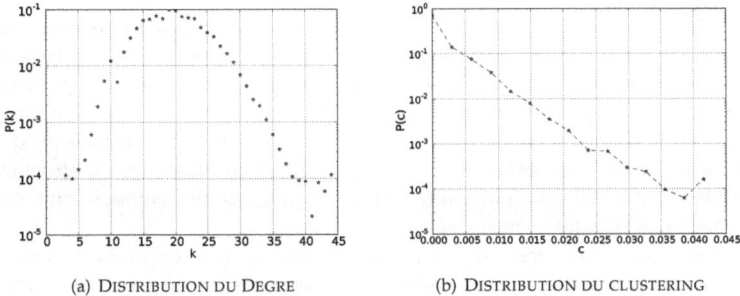

(a) DISTRIBUTION DU DEGRE   (b) DISTRIBUTION DU CLUSTERING

FIGURE 3.1: Réseaux aléatoires : *A Gauche, 3.1(a)* : Distribution du **degré** moyen dans les simulations, avec, sur l'axe des abscisses, le degré des nœuds k et, sur l'axe des ordonnées, la probabilité du degré $P(k)$. *A Droite 3.1(b)*, : Distribution du **coefficient de clustering** dans les simulations, avec, en abscisse, le coefficient c de clustering des nœuds et, en ordonnée, la probabilité de clustering $P(c)$

Il y a deux aspects génériques des réseaux réels qui ne sont pas incorporés dans ce modèle. Tout d'abord, ce modèle suppose de fixer a priori le nombre N de nœuds. Ceux-ci sont alors aléatoirement reliés, sans modifier N. Empiriquement, la plupart des réseaux du monde réel sont évolutifs : ils sont formés par l'addition continue de nouveaux nœuds au système. Ainsi, le nombre N de nœuds augmente durant toute la vie d'un réseau. Nous pouvons donner quelques exemples : le réseau des acteurs ayant collaboré à un même film se développe par l'addition de nouveaux acteurs dans le système, le web se développe exponentiellement dans le temps, par l'addition de nouvelles pages web, et la littérature scientifique se développe constamment par la publication de nouveaux articles. En somme, la morphogenèse d'un réseau réel ne ressemble en rien au processus de distribution aléatoire des liens que propose le modèle d'Erdös et Rényi.

Par ailleurs, ce modèle suppose que la probabilité que deux nœuds soient reliés est uniformément distribuée sur tout le réseau. Mais, dans la plupart des réseaux réels, on observe que la création d'un nouveau lien est biaisée par certaines considérations. En conséquence, la probabilité qu'un nouvel acteur soit lié à un acteur établi est beaucoup plus grande que la probabilité qu'il soit lié avec d'autres acteurs moins connus. De même, une page web de création récente inclura plus probablement des liens vers des documents bien connus et populaires, dotés d'une connectivité déjà élevée. Un nouvel article va citer plus probablement des auteurs bien connus avec beaucoup de citations, plutôt que des pairs moins cités, et par conséquent moins connus.

3.4.2   Réseaux invariants d'échelle (Barabasi-Albert)

Etant donné les propriétés des réseaux réels, qui ne sont pas incorporées dans celles des réseaux aléatoires classiques, la définition d'un processus de genèse de réseaux aléatoires invariants d'échelle ou sans dimension est devenue importante pour les théoriciens (Barabasi and Bonabeau, 2003; Albert and Barabasi, 2002), qui trouvent leur inspiration dans des champs très variés, allant du métabolisme des cellules aux relations sexuelles (Liljeros et al., 2003), en passant par la structure d'Internet et les citations entre auteurs scientifiques, qui donnent tous lieu à des réseaux sans échelle (Kleinberg et al., 1999).

Les réseaux aléatoires invariants d'échelle ne sont pas constitués de nœuds identiques et cette différence fait naître une topologie beaucoup plus subtile, plus irrégulière et plus complexe. Dans ce type de réseaux, la distribution de degré n'est plus une distribution binomiale (comme dans le phénomène aléatoire uni-forme), mais une distribution donnée par une loi de puissance (les fréquences ne diminuent plus exponentiellement, lorsque la taille de la variable observée aug-mente). Ces types de distribution en loi de puissance permettent de décrire tous les phénomènes qui présentent une invariance d'échelle, c'est-à-dire lorsqu'aucune échelle spécifique ne caractérise le système. Dans ces réseaux, un petit nombre de nœuds a un très grand nombre de connexions (nœuds *hubs*). Ce nombre reste très largement inférieur à celui des nœuds faiblement connectés, mais se trouve être beaucoup plus important que dans le cas purement aléatoire. Ainsi, les réseaux aléatoires sans dimension ont un grand nombre de nœuds de faible degré (nœuds faiblement connectés) et un nombre non nul de nœuds de très haut degré (avec une grande quantité de connexions). Les nœuds *hubs*, jouant un rôle particulière-ment important dans le comportement et les fonctions du réseau, seront dénom-més connecteurs. Par exemple, chacun connaît parmi ses amis un petit nombre de véritables connecteurs, appartenant à tous les clans. Ils sont les garants d'une com-munication efficiente parmi les nœuds, avec une dégradation au cours du temps très faible. Pour générer ce type de réseau, on simule le processus incrémental suivant : lorsqu'un nouveau nœud se présente, celui-ci se connecte préférentielle-ment aux nœuds possédant déjà le plus grand nombre de connexions, et c'est ainsi que peu à peu émerge un petit ensemble de connecteurs attirant vers eux les nouveaux nœuds. Ce mécanisme dynamique de croissance d'un réseau est donc basé sur l'idée d'un attachement préférentiel des nouveaux entrants vers les nœuds déjà créés les plus connectés. Etant donné que c'est une topologie de réseau qui se construit dans le temps, dans la limite où $t \to \infty$, on obtient une distribution de degré indépendante du temps, avec m liens (voir équation 3.6), m étant le nombre de liens qu'a chaque nouveau nœud. Ceci veut dire que l'attachement préférentiel engendre spontanément un réseau ayant une distribution en loi de puissance. Ainsi, indépendamment du système et de l'identité de ses constituants, la fonction probabilité $P(k)$ de tirer aléatoirement un noeud de degré k, c'est-à-dire un nœud dans le réseau, qui interagit avec k autres nœuds, sera de la forme $P(k) = ak^{-\lambda}$, a et λ étant des constantes. La distribution de degré évolue spontanément vers une distribution stationnaire en loi de puissance $P(k) \sim k^{-\lambda}$, avec un coefficient de puissance égal à -3, de la forme $P(k) \sim k^{-3}$.

$$P(k) = 2m^2 k^{-3} \tag{3.6}$$

Le coefficient de clustering C (3.7) est la moyenne des coefficients de clustering individuels C_i. Le coefficient de clustering dans ce type de réseau diminue rapidement avec la taille du réseau en fonction du temps t (Pastor-Satorras and Vespignani, 2004) :

$$C = \frac{(m-1)}{8} \frac{ln(t)}{t} \tag{3.7}$$

Algorithme

– Le réseau est initialisé avec m_0 liens ($m_0 \geq 2$), le degré de chaque nœud dans le réseau initial devant être au moins égal à 1.
– A chaque pas de temps, de nouveaux nœuds sont ajoutés au réseau, uns par uns. Chaque nouveau nœud a m liens $m \leq m_0$ qui le relient à différents nœuds déjà présents dans le système avec une probabilité qui est biaisée, de sorte qu'elle soit proportionnelle au degré des nœuds déjà présents. Ainsi, la probabilité Π_i qu'un nouveau nœud soit relié au nœud i dépend de k_i (où k_i est le degré du nœud i, comme cela est montré dans l'équation 3.8) :

$$\Pi(k_i(t)) = \frac{k_i(t)}{\sum_j k_j(t)} \tag{3.8}$$

De cette manière, les nœuds fortement liés (*hubs*) tendent à accumuler rapidement bien plus de liens que les nœuds ayant seulement quelques liens, qui sont peu susceptibles d'être choisis comme destination d'un nouveau lien. Les nouveaux nœuds ont une "préférence" pour s'attacher aux nœuds déjà fortement liés. Des nœuds plus anciens, avec un degré plus élevé, ont ainsi une probabilité plus élevée d'attirer les nouveaux nœuds. Après chaque pas de temps, nous avons ajouté tm liens au temps t, chaque nouveau lien contribuant au degré total avec un facteur deux.

Nous donnons ci-après un extrait du package networkx de python [5] utilisé :

```
if m < 1 or  m >=n:
    raise nx.NetworkXError(\"Barabasi-Albert network
    must have m >=1 and m <n, m=%d,n=%d"%(m,n))


if create_using is not None and create_using.is_directed():
    raise nx.NetworkXError("Directed Graph not supported")


if seed is not None:
    random.seed(seed)


#Add m initial nodes (m0 in barabasi-speak)
G=empty_graph(m,create_using)
G.name="barabasi_albert_graph(%s,%s)"%(n,m)
#Target nodes for new edges
targets=range(m)
#List of existing nodes, with nodes repeated once for each
#adjacent edge
repeated_nodes=[]
#Start adding the other n-m nodes. The first node is m.
source=m
while source<n:
    #Add edges to m nodes from the source.
    G.add_edges_from(zip([source]*m, targets))
    #Add one node to the list for each new edge just created.
    repeated_nodes.extend(targets)
    #And the new node source has m edges to add to the list.
    repeated_nodes.extend([source]*m)
    #Now choose m unique nodes from the existing nodes
    #Pick uniformly from repeated_nodes (pref. attachement)
```

5. http://networkx.lanl.gov/

```
targets=set()
while len(targets)<m:
    x=random.choice(repeated_nodes)
    targets.add(x)
source += 1
return G
```

La structure finale du réseau ne dépend rapidement plus du nombre initial de nœuds dans le réseau. Dans la figure 3.2, nous avons utilisé l'algorithme décrit précédemment pour simuler 150 réseaux, en introduisant de nouveaux nœuds jusqu'à en avoir 10000, chaque nouveau nœud distribuant 10 nouveaux liens dans le réseau.

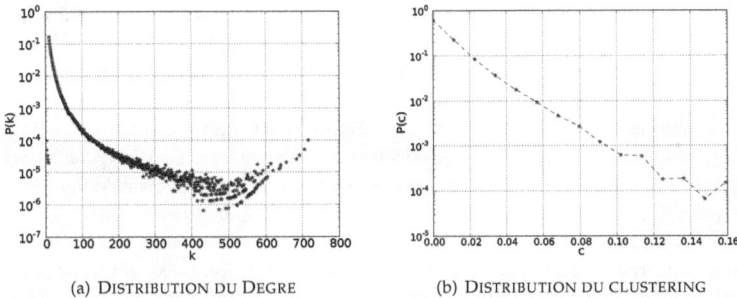

(a) DISTRIBUTION DU DEGRE   (b) DISTRIBUTION DU CLUSTERING

FIGURE 3.2: Réseaux Scale-Free : *A Gauche, 3.2(a)* : Distribution du **degré** moyen sur les simulations, en ordonnées, le degré des nœuds k et en abscisses la probabilité du degré $P(k)$. *A Droite 3.2(b),* : Distribution du **coefficient de clustering** moyen sur les simulations, en ordonnées, le coefficient de clustering des nœuds c et en abscisses, la probabilité du clustering $P(c)$

3.4.3 Petit Monde (Schabanel, Strogatz, Watts)

Certains réseaux sociaux réels présentent une propriété particulière appelée effet *petit monde*. Ce terme a été introduit par Milgram Milgram (1967), suite à l'expérience évoquée dans la partie 3.3 [6]. Nous l'utiliserons plutôt dans un sens plus restreint, tel que l'utilisent Watts et Strogatz dans leur travail (Watts, 1999) [7]. L'observation empirique d'un grand nombre de réseaux réels a mis en évidence la pré-

---

6. pour qui la notion de petit monde suppose déjà une structure en communautés, dans laquelle l'information circule rapidement dans des cercles relativement limités, mais difficilement d'un cercle à un autre

7. pour qui la notion de petit nombre est perçue avant tout au travers du graphe représentatif d'un réseau

sence d'un coefficient de clustering très grand et stationnaire. Ainsi, les réseaux sociaux sont fortement clusterisés [8], tout en ayant une distance moyenne faible [9] entre les nœuds. Il est remarquable que l'on retrouve, à propos du réseau petit monde, une préoccupation classique pour les liens forts et l'articulation entre une propriété microscopique, qui est celle du rôle important des petites structures dans le fonctionnement concret des réseaux réels (cercles, organisations locales, niches, mariages préférentiels,...), avec des caractéristiques globales identiques à celles des propriétés des réseaux petit monde. La notion de *hub* ou *nœuds carrefour* ne paraît pas rendre compte de cette complexité, mais c'est la distribution des sous-structures, en particulier des cycles (ou circuits), qui permet de les caractériser. A chaque type de cycle est en effet attaché un système d'enchaînement d'alliances, c'est-à-dire un modèle d'attachement préférentiel, créant une forme de cohésion dans le groupe en question. Les cycles sont également très impliqués dans la stabilité des réseaux valués à majorité (cycles négatifs) et dans leur nombre d'attracteurs (cycles positifs) (Demongeot et al., 2009, 2010, 2011, 2012). Le principe du modèle petit monde consiste, en partant d'un réseau régulier, à reconnecter une partie des liens de manière aléatoire, diminuant ainsi la distance moyenne entre deux nœuds (Duchon et al., 2006b). Ce modèle part d'un anneau de N nœuds, dans lequel chaque nœud est relié de façon symétrique à ses $2m$ plus proches voisins (m voisins dans le sens des aiguilles d'une montre et m voisins dans le sens contraire). Puis, pour chaque nœud, on reconnecte chaque arête reliée à un nœud situé plus loin (dans le sens des aiguilles d'une montre), avec une probabilité p ou on la conserve avec une probabilité $(1-p)$. La reconnection consiste à relier l'autre extrémité de l'arête à un nœud choisi aléatoirement, en évitant les boucles. Le paramètre p règle donc à quel point le graphe est aléatoire. Le nombre d'arêtes est conservé ; avec ce processus, on obtient un graphe de degré moyen $< k >= 2m$.

La distribution des degrés de ce modèle est présentée dans l'équation 3.9 :

$$P(k) = \sum_{n=0}^{min(k-m,m)} \binom{m}{n} (1-p)^n p^{m-n} \frac{(pm)^{k-m-n}}{(k-m-n)!} e^{-pm}, pour k \geq m \qquad (3.9)$$

La distribution des degrés d'un réseau petit monde a essentiellement les mêmes caractéristiques que celles d'un graphe aléatoire homogène (montré dans la section 3.4.1). La distribution de degré est Poissonnienne pour n'importe quel valeur de la probabilité de reconnecter ("rewiring probability") un lien (excepté dans le cas extrême de probabilité zéro, pour lequel tous les nœuds ont le même

---

8. par rapport à un réseau de même densité produit aléatoirement

9. par rapport au nombre de liens possibles à parcourir pour aller d'un nœud à un autre dans le réseau

degré). Elle ne rend donc pas compte de l'allure de la distribution des degrés dans les réseaux réels. Par contre, le processus de reconnection aléatoire permet de reconstruire un coefficient de clustering plus réaliste. Quand $p = 0$, le nombre de liens entre les voisins de chaque nœud est $3m(m-1)/2$ et le nombre total de liens possibles est $2m(2m-1)/2$. Cela donne un coefficient de clustering (voir équation 3.10) très élevé. Pour de très petites valeurs de p, le réseau résultant conserve une part de la structure de la grille régulière et a, en conséquence, un fort coefficient de clustering C (voir l'équation 3.10). Ce modèle peut être employé pour produire des réseaux de n'importe quelle taille :

$$C = 3m(m-1)/2(m-1) \tag{3.10}$$

Algorithme

Nous avons défini le nombre de nœuds N, le degré moyen $2m$ (un nombre entier), un paramètre p qui est entre 0 et 1, $N \gg 2m \gg ln(N) \gg 1$. Le modèle construit un graphe non orienté avec N nœuds et des arêtes choisies de la façon suivante :

- Construire un anneau régulier, un graphe avec N nœuds, chacun connecté à $2m$ voisins, m de chaque côté
- Pour chaque nœud i, chaque lien $e_{i,j}$, avec $i < j$, est reconnecté avec une probabilité p. La reconnection consiste à remplacer $e_{i,j}$ par $e_{i,z}$, où z est choisi entre toutes les valeurs possibles, en évitant les boucles ($z \neq i$) et la duplication de liens, avec une probabilité uniforme.

Nous donnons ci-après un extrait du package networkx de python [10] utilisé :

```
if seed is not None:
    random.seed(seed)
if k>=n/2:
    raise nx.NetworkXError("k>=n/2, choose smaller k or larger n")
if create_using is not None and create_using.is_directed():
    raise nx.NetworkXError("Directed Graph not supported")
G=empty_graph(n,create_using)
G.name="newman_watts_strogatz_graph(%s,%s,%s)"%(n,k,p)
nlist = G.nodes()
```

---

10. http://networkx.lanl.gov/

```
fromv = nlist
#connect the k/2 neighbors
for n in range(1, k/2+1):
    tov = fromv[n:] + fromv[0:n] # the first n are now last
    for i in range(len(fromv)):
        G.add_edge(fromv[i], tov[i])
#for each edge u–v, with probability p,
#randomly select existing
#node w and add new edge u–w
e = G.edges()
for (u, v) in e:
    if random.random() < p:
        w = random.choice(nlist)
        #no self–loops and reject if edge u–w exists
        while w == u or G.has_edge(u, w):
            w = random.choice(nlist)
        G.add_edge(u,w)
return G
```

En utilisant cet algorithme, nous avons simulé 150 réseaux petit monde composés de 10000 nœuds, avec 10 voisins initiaux pour chaque nœud, de chaque côté du réseau (c'est-à-dire 20 voisins initiaux par nœud) et une probabilité p de 0.05. La figure 3.3 présente la distribution de degré et le clustering moyen obtenus par simulation.

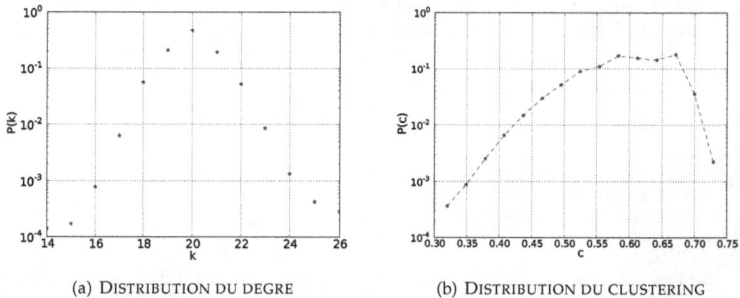

(a) DISTRIBUTION DU DEGRE   (b) DISTRIBUTION DU CLUSTERING

FIGURE 3.3: Réseaux Petit Monde : *A Gauche 3.3(a),* : Distribution du **degré** moyen sur les simulations, en $x - axis$ le degré des nœuds k et en $y - axis$ la probabilité du degré $P(k)$. *A Droite 3.3(b),* : Distribution du **coefficient de clustering** moyen sur les simulations, en $x - axis$ le coefficient de clustering des nœuds c et en $y - axis$ la probabilité du clustering $P(c)$

3.4.4 Empirique (approximation des réseaux de Christakis)

Etant donné que nous n'avions pas le réseau réel utilisé par Christakis dans son article (Christakis and Fowler, 2007a), nous avons généré des réseaux empiriques à partir de la distribution de degré fournie par Christakis dans les matériels supplémentaires de son article (Christakis and Fowler, 2007b). La figure 3.4 présente les distributions réelles à deux moments de l'étude (le premier et le dernier : *wave 1* et *wave 7*). Les réseaux sont de deux types : réseau des amies/épouses et réseau familial.

DISTRIBUTION DU DEGRE

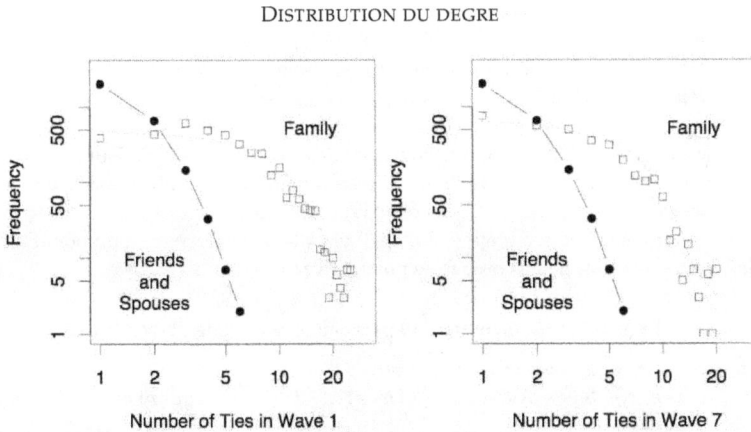

FIGURE 3.4: : Distribution du **degré** extraite de l'article de Christakis (Christakis and Fowler, 2007b) à différentes étapes de l'étude (wave 1 et wave 7), avec, en abscisses, le degré des nœuds et, en ordonnées, le nombre (ou hits) de nœuds ayant un degré donné.

A partir de ces distributions, nous avons créé une séquence de degrés (distribution du degré), pour chaque réseau, que nous allons définir comme $P_a(k)$ pour le réseau des amies/épouses et $P_f(k)$ pour le réseau des familles. Avec ces séquences, nous avons généré un pseudo-graphe aléatoire par réseau, en assignant aléatoirement le voisin selon l'ordre donné dans $P_a(k)$ ou $P_f(k)$. Ainsi, les approximations du réseau empirique que nous avons construit seront appelées Empirique1 pour le réseau des amies/épouses et Empirique2 pour le réseau des familles qui ont participé de l'étude.

Algorithme

Nous avons utilisé un algorithme classique pour produire des graphes, selon une distribution de degré précise, proposé par Newman dans (Newman, 2003b) et appelé modèle configurationnel. Ce modèle consiste à attribuer un demi-lien (stub) à un nœud, pour chacun des liens auxquels il participe, puis à connecter les demi-liens aléatoirement. Il s'agit donc d'un processus d'association. Pour générer les réseaux aléatoires, nous avons besoin d'une distribution de degré $P(k)$, telle que $P(k)$ soit la fraction des nœuds dans le réseau ayant le degré k :

- Nous construisons une séquence de degrés, en nous basant sur la distribution de degré donnée par Christakis (des réseaux amies/conjointes ou familles). Ainsi, nos séquences de valeurs $P_a(k)$ et $P_f(k)$ permettent de construire un ensemble de n valeurs qui représentent les degrés k_i pour les nœuds $i = 1...n$.
- Nous choisissons aléatoirement des paires de demi-liens du réseau et les relions ensemble.

Il y a deux aspects importants dans le modèle de configuration. Tout d'abord, la probabilité $P(k)$ est la distribution des degrés dans notre graphe (dans le limite de la grande taille de graphe). Le degré du nœud est produit en attribuant de façon aléatoire des liens dans le graphe. Puisqu'il y a k liens qui arrivent à un nœud de degré k, nous avons k liens probables pour arriver à ce nœud.

Nous donnons ci-après un extrait du package networkx de python [11] utilisé :

```
if not sum(deg_sequence)%2 ==0:
    raise nx.NetworkXError('Invalid degree sequence')

if create_using is None:
    create_using = nx.MultiGraph()
elif create_using.is_directed():
    raise nx.NetworkXError("Directed Graph not supported")
if not seed is None:
    random.seed(seed)
    #start with empty N-node graph
    N=len(deg_sequence)
    #allow multiedges and selfloops
    G=nx.empty_graph(N,create_using)

    if N==0 or max(deg_sequence)==0: # done if no edges
        return G

    #build stublist, a list of available degree-repeated stubs
    #e.g. for deg_sequence=[3,2,1,1,1]
```

---

11. http://networkx.lanl.gov/

```
#initially , stublist =[1 ,1 ,1 ,2 ,2 ,3 ,4 ,5]
#i.e., node 1 has degree=3 and is repeated 3 times , etc.
stublist =[]
for n in G:
    for i in range(deg_sequence[n]):
        stublist.append(n)
#shuffle stublist and assign pairs by removing 2 elements
#at a time
random.shuffle(stublist)
while stublist:
    n1 = stublist.pop()
    n2 = stublist.pop()
    G.add_edge(n1,n2)

G.name="configuration_model
return G
```

Les séquences de degrés utilisées pour reconstruire les réseaux empiriques sont les suivantes :

- *Empirique* 1 : $200*[1]+3000*[2]+1650*[3]+700*[4]+300*[5]+130*[6]+20*[7]$

- *Empirique* 2 : $900 * [1] + 1000 * [2] + 1100 * [3] + 1000 * [4] + 940 * [5] + 880 * [6] + 800 * [7] + 815 * [8] + 520 * [9] + 570 * [10] + 300 * [11] + 340 * [12] + 280 * [13] + 150 * [14] + 120 * [15] + 95 * [16] + 40 * [17] + 12 * [18] + 34 * [19] + 26 * [20] + 20 * [21] + 12 * [22] + 14 * [23] + 16 * [24] + 16 * [25]$

En utilisant l'algorithme et la séquence de degrés construite à partir de la distribution de degré de Christakis décrite précédemment, nous avons simulé 150 réseaux Empirique 1 (amies/conjointes) et Empirique 2 (familles), avec 10000 nœuds chacun. La figure 3.5 présente les distributions de degré et de clustering moyennes sur les simulations, pour chaque réseau empirique.

A la différence des réseaux simulés dans les sections précédentes, ces réseaux ne sont pas nécessairement connexes. On peut supposer que le réseau empirique est un réseau à agrégats, en sachant que, dans les réseaux sociaux réels, les liens ne sont pas établis au hasard, mais plutôt par affinité, c'est-à-dire que, si un nœud i se connecte à un nœud j, lui-même connecté à un nœud z, la probabilité qu'il existe une connexion directe entre i et z devient beaucoup plus élevée que dans le cas d'un processus aléatoire. Ceci peut signifier qu'il y a des parties du réseau dont les nœuds sont presque totalement connectés, alors que les connexions avec les autres agrégats restent quasi-inexistantes. Par contre, les réseaux empirique que nous avons simulés, sont formés de plusieurs composantes, mais ne sont pas tout

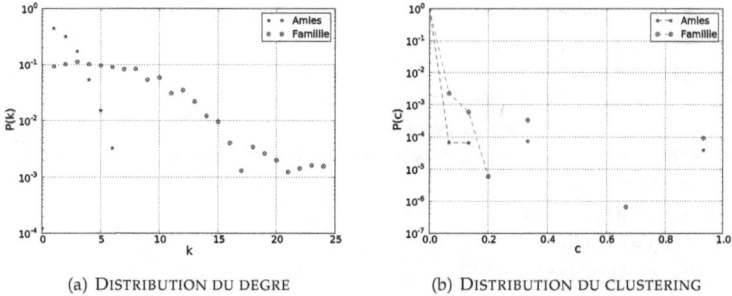

(a) DISTRIBUTION DU DEGRE   (b) DISTRIBUTION DU CLUSTERING

FIGURE 3.5: Réseaux de Christakis : *A Gauche 3.5(a), :* Distribution du **degré** moyen sur les simulations, avec, en abscisses, le degré des nœuds k et, en ordonnées, la probabilité du degré $P(k)$. *A Droite 3.5(b), :* Distribution du **coefficient de clustering** moyen sur les simulations, avec, en abscisses, le coefficient de clustering des nœuds c et, en ordonnées, la probabilité de clustering $P(c)$. Sur chaque graphique, on retrouve le réseau des amies/épouses et le réseau d'amis.

à fait formés par des agrégats, parce que le coefficient de clustering est très faible, égal à 0.00008 (ce qui indique que les nœuds à l'intérieur d'un composant ne sont pas très connectés).

Nous arrivons dont à reconstruire la distribution du degré de Christakis, mais on n'a pas pu reconstruire le coefficient de clustering moyen calculé dans l'étude de Christakis [12]

3.4.5   Résumé des réseaux étudiés

Pour résumer les sections précédentes, nous avons fait un tableau comparatif des propriétés topologiques élémentaires des réseaux étudiés (voir tableau 3.1). Etudier la structure du réseau consiste essentiellement à se pencher sur la manière dont les nœuds sont connectés entre eux. Pour les réseaux empiriques, nous ne pouvons pas calculer le diamètre, ni le chemin le plus court moyen ou *shortest path*, parce que ce sont des réseaux non connexes, c'est-à-dire des réseaux ayant plus d'une composante connexe. Pour comparer les réseaux, nous avons fixé le même degré moyen pour les 3 topologies classiques (aléatoire, small-world et scale-free) simulés. Nous avons choisi 20 voisins, en considérant qu'un individu connaît en moyenne au moins 20 personnes au sein de ses différents réseaux (famille, amis,

---

12. Dans le matériel supplémentaire, Christakis spécifie que le coefficient de clustering moyen est 0.66 (sans spécifier si cette valeur est calculée sur toute la population, c'est-à-dire sur tous les liens confondus, ou sur un réseau spécifique comme le réseau d'amis. De toute manière, le coefficient de clustering de nos réseaux est très éloigné de cette valeur : 0.00008).

collègues, voisins, entre autres...). Pour les réseaux empiriques, le nombre moyen de liens par individus est faible, étant donné que sont considérés, dans la distribution de degré, seulement les liens entre les personnes participant à l'étude.

Variable	Random	Scale-free	Small-World	Empirique1	Empirique2
Nœuds	10000	10000	10000	10000	10000
Liens	99992	99900	100000	10183	31466
Degré	19.99	19.98	20	2.0367	6.29328
Densité	0,002	0,00199	0,002	0.0002	0.0006
Diamètre	5	4.993	7.460	-	-
Cluster	0.0020	0.0110	0.6106	0.0000809	0.000912
Distance	3.4030	3.064	4.9776	-	-
Comp. connexes	1	1	1	674.6	7.6266
Entropie	4.1978	4.5442	2.0078	1.9952	3.8589

TABLE 3.1: Résumé des propriétés élémentaires des réseaux étudiés.

Pour illustrer graphiquement les caractéristiques topologiques étudiées dans ce chapitre, nous avons simulé les mêmes topologies des réseaux étudiés avec 50 nœuds et un degré moyen entre 5.4 et 6, sauf pour le réseau empirique 1 avec un degré moyen de 2. Nous avons défini les paramètres initiaux pour chaque modèle, de telle manière que, pour :

– Le modèle aléatoire : la probabilité de nouveaux liens est de 0.11.
– Le modèle aléatoire invariant d'échelle : il y a 3 liens pour un nouveau nœud.
– Le modèle petit monde : la probabilité de refaire un lien est de 0.05 et il y a 6 voisins initiaux par nœud.

La figure 3.6 présente les différences entre les topologies. Pour faciliter la visualisation, le positionnement des nœuds a été défini en utilisant l'algorithme d'attraction-répulsion d'Yifan Hu [13]. Cet algorithme de force optimise et réduit le coût computationnel, en restreignant le calcul de force au voisinage des nœuds uniquement, ce qui lui permet d'être plus efficace. L'algorithme est capable de s'arrêter seul, étant donné le fait qu'il utilise le système de température de Fruchterman Reingold.

L'ensemble des caractéristiques que nous avons spécifiées dans ce chapitre peuvent se révéler déterminantes pour les dynamiques de propagation (Pastor-Satorras and Vespignani, 2001b; Newman, 2002; Pastor-Satorras and Vespignani, 2004). Notre objectif est d'étudier le rôle que peut jouer la structure (propriétés to-

---

13. développé en Gephi : http://gephi.org/

RÉSEAUX NON DIRIGÉS

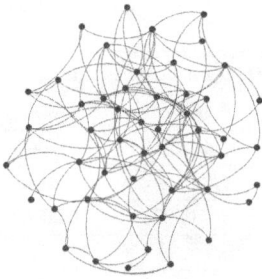

(a) ALEATOIRE

(b) SCALE -FREE

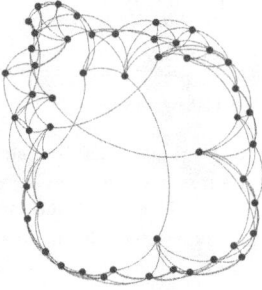

(c) SMALL WORLD

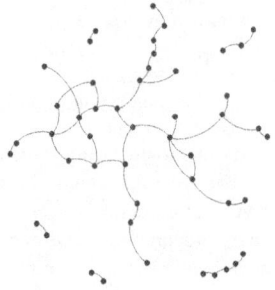

(d) EMPIRIQUE 1

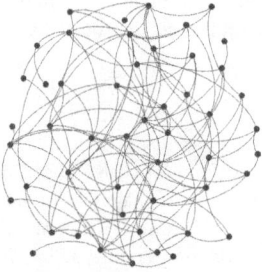

(e) EMPIRIQUE 2

FIGURE 3.6: Différentes **topologies** des réseaux étudiés avec 50 noeuds chacun. La position des nœuds a été définie en utilisant l'algorithme d'attraction-répulsion d'Yifan Hu.

pologiques) sociale, dans la propagation des comportements à risque à l'intérieur d'une population donnée.

3.5 Construction des réseaux orientés

Etant donné que les réseaux sociaux des amis et/ou des familles sont des réseaux orientés (cf. annexe B pour des détails sur la théorie des graphes orienté), nous avons construit, à partir des réseaux simulés, sur les modèles déjà expliqués précédemment, des réseaux orientés (ou dirigés) de la manière suivante :

1. Le point de départ est un réseau non dirigé de topologie donnée (aléatoire, échelle invariante, petit monde et empirique) dont L désigne le nombre total de liens du réseau et k_i le degré de chaque individu (noeud) i.

2. A partir d'un réseau non dirigé constitué de L liens, le réseau dirigé sera formé de B liens bidirectionnels et de $L - B$ liens dirigés (entrant et sortant du noeud) de sorte que le nombre total de liens du réseau soit $L + B$. On peut alors construire le réseau dirigé selon les deux stratégies suivantes :

   (a) *La stratégie 1* requiert deux paramètres : la probabilité b qu'un lien aléatoirement choisi parmi les $L+B$ liens soit bidirectionnel, et la probabilité a qu'un lien choisi de manière aléatoire parmi les $L-B$ liens dirigés soit sortant du noeud. Le réseau dirigé se construit alors en deux étapes :

      i. Liens bidirectionnels : B liens bidirectionnels sont choisis de manière aléatoire parmi les L liens à partir de la distribution Binomiale positive, $B \sim \begin{pmatrix} L \\ B \end{pmatrix} b^B [1-b]^{L-B}$

      ii. Liens Dirigés sortant d'un noeud : les M liens dirigés sortant d'un noeud ($i \rightarrow j$) sont choisis de manière aléatoire parmi les $L - B$ liens à partir de la distribution binomiale positive, $M \sim \begin{pmatrix} L-B \\ M \end{pmatrix} a^M [1-a]^{L-B-M}$, et les liens non choisis comme sortants sont alors tous entrants ($i \leftarrow j$).

   (b) *La stratégie 2* requiert également deux paramètres : la probabilité b qu'un lien aléatoirement choisi parmi les $L + B$ liens soit bidirectionnel et la popularité relative ou degré k des noeuds de l'ensemble des $L - B$ liens dirigés. Le réseau dirigé se construit en deux étapes :

      i. Liens bidirectionnels : B liens bidirectionnels sont choisis de manière aléatoire parmi les L liens, à partir de la distribution binomiale positive, $B \sim \begin{pmatrix} L \\ B \end{pmatrix} b^B [1-b]^{L-B}$

ii. Liens Dirigés : soient k_i et k_j les degrés respectivement des noeuds i et j engagés dans le lien $i - j$. Le lien $i - j$ sera dirigé sortant de i ($i \rightarrow j$) avec la probabilité $k_i/(k_i + k_j)$ et dirigé entrant dans i ($i \leftarrow j$) (ou dirigé sortant de j) avec la probabilité $k_j/(k_i + k_j)$. Cette opération est répétée pour tous les liens dirigés.

3.5.1 Réseaux dirigés étudiés

Pour chaque topologie de réseau, nous avons construit un **réseau dirigé**, en utilisant la stratégie 1, avec une probabilité que le lien soit directionnel égale à 0.6 et une probabilité pour qu'un lien soit bidirectionnel égale à 0.2. En prenant la stratégie 1 et une probabilité de liens bidirectionnels de 0.2, nous créons ainsi en moyenne 20% de liens supplémentaires. Nous calculons, pour chaque réseau dirigé, les distributions des degrés entrants et sortants. Même si on observe de faibles variations entre eux, les nombres totaux de connexions entrantes et sortantes sont sensiblement les mêmes. Les figures 3.7 et 3.8 présentent respectivement la distribution de degrés entrants et de degrés sortants, pour chaque topologie étudiée. De même que dans la partie précédente, pour montrer graphiquement les réseaux dirigés étudiés, la figure 3.9 montre les mêmes topologies des réseaux dirigés étudiés avec 50 nœuds. Pour construire ces réseaux, nous avons utilisé la stratégie 1 pour la construction de réseaux dirigés, avec une probabilité de 0.6 pour que le lien directionnel soit sortant : $i \rightarrow j$ et une probabilité de 0.2 pour qu'un lien soit bidirectionnel : $i \leftrightarrow j$. La moyenne de degré-in (liens entrant dans un nœud depuis un autre) et la moyenne de degré-out (liens sortant d'un nœud vers un autre) sont de valeurs compris entre 3,7 et 12, sauf pour le réseau empirique 1, où cette moyenne est de 1,22.

3.5.2 Résumé des réseaux dirigés étudiés

Variable	Random	Scale- free	Small-World	Reel 1	Reel 2
Nœuds	10000	10000	10000	10000	10000
Liens	119988	119850	120000	12200	37759
Degré (in et out) moyen	11.9	11.9	12	1.22	3.759
Entropie (degré-in)	3.873	4.2091	3.2191	1.9985	3.4008

TABLE 3.2: Résumé de propriétés élémentaires pour les réseaux dirigés étudiés

Pour résumer, tous les paramètres nécessaires pour générer les topologies de réseaux dirigés et non dirigés étudiés sont donnés dans le tableau 3.3. Dans le cas des réseaux non dirigés, nous définissons N le nombre total de nœuds, p la probabilité de connexion (étant donné que, dans les réseaux petit monde, tous les liens

DISTRIBUTION DES DEGRÉS ENTRANTS PAR RÉSEAU

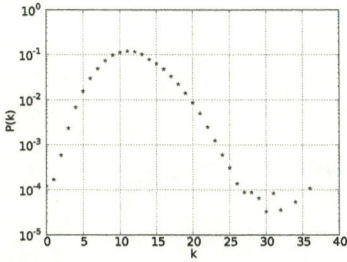

(a) ALEATOIRE

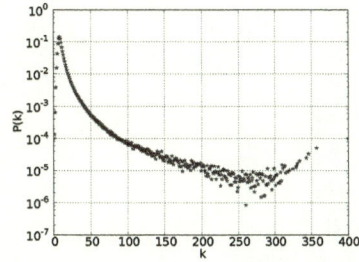

(b) SCALE -FREE

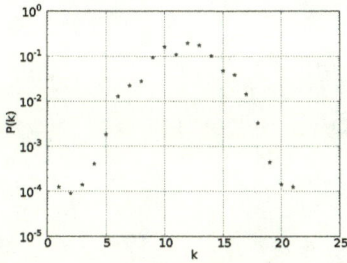

(c) SMALL WORLD

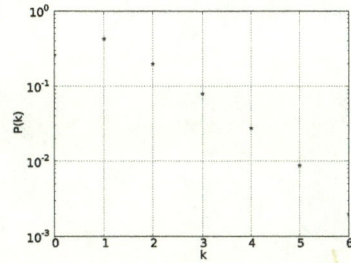

(d) EMPIRIQUE 1

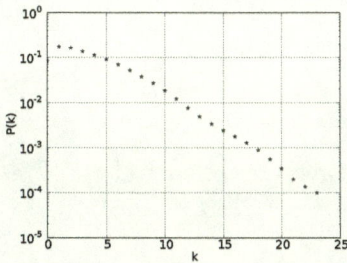

(e) EMPIRIQUE 2

FIGURE 3.7: Distribution des **degrés - in** ou degrés entrants, pour chaque topologie de **réseau dirigé** étudié. En abscisses, le degré des nœuds k et, en ordonnées, la probabilité du degré $P(k)$

DISTRIBUTION DES DEGRÉS SORTANTS PAR RÉSEAU

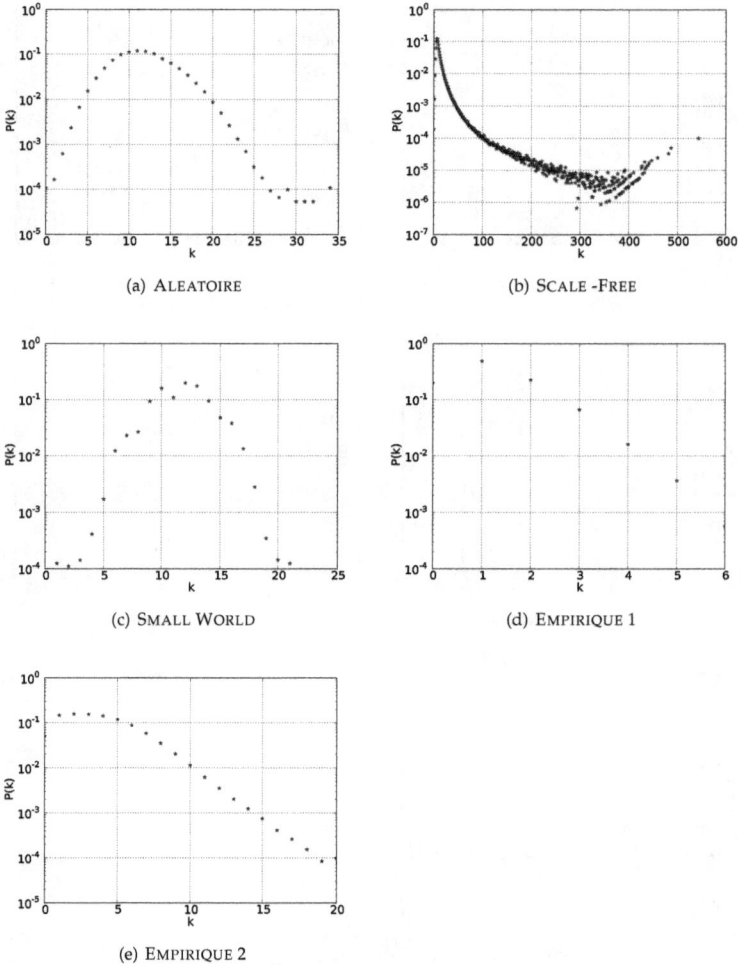

(a) ALEATOIRE

(b) SCALE -FREE

(c) SMALL WORLD

(d) EMPIRIQUE 1

(e) EMPIRIQUE 2

FIGURE 3.8: Distribution du **degré - out** ou degré sortant, pour chaque topologie de **réseau dirigé** étudié. En ordonnées, le degré des nœuds k et en abscisses la probabilité du degré $P(k)$

existent initialement, la probabilité p est la probabilité pour chaque arête d'être re-câblée. Par contre, pour un réseau aléatoire, c'est la probabilité de relier chaque paire de nœuds), m le nombre de voisins pour chaque nœud (pour les réseaux petit monde, ce sont les voisins initiaux de chaque nœud. Par contre, pour les réseaux invariants d'échelle, c'est le nombre de liens de chaque nouveau nœud). Pour les réseaux empiriques, nous avons besoin seulement de la distribution du degré du réseau que nous voulons générer, soit P(k). Pour générer, à partir de réseaux non dirigés, un réseau dirigé, nous avons utilisé les paramètres St, pour définir la stratégie à utiliser (soit St=1 ou St=2), la probabilité b qu'un lien aléatoirement choisi soit bi-directionnel, la probabilité a qu'un lien choisi de manière aléatoire parmi les liens dirigés soit sortant du nœud (utilisé dans la stratégie 1) et la popularité relative ou degré k des nœuds de l'ensemble des liens dirigés (utilisée seulement dans la stratégie 2).

Topologies	Paramètres de réseau		Code
	Non Dirigé	Dirigé	Section
Aleatoire	N, p	St, b, (if St=1)⇒a, (if St=2)⇒k	3.4.1
Scale Free	N, m	St, b, (if St=1)⇒a, (if St=2)⇒k	3.4.2
Small-Worlds	N, m, p	St, b, (if St=1)⇒a, (if St=2)⇒k	3.4.3
Empirique	P(k)	St, b, (if St=1)⇒a, (if St=2)⇒k	3.4.4

TABLE 3.3: Résumé des paramètres de base utilisés pour générer les différentes topologies de réseaux étudiés. En notant N le nombre de nœuds, p la probabilité d'être connecté ou de refaire une connexion, m le nombre de liens, $P(k)$ la distribution de degré du réseau, St la stratégie choisie pour diriger les liens du réseau, b la probabilité qu'un lien choisi aléatoirement soit bi-directionnel, a la probabilité qu'un lien choisi aléatoirement parmi les liens dirigés soit sortant et k la popularité relative ou degré des nœuds de l'ensemble des liens dirigés.

3.6 Discussion

De nombreux types de réseaux ont été examinés dans ce chapitre :
- les réseaux aléatoires, s'ils peuvent servir à initialiser un processus dynamique de changement d'architecture de réseau, ne peuvent rendre compte de l'organisation terminale des réseaux réels et de leur mode d'accrétion de nouveaux nœuds et liens
- dans les réseaux invariants, la distribution des degrés suit une loi de puissance, avec l'existence de nœuds connecteurs jouant un rôle social très fort de « donneurs de standards », ce qui est sans doute le cas pour la transmission de la mode, mais pas pour celle de l'obésité

  – les réseaux petit monde correspondent à un très fort niveau de clusterisation,
    incompatible avec le faible niveau des réseaux réels
  – les réseaux empiriques ont une distribution du degré incompatible avec celle
    observée dans les réseaux réels.

En conséquence, aucun des réseaux étudiés dans ce chapitre ne présente les caractéristiques requises pour modéliser les réseaux sociaux réels, qui ont pu contribuer
à la pandémie actuelle d'obésité et nous sommes, en conséquence, fondés à proposer de faire évoluer leur topologie, sous la contrainte d'une règle portant sur la
dynamique de leurs poids d'interaction, basée sur le mimétisme social et appelée
règle homophile.

3.7   Conclusion

Dans ce chapitre, nous avons défini et listé les propriétés des différents types de
réseaux utilisés. Nous avons également introduit le formalisme permettant de passer des réseaux non dirigés ayant une topologie spécifique, à des réseaux dirigés.
Nous avons proposé un cadre d'analyse pour appréhender les différences entre
topologies, nous permettant de simuler les propriétés structurelles spécifiques des
réseaux réels. Dans le cadre de ces topologies variées, nous avons étudié la propagation des comportements à risque pour l'obésité. Dans un premier temps, nous
avons étudié séparément les effets dus aux hypothèses de propagation, de ceux
dus au changement de topologie. Nous avons analysé ensuite comment ces variations pouvaient modifier le processus de propagation. De cette manière, nous
avons pu voir, pour chaque topologie de réseau, comment la structure du réseau
dans son ensemble et l'état de chacun de ses nœuds en particulier donnaient lieu
à une dynamique propre. Nous allons étudier, au début du chapitre suivant, les
variations de l'architecture du réseau au cours du temps, liées aux processus d'homophilie, qui sont proposées ici pour modéliser les réseaux sociaux réels, responsables de l'épidémie actuelle d'obésité.

RÉSEAUX DIRIGÉS

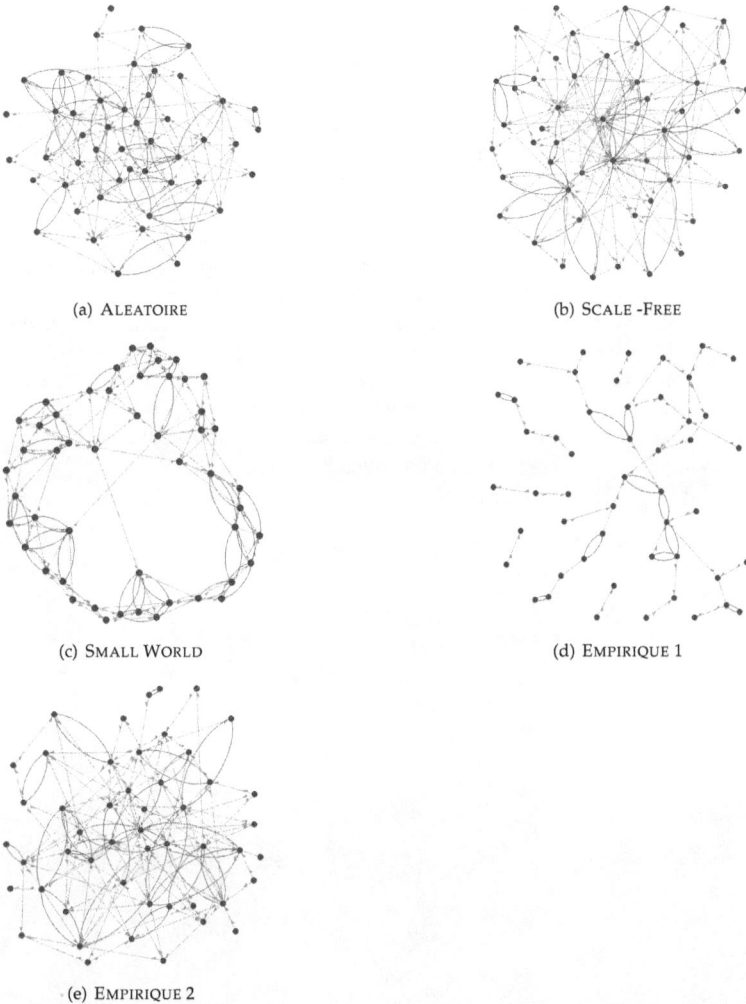

(a) ALEATOIRE

(b) SCALE -FREE

(c) SMALL WORLD

(d) EMPIRIQUE 1

(e) EMPIRIQUE 2

FIGURE 3.9: Les topologies de **réseaux dirigés** étudiés, avec les liens unidirectionnels en couleur céleste, et une demi-flèche qui indique la direction et, en couleur rouge, les liens bidirectionnels. Pour générer des réseaux dirigés, nous avons pris les réseaux non dirigés de la figure 3.6, avec 50 nœuds chacun. Nous avons utilisé la méthode expliquée dans la section 3.5.1, avec une probabilité d'avoir des liens bidirectionnels $b = 0.2$ et avec une probabilité d'avoir des liens directionnels sortants (ou forward, vers l'avant) $a = 0.6$. Le positionnement des nœuds a été fait en utilisant l'algorithme d'attraction-répulsion d'Yifan Hu.

Résumé du chapitre:

Dans ce chapitre, nous avons défini et listé les propriétés de différents types de réseaux utilisés. Nous avons également introduit le formalisme pour passer des réseaux non dirigés ayant une topologie spécifique à des réseaux dirigés. Nous avons proposé un cadre d'analyse, pour appréhender les différences entre topologies nous permettant de simuler les propriétés structurelles spécifiques aux réseaux réels.

Pour ces topologies variées, nous voulons étudier la propagation des comportements à risque pour l'obésité. Dans un premier temps, nous voulons étudier séparément les effets dus aux hypothèses de propagation de ceux dus au changement de topologie. Nous étudierons, au début du chapitre suivant, les variations du réseau au cours du temps, dues au processus d'homophilie. Nous analyserons après comment ces variations peuvent modifier le processus de propagation. De cette manière, nous pourrons voir, pour chaque topologie de réseau, comment la structure du réseau dans son ensemble et l'état de chacun de ses nœuds donnent lieu à une dynamique propre.

CHAPITRE 4

Une dynamique d'interaction sociale homophilique

Sommaire

4.1	**Introduction**	**101**
4.2	**Formalisation**	**104**
4.3	**Modèle de simulation**	**105**
4.4	**Méthodes d'analyse**	**108**
	4.4.1 L'homophilie	108
	4.4.2 Structure des réseaux	110
4.5	**Résultats**	**110**
	4.5.1 Effet de la dynamique homophilique sur la structure de réseaux	110
	4.5.2 Effet de la tolérance avec une distribution d'états corporels fixe	111
	4.5.2.1 Sur l'homophilie	112
	4.5.2.2 La structure des réseaux	113
	4.5.3 Effet de la prévalence avec une tolérance moyenne fixée	114
	4.5.3.1 L'homophilie	115
	4.5.3.2 La structure des réseaux	131
4.6	**Discussion**	**132**
4.7	**Conclusion**	**132**

4.1 Introduction

Après avoir vu, dans le chapitre 3, les constructions de réseaux statiques, nous voulons nous rapprocher de situations plus réelles, où les topologies des réseaux changent au cours du temps. Il y a plusieurs propriétés qui sont responsables de la structure et de la dynamique des réseaux. Nous souhaitons interroger nos réseaux à différents niveaux, tant sur les dynamiques locales que sur des propriétés de plus haut niveau - dynamiques locales dont les mécanismes individuels de création de nouvelles relations/interactions ou rupture de relations/interactions existantes, sont à l'origine de la morphogenèse. Ces dynamiques locales sont intimement liées à l'émergence de propriétés de plus haut niveau structurant le réseau. Certaines de ces propriétés simples (comme la forme de la distribution de degré, ou le clustering) seront mises en regard des régularités observées dans les dynamiques microscopiques. Nous tâcherons également d'évaluer la stabilité relative de ces propriétés de haut niveau, en comparant les variations observées pour les différents topologies de réseaux que nous allons étudier. Nous souhaitons interroger les comportements individuels de création/rupture des liens dans le réseau, en fonction de l'état corporel des individus.

Différentes méthodes ont été introduites pour rendre compte des dynamiques de formation de liens dans les réseaux sociaux. Une famille importante de modèles, appelés p^* models, vise, à travers un modèle markovien d'évolution du réseau, à estimer la part respective d'une grande gamme de phénomènes susceptibles d'influencer la dynamique de formation de liens, exprimée comme la somme d'effets supposés importants dans la morphogenèse du réseau, comme le rôle de la réciprocité et de l'homophilie, l'influence du degré, de la transitivité, etc. (Snijders, 2001; Wasserman and Pattison, 1996). Ces méthodes d'estimation ont l'avantage de permettre de saisir, à travers un ensemble de coefficients, la part respective d'une grande gamme de phénomènes à l'œuvre dans la dynamique du réseau. Une des hypothèses liminaires posées par les p^* modèles est que les agents agissent en maximisant une fonction d'utilité qui dépend des configurations structurelles de leur voisinage. A cette méthode d'estimation statistique, nous préférons une approche moins holistique, puisque nous n'avons pas pour ambition de quantifier la part respective prise par chacun des processus susceptibles d'influencer la dynamique de production de nouveaux liens. Nous chercherons plutôt à caractériser de façon précise le processus de création/rupture d'un lien en fonction d'une variable explicative, qui, pour nous, est le statut corporel individuel. Nous adopterons donc une approche fondée sur le calcul d'attachements/détachements préférentiels. L'attachement/détachement préférentiel mesure simplement la propension d'apparition/rupture entre deux moments successifs (t et $t + dt$) d'un lien entre deux noeuds d'un réseau, en fonction de propriétés monadiques (dépendant d'un seul nœud) ou dyadiques (dépendant d'un couple de nœuds), qui sont partagées ou non entre ces agents à l'instant t. En d'autres termes, nous pouvons interpréter l'attachement/détachement préférentiel comme un mécanisme d'interaction sociale, qui se base sur une distance de similarité/dissimilarité entre les nœuds, faisant ainsi une sélection préférentielle de voisins, selon l'état et/ou l'attribut observés. Une première forme d'attachement préférentiel est l'attachement préférentiel au degré. Ce type de caractérisation a été popularisée par le modèle de morphogenèse de (Barabasi et al., 1999). Dans ce modèle, un nouveau noeud entrant dans le réseau a une probabilité de se lier à un noeud de degré k proportionnelle à k : $P(k) \propto k$, comme nous l'avons présenté dans la section 3.4.2. Cette caractérisation a été largement utilisée (Barabasi et al., 1999; Barabasi and Bonabeau, 2003; Redner, 2005; Stehlé et al., 2010).

Dans le cadre qui nous occupe ici, le nombre de nœuds est fixé dans le temps. Nous interprétons l'attachement/détachement préférentiel de liens comme une sélection homophilique de liens dans les deux sens : premièrement, comme la tendance qu'ont les individus ayant des attributs similaires à créer des liens entre eux (McPherson et al., 2001) et, deuxièmement, comme la tendance qu'ont les individus ayant des attributs dissimilaires et connectés entre eux, à couper leurs liens. Ce processus de sélection homophilique de liens suggère que les individus préfèrent interagir entre eux et donc avoir des liens avec les individus qui leur ressemblent. Quelques études basées sur des données réelles ont montré que la fréquence d'interaction et l'intensité des relations sont plus fortes entre agents qui ont les même attributs, donc qu'il y une préférence homophilique (Lazarsfeld and Merton, 1954; Laumann and Pappi, 1973; Mollica et al., 2003; Ruef et al., 2003).

La dynamique simulée dans nos réseaux est fondée sur un processus d'interaction inter-individuelle (individu-individu) représenté par la création des nouvelles relations/interactions ou par la rupture de relations/interactions existantes (attachement et détachement préférentiels de liens), dans une sélection homophilique de voisins. Notre hypothèse est que l'état corporel et la tolérance des individus au sein du réseau constituent une "contrainte" pour les interactions actuelles ou à venir.

Plus précisément, pour comprendre la structure sociale et sa dynamique, nous allons prendre, comme attribut de nœuds, la masse corporelle. Ce choix se fonde sur l'hypothèse que le processus d'attachement/détachement préférentiel de liens est particulièrement prégnant sur des attributs visibles, comme le corps, plutôt que sur d'autres types d'attributs. La corpulence met les individus sous la pression du regard des autres, étant donné sa visibilité, ce qui rend la corpulence particulièrement propice à la caractérisation de la dynamique homophilique. En ce sens, nous croyons que la corpulence peut avoir un impact non négligeable sur les interactions sociales. De plus, comme nous l'avons exposé dans la sous-partie 1.4.3, il existe diverses études qui montrent une corrélation entre les IMC des amis (Trogdon et al., 2008; Valente et al., 2009). Cette corrélation peut être comprise, d'une part, comme l'existence d'un comportement sélectif basé sur la corpulence dans le choix des amis et, d'autre part, comme l'existence d'une influence inter-individuelle sur les comportements alimentaires. Cela a comme conséquence une corrélation entre les poids des amis ou, finalement, l'existence d'une relation entre leurs comportements. Pour parvenir à distinguer ces processus sous-jacents, nous voulons étudier l'impact isolé qu'a la «sélection » ou la « désélection » des amis, basées sur la corpulence. Dans notre étude, nous distinguons :

1. les propriétés d'un seul agent, ou propriétés monadiques, telles que son état corporel, la tolérance à la différence supportée par le nœud et/ou son degré. La tolérance et l'état des agents sont supposés fixes dans le temps de l'étude, par contre, le degré du nœud change selon la «sélection» ou « désélection »

homophiliques de voisins. La distribution des états corporels des individus n'est autre que la répartition de la population en fonction de l'IMC (Indice de Masse Corporelle).

2. les propriétés définies sur une paire d'agents, ou dyadiques, telles que les distances directes et indirectes de similarité entre eux. Ces distances qui mettent en relation deux nœuds, seront construites sur la base des propriétés monadiques.

Nous définirons la fonction d'homophilie comme la probabilité qu'ont les agents ayant un état donné (dans notre exemple, un masse corporelle donnée) à avoir des liens avec des individus qui sont dans le même état ou dans un état proche. Nous allons estimer la propension qu'ont les agents à la création/coupure préférentielle des liens (attachement/détachement préférentiel) entre eux sur la base des propriétés monadiques et dyadiques. Plus spécifiquement, nous estimons la propension qu'à un agent i à créer ou couper un lien avec un autre agent j en relation avec la distance de similarité directe et/ou indirecte $d(i,j)$ qui les sépare dans le réseau social.

S'il existe une propagation sociale de l'obésité, nous pouvons penser que l'homophilie est un mécanisme de protection du système. Un système totalement homophilique est un système dans lequel les nœuds, qui sont dans un état corporel donné, sont connectés seulement avec des autres nœuds qui sont dans le même état et protégés face à des nœuds qui sont dans un autre état. En ce sens, en faisant l'hypothèse que les nœuds qui peuvent être influents sont ceux auxquels un individu est connecté, nous nous intéressons, d'une part, à l'étude de l'homophilie des liens sortants et, d'autre part, à l'effet d'une dynamique d'interaction inter-individuelle tendant vers un système homophilique entre ses liens.

4.2   Formalisation

Pour définir notre système, nous prenons les topologies dirigées étudiées dans le chapitre 3. Ces topologies sont constituées par N nœuds (qui représentent les individus) et L arêtes (qui représentent les relations inter-individuelles ou relations entre individus). Les nœuds ont, comme attribut, le statut corporel dans lequel les individus peuvent être dans le système observé. Trois états peuvent être clairement distingués, en considérant l'IMC. L'attribut des nœuds est fixé initialement et ne change pas pendant toute la vie du système, c'est-à-dire, que le statut corporel des individus ne varie pas dans le temps. Ainsi, notre système est composé de 3 groupes caractéristiques d'individus, selon la répartition des statuts corporels dans la population. Etant donné la visibilité du statut corporel, nous avons ainsi défini des nœuds représentant :

– les individus dans un état normal S, donc les individus ayant un poids normal (en équilibre énergétique),

– les individus ayant un excès de poids que nous pouvons définir comme modéré, donc les individus en surpoids W (en déséquilibre énergétique positif)

– les individus en excès de poids plus important, donc les individus obèses O (en équilibre ou en déséquilibre énergétique positif). Le nombre total des nœuds est donc égal à : $N = S + W + O$.

Dans notre système, nous voulons mettre en évidence une dynamique de relation sociale se produisant suite à une «sélection » ou « désélection » homophilique de voisins, selon un seuil de tolérance individuel h_i défini comme étant la limite de la différence supportée par le nœud i entre son état et l'état de son voisinage. Cet attribut du nœud est fixé pendant toute la vie du système. Pour observer seulement l'effet lié à cette dynamique homophilique, l'état des individus et le seuil de tolérance restent constant au cours du temps. Seules les relations entre les individus (liens dans le réseau) peuvent changer au cours du temps. Nous définissons notre modèle de simulation avec les variables explicites du tableau 4.1.

Variable	Définition
t	temps de vie du système, $0 < t < T$
τ	temps de repos du système
ϕ	proportion de nœuds pour lesquels les liens peuvent changer
$M = N * \phi$	nœuds pour lesquels les liens peuvent changer
h_i	tolérance du nœud i
$\mathcal{V}_i$	ensemble des voisins sortant du nœud i
k_i	degré du nœud i
ω	poids de la distance de similarité directe
d_{ij}	distance de similarité directe entre le nœud i et le nœud j
c_{ij}	distance de similarité indirecte entre le nœud i et les voisins de j
r_{ij}	distance de similarité totale entre deux nœuds

TABLE 4.1: Définition des variables pour l'interaction homophilique.

4.3 Modèle de simulation

Notre objectif étant de comparer l'impact de la dynamique homophilique sur les différents modèles de réseau, nous cherchons à définir un protocole de simulation aussi basique que possible.

1. A $t = t_0$, générer τ (durée de repos du système) qui suit une distribution exponentielle, avec une fonction de densité de : $f(x; \frac{1}{\beta}) = \frac{1}{\beta}\exp(-\frac{x}{\beta})$ entre $[0, \infty[$, telle que l'événement homophilique se produise à $t = t_0 + \tau$.

2. A $t = t_0 + \tau$
   - Choisir une fraction ϕ de nœuds dans le réseau. Soit $M = \phi N$ noeuds.
   - Pour chaque nœud $i \in M$, on génère h_i à partir d'une distribution exponentielle, où h_i est la tolérance à la différence du nœud i, définie telle que $0 \leq h_i \leq 1$
   - Chaque nœud $i \in M$ est caractérisé par son degré[1] k_i et sa tolérance h_i (propriétés monadiques). On effectue les opérations suivantes :
     - $k_i = 0$:
       Connection de $i \rightarrow j$
       • Choisir un nœud j au hasard parmi les $N - 1$ nœuds du réseau.
       • Créer une connexion du type $i \rightarrow j$ avec la probabilité $h_i^{d_{ij}}$, où d_{ij} est la distance directe entre le nœud i et le nœud j.
     - $k_i \geq 1$:
       Soit $\mathcal{V}_i$ l'ensemble des voisins sortant de i.
       • Choisir un nœud l au hasard parmi les $\mathcal{V}_i$ nœuds voisins de i, avec la probabilité $1/k_i$. Si le nœud l a un lien sortant vers i, la probabilité de le choisir sera $1 - 1/k_i$. Soit k_l le degré de l et $\mathcal{V}'_l$ l'ensemble de ses voisins, moins le noeud i (si le lien $l \rightarrow i$ existe).
       • Soit r_{il} la distance de similarité totale entre les nœuds i et l. On coupe le lien $i \rightarrow l$ avec la probabilité $1 - h_i^{r_{il}}$.
       • Si le lien $i \rightarrow l$ a été coupé, on choisit le nœud j au hasard parmi $N - \mathcal{V}_i - \mathcal{V}'_l$ nœuds. Ensuite, créer une connexion $i \rightarrow j$ avec une probabilité de connexion définie comme :

$$\text{Prob}\,(i \rightarrow j) = f(d_{ij}) \times \frac{n_j \times h_i^{d_{ij}}}{n_s \times h_i^{d_{is}} + n_w \times h_i^{d_{iw}} + n_o \times h_i^{d_{io}}} \quad (4.1)$$

où n_j est le nombre de nœuds connectables de type j (dont n_s dans l'état S, n_w dans l'état W et n_o dans l'état O) moins le nœud i, et d_{ij} la distance de similarité entre les nœuds i et j. Nous allons considérer trois versions pour la fonction $f(d_{ij})$, qui vont impacter la probabilité de connexion du nœud de type i vers le nœud de type j avec $i, j = S, W, O$.

- Version 1 : la distance de similarité entre i et j ne peut permettre de créer un liens entre i et j que si sa valeur $d_{ij} = 0$. Dans ce cas, la

---

[1]. Dans les réseaux dirigés, nous allons prendre le "degree-out", étant le nombre de liens sortant du nœud i, pour calculer le degré.

probabilité de connexion est donnée par la relation suivante, c'est-à-dire par un choix j de manière homophilique, parmi les $\mathcal{V}_i$ nœuds excluant i :

$$\mathrm{f}(d_{ij}) = \delta_{d_{ij},0} = \left\{ \begin{array}{lll} 1 & ; & d_{ij} = 0 \\ 0 & ; & autrement \end{array} \right. \text{ où } i,j = S,W,O \qquad (4.2)$$

- Version 2 : La distance de similarité entre i et j ne peut permettre de créer un lien entre i et j que si elle peut prendre les deux valeurs $d_{ij} = 0, 1$. Dans ce cas, les probabilités de connexion sont données par les relations :

$$\mathrm{f}(d_{ij}) = \left\{ \begin{array}{lll} 1 & ; & d_{ij} = 0,1 \\ 0 & ; & autrement \end{array} \right. \text{ où } i,j = S,W,O \qquad (4.3)$$

- Version 3 : la distance de similarité entre i et j peut prendre toutes les valeurs, à savoir $d_{ij} = 0, 1, 2$. Dans ce cas, la probabilité de connexion est donnée par la relation :

$$\mathrm{f}(d_{ij}) = 1 \quad ; \quad \forall d_{ij}, \text{ où } i,j = S,W,O \qquad (4.4)$$

– Générer de nouveau τ et refaire 2

Les distances de similarité (propriété dyadique) sont calculées comme ci-dessous :

Distance de similarité directe : étant donné que i et j sont voisins, pour calculer la distance de similarité directe, nous calculons la distance entre les nœuds i et j.

$$d_{ij} = \left\{ \begin{array}{ll} 0; & i = j \\ 1; & \left\{ \begin{array}{llll} i = S; & j = W; & et & vice \quad versa \\ i = W; & j = O; & et & vice \quad versa \end{array} \right. \\ 2; & i = S; j = O; \qquad\qquad\qquad et \quad vice \quad versa \end{array} \right.$$

Distance de similarité indirecte : étant donné que i et j sont voisins, pour calculer la distance de similarité indirecte, nous calculons la distance entre le nœud i et l'ensemble des voisins de j moins le nœud i ($\mathcal{V}'_j$).

$$c_{ij} = \begin{cases} \frac{1}{k_j-1} \sum_{n_j=1}^{k_j-1} d_{in_j}; & n_j \in \mathcal{V}'_j \\ \\ 0 & pour \quad k_j = 1 \end{cases}$$

Distance de similarité totale : étant donné que i et j sont voisins, pour calculer la distance de similarité totale, nous pondérerons les distances directe et indirecte entre elles.

$$r_{ij} = \begin{cases} d_{ij}; c_{ij} = 0 \\ \\ \omega d_{ij} + (1-\omega)c_{ij}; c_{ij} \neq 0 \end{cases}$$

L'interaction homophilique proposée consiste à créer et à couper des connexions vers d'autres nœuds, en fonction des états corporels. Nous supposons que les nœuds ont, d'une part, une préférence à créer des liens vers des nœuds qui sont dans le même état corporel et, d'autre part, ont une préférence à éliminer les liens vers les nœuds qui sont dans un état corporel différent du leur, avec un seuil de tolérance individuel donné.

Pour déconnecter deux nœuds, nous calculons la distance de similarité totale entre eux, en considérant la distance de similarité directe et indirecte. Nous supposons qu'étant donné que le nœud i a un lien sortant[2] vers le nœud j, il gardera son lien avec j seulement si j est dans un état similaire au sien, mais aussi si les voisins de j sont majoritairement dans un état similaire à celui de i.

Pour connecter les nœuds i et j, étant donné que la relation n'est pas encore créée, on calcule seulement la distance de similarité directe entre eux. On suppose que i n'a pas connaissance de l'état des voisins de j, étant donné que le lien avec eux n'existe pas encore.

4.4   Méthodes d'analyse

Dans cette partie, nous exposons les différentes analyses qui vont nous aider à comprendre le système à étudier et sa dynamique.

4.4.1   L'homophilie

Nous définissons l'homophilie comme la probabilité qu'ont deux nœuds du même type à être reliés dans un intervalle de temps donné. D'une certaine ma-

---

2. qui a été choisi aléatoirement parmi les liens sortant de i

nière, nous pouvons dire que, pour un nœud dans un état donné, l'homophilie est la proportion des nœuds liés à ce nœud dans le même état corporel. L'augmentation de l'homophilie dans le système est équivalente à l'augmentation de la taille du groupe social semblable à un individu. Les liens homophiliques seront les liens sortants $x \rightarrow y$, où les nœuds x et y sont dans le même état corporel. Nous pouvons noter L_x le nombre total de liens qui sortent des nœuds de type x, et L le nombre de liens total du système. Si tous les nœuds du système ont des liens sortants, ces valeurs ne changent pas au cours du temps, par effet de la dynamique de l'homophilie. Par contre, si, dans le système, certains nœuds n'ont pas de liens sortants et que, pendant la dynamique homophilique, nous allons les créer, les valeurs de L et L_x vont varier. Avec le système en état d'équilibre, nous pouvons connaître quelle est la probabilité d'un individu à être connecté avec des individus lui ressemblent et combien de temps a besoin un individu pour que ses liens non homophiliques deviennent totalement homophiliques (c'est-à-dire des liens connectant seulement des individus qui sont dans le même état).

Le tableau 4.2 spécifie les différentes variables que nous allons utiliser.

Variable	Définition
$L_{x,y}(t)$	nombre de liens hétérophiliques en fonction du temps
L_x	nombre de liens sortant des nœuds de type x
L	nombre total des liens du système
$H_{x,y}(t)$	proportion de liens hétérophiliques en fonction du temps
$H_{x,y}(eq)$	liens hétérophiliques à l'équilibre
τ	temps de relaxation du système

TABLE 4.2: Définition des variables pour la dynamique homophilique.

Nous pouvons définir l'hétérophilie du système au cours du temps par si $L_x = \sum_y L_{x,y}(t)$:

$$H_{x,y}(t) = \frac{L_{x,y}(t)}{L_x} \quad avec \quad x, y = S, W, O \tag{4.5}$$

Dans le cas où x et y sont égaux, nous parlons d'homophilie du système. Pour l'état initial du système, nous pouvons définir l'homophilie comme :

$$H_{x,x}(0) = \frac{L_{x,x}(0)}{L_x} \tag{4.6}$$

$H_{x,x}(0)$ est égal à la proportion des liens sortant d'un nœud à l'état x, qui sont liés à des nœuds dans le même état. Nous définissons l'homophilie totale avec si $L = \sum_x L_x = \sum_x \sum_y L_{x,y}(t)$,

$$H = \sum_x H_{x,x} \times \frac{L_x}{L} \tag{4.7}$$

Pour chaque valeur de tolérance et de prévalance, nous calculons l'homophilie à l'équilibre H_{eq}, qui prend en compte la probabilité d'avoir un individu semblable comme voisin et le temps de relaxation du système τ (temps nécessaire pour qu'un individu n'ait plus que des liens homophiliques), en appliquant un ajustement exponentiel à l'homophilie (voir équation 4.8). Nous définissons H_0 comme l'homophilie initiale.

$$H(t) = H_{eq} + [H_0 - H_{eq}] \exp(-t/\tau) \tag{4.8}$$

4.4.2 Structure des réseaux

Dans cette partie, nous allons analyser l'effet de la tolérance à la différence (avoir des liens avec des avec des individus qui sont dans un état différent du sien) et de la distribution d'états corporels (ou prévalance) sur la topologie des réseaux. Pour caractériser les réseaux et regarder l'impact que peut avoir le niveau de tolérance des individus, nous prenons le degré, le coefficient d'agrégation et l'indice d'associativité appelé *assortativité*. Ces propriétés ont été expliquées en détail dans la section 3.3. Pour le cas spécifique du degré, nous allons considérer les réseaux dirigés (dits aussi orientés), dans lesquels la tolérance va avoir un impact sur les liens sortants des nœuds, avec l'hypothèse que seuls ces liens peuvent avoir une influence. Pour le coefficient d'agrégation et pour l'indice d'associativité, nous allons prendre le réseau comme un réseau non dirigé. Dans ce cas, nous cherchons à voir si le processus homophilique produit une structure plus agrégée et/ou plus associative, avec l'hypothèse que, s'il y a un lien, soit sortant, soit entrant, il y a une relation entre les individus.

4.5 Résultats

4.5.1 Effet de la dynamique homophilique sur la structure de réseaux

Dans cette sous-partie, nous nous intéressons à l'impact qu'a l'homophilie sur la structure de réseaux. La dynamique que nous proposons, attachement/détachement préférentiel de liens, se fait sur la base des états individuels ; nous avons fixé au cours du temps les paramètres individuels : les états, les répartitions des états et la tolérance avec l'objectif, pour voir graphiquement l'effet global produit par la dynamique homphilique. Nous avons fixé la tolérance à 0.25, pour les figures 4.1 et 4.2, et à 0.75 pour les figures 4.3 et 4.4, tous avec la probabilité de connexion 1, comme c'est expliqué en détail dans la section 4.3. Nous avons pris les distributions d'IMC de la population française publiées dans l'étude ObeEpi (ObEpi-Roche, 2009) pour l'année 2009, ce qui donne une prévalence de l'obésité de 14,5% et du surpoids de 31,9%. Pour simuler les réseaux, nous avons utilisé la stratégie 1, expliquée dans la section 3.5.1, avec 1000 nœuds et avec une probabilité d'avoir des liens bi-directionels $b = 0.2$ et une probabilité d'avoir des liens directionnels sortant $a = 0.6$. Le positionnement des nœuds a été fait en utilisant l'algorithme de Fruchterman-Reingold [11] (Fruchterman and Reingold, 1991). Nous mettons en évidence que l'état final, après la dynamique homophilique, est semblable dans toutes les topologies, à l'exception du réseau empirique 1. Cette différence est due à la faible quantité de liens entre les individus dans ce réseau. Cette dynamique est stable, même en changeant la distribution initiale des états des nœuds (voir plus de figures dans l'annexe C).

4.5.2 Effet de la tolérance avec une distribution d'états corporels fixe

Dans cette sous-partie, nous nous intéressons à l'impact que peut avoir le niveau de tolérance des individus composant le système sur les relations interindividuelles. Le niveau de tolérance a été beaucoup étudié en sciences sociales, en prenant différentes caractéristiques des individus comme la couleur de la peau, le niveau socio-économique et l'aspect culturel entre autres. Il est bien connu que les individus ont différents niveaux de tolérance (que nous pouvons aussi appeler seuil de tolérance individuel). Il y a donc des ensembles d'individus ou sociétés, pour qui certaines caractéristiques étudiées sont plus ou mois tolérantes. Dans notre cas, nous parlons de tolérance à la différence d'état corporel et donc d'une caractéristique visible par l'entourage de l'individu. Nous analysons comment la tolérance du système, qui est l'agrégation des seuils de tolérance individuelle, influence les différentes topologies de réseau étudié. Comme dans la dynamique que nous proposons, attachement/détachement préférentiel de liens, se fait sur la base des états individuels, nous avons fixé les états et les répartitions des états au cours du temps, avec l'objectif d'écarter l'effet de la tolérance des autres effets possibles. Nous avons pris les distributions d'IMC de la population française publiées dans l'étude ObeEpi (ObEpi-Roche, 2009) pour l'année 2009, ce qui donne une préva-

---

11. Dans cet algorithme, les nœuds sont représentés par un anneau et les bords sont des ressorts entre eux. La force attractive est analogue à la force d'un ressort et la force répulsive est analogue à la force électrique. L'idée fondamentale est de réduire au minimum l'énergie du système en déplaçant les noeuds et en changeant les forces entre eux. Ainsi, la somme des vecteurs de force détermine dans quelle direction un nœud devrait déplacer.

lence de l'obésité de 14,5% et du surpoids de 31,9%. Pour mesurer cet impact, nous avons simulé le modèle présenté dans la section 4.3, avec les paramètres spécifiés dans la table 4.3. La valeur moyenne de la tolérance est définie entre [0,1]. Une tolérance de 0.25 signifie que, par exemple, l'individu a une probabilité d'avoir 3 sur 4 amis dans le même état, ou encore 1 sur 4 dans un état différent du sien. Les paramètres utilisés pour analyser l'effet de la tolérance, avec une distribution d'états corporels fixe, sont présentés dans le tableau 4.3 :

Variables	Valeurs
Nombre de simulations par topologie de réseau	150
Temps de vie du système	400
Quantité totale des individus dans le système	10000
Etat des individus	S,W,O
Pourcentage de la population dans l'état obèse	14.5% [12]
Pourcentage de la population dans l'état de surpoid	31.9%
Temps initial du système	1 [13]
Poids de la distance de similarité directe : ω	0.85
Temps de repos du système : τ	1
Proportion de nœuds pour lesquels les liens peuvent changer : ϕ [14]	0.5
Tolérance h moyenne	[0.1,0.25,0.5,0.75,1] [15]

TABLE 4.3: Résumé des valeurs utilisées pour la dynamique homophilique, avec une distribution d'états corporels fixe

4.5.2.1   Sur l'homophilie

Les topologies des réseaux ont été générées avec les mêmes paramètres qu'au chapitre 3. Nous étudierons initialement, pour chaque intervalle de temps, la proportion de liens homophiliques dans le système, en considérant les liens homphiliques comme les liens entre individus qui sont dans le même état corporel : les deux normaux, les deux en surpoids ou les deux obèses. Les états des individus sont fixes pendant toute la durée de vie du système. Nous présentons les résultats

---

12. Ces pourcentages représentent l'état de la population en France dans l'année 2009, selon l'étude Obepi (ObEpi-Roche, 2009).

13. Avec un pas de temps de 1.

14. L'actualisation des liens se produit quand $t = t_0 + \tau$, t étant le temps en cours et t_0 le dernier temps où s'est produite l'actualisation des liens, dont les actualisations se produisent après un temps de repos τ.

15. La tolérance suit une distribution exponentielle, avec une fonction de densité de : $f(x; \frac{1}{\beta}) = \frac{1}{\beta} \exp(-\frac{x}{\beta})$ entre $[0, \infty[$, que nous avons tronquée pour avoir des valeurs dans [0,1].

pour chaque version de la probabilité de connexion définie par 4.2, 4.3 et 4.4, en fonction des valeurs de tolérance. Les figures 4.5 montrent l'évolution de l'homophilie totale (tous les états corporels confondus) en fonction du temps, avec une valeur moyenne de tolérance individuelle de 0.1 et 1, pour chaque topologie de réseau étudiée, en utilisant la probabilité de connexion entre les nœuds des versions 1 et 3, présentées dans les équations 4.2 et 4.4 respectivement. Les figures 4.5 et 4.6 présentent l'évolution de l'homophilie $H_{x,x}$ totale et par état respectivement, pour chaque topologie de réseau étudiée. La probabilité de connexion 3 donne presque les même résultats que la probabilité de connexion 2 (les figures avec connexion 2 sont dans l'annexe C).

La figure 4.6 présente la probabilité qu'ont les individus, pour une tolérance donnée, d'être connectés avec un individu semblable. L'augmentation de cette probabilité est équivalente à l'augmentation pour un individu de son réseau d'individus semblables.

Nous pouvons voir qu'au niveau global, pour toutes les topologies, le changement du paramètre de tolérance influence la vitesse d'atteinte de l'état de saturation ou de stabilité. Le paramètre de tolérance détermine la stabilité du système : elle est inversement proportionnelle à la vitesse à laquelle le système sature. Avec une tolérance plus élevée, le système arrive plus tardivement à un état d'équilibre. La figure 4.7 présente la variation de l'homophilie moyenne, en fonction du niveau de tolérance moyen, pour chaque topologie de réseau étudié. Dans le même contexte, la figure 4.8 présente le temps de relaxation du système en fonction de la tolérance moyenne, soit la durée pour atteindre l'état d'équilibre. En mesurant seulement l'homophilie moyenne du système et l'homophilie par état, on ne peut pas distinguer les comportements caractéristiques par topologie. L'homophilie moyenne évolue de la même manière sur toutes les topologies. Pour trouver les particularités topologiques dans l'homophilie, nous allons regarder plus en détail les propriétés topologiques classiques, comme le degré, le coefficient d'agrégation et l'associativité.

4.5.2.2 La structure des réseaux

Pour analyser les variations topologiques résultant de la dynamique homophilique, nous regardons le degré, le coefficient d'agrégation et l'associativité des réseaux. Etant donné que, chaque fois qu'on élimine un lien, on va en créer un nouveau, le nombre de liens dans le système ne varie pas au cours du temps. Cela fait que le "degree-in" moyen et le "degree-out" moyen sont les mêmes dans le temps, pour chaque tolérance moyenne et pour chaque version de connexion. Par contre, si on regarde plus en détail par état, le "degree-out" ne change pas mais le "degree-in" évolue légèrement au cours du temps, comme le montrent les figures 4.9, pour chaque topologie de réseau, avec une tolérance de 0.1 et la version de connexion 1.

Les figures 4.10 représentent les distributions de "degree-in" des réseaux initiaux (avant la dynamique homophilique) et finaux (après la dynamique homophilique), par topologie de réseau étudiée, avec un index de tolérance moyenne de 0.1, pour une probabilité de connexion 1 (les autres probabilité des connexion sont dans l'annexe C).

L'impact des différentes versions de connexion entre les nœuds est faible, donc nous avons choisi, pour mettre en évidence la dynamique homophilique la version de connexion 1, en laissant les graphiques des autres probabilités de connexion dans l'annexe C. Pour calculer le coefficient d'agrégation moyen dans le réseau, nous avons transformé les liens dirigés en liens non dirigés, en faisant l'hypothèse simple que tous les liens existants sont bidirectionnels. La figure 4.11 présente l'évolution du coefficient d'agrégation moyen en fonction du temps, pour chaque topologie de réseau étudiée. Nous pouvons voir comment la dynamique homophilique modifie le niveau d'agrégation dans les réseaux, selon chaque topologie. Nous avons aussi calculé le coefficient d'agrégation moyen par état en fonction du temps, pour chaque topologie, avec un index de tolérance moyenne de 0.1 pour chaque probabilité de connexion (voir les figures 4.12 pour la probabilité de connexion 1 et, pour les autres probabilités de connexion voir l'annexe C). Nous pouvons voir, dans les figures 4.13 et 4.14, l'impact qu'a la dynamique homphilique et la tolérance sur le coefficient d'associativité.

4.5.3 Effet de la prévalence avec une tolérance moyenne fixée

Dans cette partie, nous allons analyser l'effet de la prévalence de l'obésité avec tolérance à la différence moyenne fixée a 0.25. Pour caractériser les réseaux et regarder l'impact que peut avoir l'indice de masse corporelle dans les relations interindividuelles, nous considérons le degré, le coefficient d'agrégation et l'indice d'associativité. Ces propriétés ont été expliquées en détail dans la section 3.3. Pour le cas spécifique du degré, nous allons considérer les réseaux orientés dans lesquels la tolérance va avoir un impact sur les liens sortants des nœuds, avec l'hypothèse que seuls les liens sortant d'autres nœuds peuvent influencer un nœud. Pour le coefficient d'agrégation et pour l'indice d'associativité, nous allons prendre le réseau comme non orienté. Dans ce cas, nous chercherons à voir si le processus homophilique produit une structure plus agrégée et/ou plus associative, avec l'hypothèse que s'il y a un lien, sortant ou entrant, il y a nécessairement une relation entre les individus.

Pour l'effet de la prévalence avec une tolérance moyenne fixée, nous avons simulé le modèle présenté dans la section 4.3, avec les paramètres spécifiés dans le tableau 4.4, avec des valeurs pour la prévalance de l'obésité qui sont dans l'intervalle[7.25, 29]. Les paramètres utilisés pour analyser l'effet de la prévalence avec une tolérance moyenne fixée sont présentés dans le tableau 4.4 :

---

16. Avec un pas de temps de 1

Variables	Valeurs
Nombre de simulations par topologie de réseau	150
Temps de vie du système	400
Quantité totale des individus dans le système	1000
Etat des individus	S,W,O
Pourcentage de la population dans l'état obèse	[7,25,14.5,21,75,29]
Pourcentage de la population dans l'état de surpoid	31.9%
Temps initial du système	1^{16}
Poids de la distance de similarité directe : ω	0.85
Temps de repos du système : τ	1
Proportion de nœuds pour lesquels les liens peuvent changer : ϕ [17]	0.5
Tolérance h moyenne	0.25

TABLE 4.4: Résumé des valeurs utilisées pour la dynamique homophilique avec un tolérance moyenne fixée

4.5.3.1 L'homophilie

---

17. L'actualisation des liens se produit quand $t = t_0 + \tau$, t étant le temps en cours et t_0 le dernier temps où s'est produite l'actualisation des liens, dont les actualisations se produisent après un temps de repos τ.

DYNAMIQUE HOMOPHILIQUE

ALEATOIRE

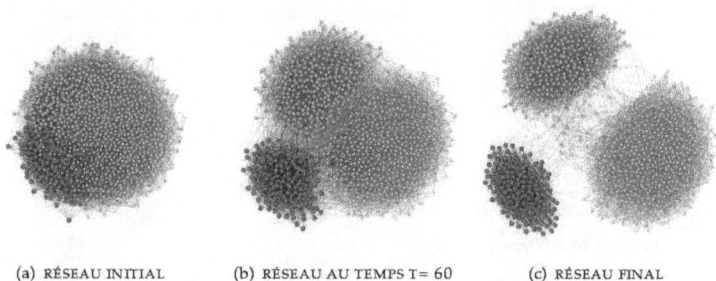

(a) RÉSEAU INITIAL   (b) RÉSEAU AU TEMPS T= 60   (c) RÉSEAU FINAL

SCALE-FREE

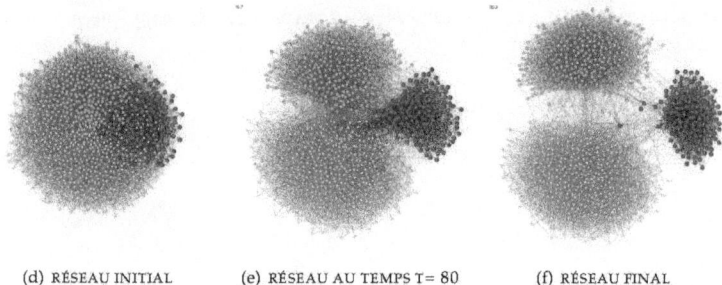

(d) RÉSEAU INITIAL   (e) RÉSEAU AU TEMPS T= 80   (f) RÉSEAU FINAL

SMALL-WORDS

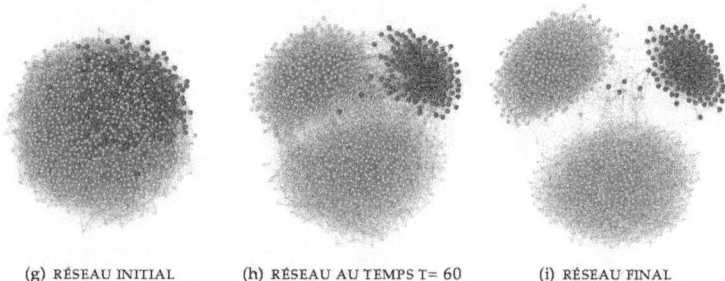

(g) RÉSEAU INITIAL   (h) RÉSEAU AU TEMPS T= 60   (i) RÉSEAU FINAL

FIGURE 4.1: La dynamique **homophilique** au sein de réseaux dirigés aléatoire, scale-free et small-world, avec des individus obèses en rouge 14,5%, surpoids en rose 31,9%, et normaux en blanc 53,6%. Nous avons fixé l'état corporel[4] et la tolérance à 0.25 et nous avons pris l'option 1 pour la probabilité de connexion (ces paramètres ont été expliqués dans la section 4.3). La proportion de nœuds pour lesquels les liens peuvent changer est fixée à 0.5 et le poids de la distance de similarité directe est égal à 0.85. Nous avons simulé des réseaux dirigés avec 1000 nœuds chacun, avec une probabilité d'avoir des liens bi-directionnels $b = 0.2$ et une probabilité d'avoir des liens uni-directionnels $a = 0.6$. Le positionnement des nœuds a été fait en utilisant l'algorithme d'attraction-répulsion de Fruchterman-Reingold (Fruchterman and Reingold, 1991).

DYNAMIQUE HOMOPHILIQUE

EMPIRIQUE 1

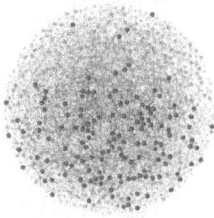

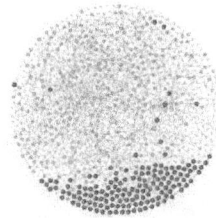

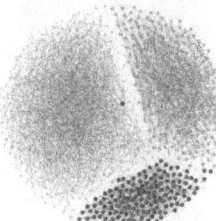

(a) RÉSEAU INITIAL (b) RÉSEAU AU TEMPS T= 40 (c) RÉSEAU FINAL

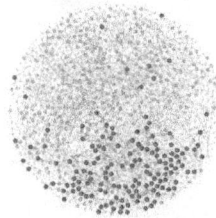

EMPIRIQUE 2

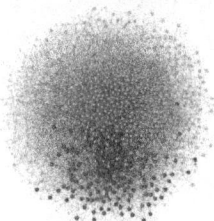

(d) RÉSEAU INITIAL (e) RÉSEAU AU TEMPS T= 40 (f) RÉSEAU FINAL

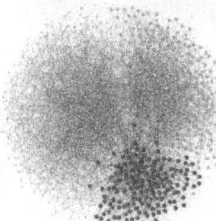

FIGURE 4.2: La dynamique **homophilique** au sein de réseaux dirigés empiriques 1 et 2, avec des individus obèses en rouge 14,5%, en surpoids en rose 31,9%, et normaux en blanc 53,6%. Nous avons fixé l'état corporel[6] et la tolérance à 0.25 et nous avons pris l'option 1 pour la probabilité de connexion (ces paramètres ont été expliqués dans la section 4.3). La proportion de nœuds pour lesquels les liens peuvent changer est fixée à 0.5 et le poids de la distance de similarité directe est égal à 0.85. Nous avons simulé des réseaux dirigés avec 1000 nœuds chacun, avec une probabilité d'avoir des liens bi-directionnels $b = 0.2$ et une probabilité d'avoir des liens uni-directionnels $a = 0.6$. Le positionnement des nœuds a été fait en utilisant l'algorithme d'attraction-répulsion de Fruchterman-Reingold (Fruchterman and Reingold, 1991).

DYNAMIQUE HOMOPHILIQUE

ALÉATOIRE

(a) RÉSEAU INITIAL   (b) RÉSEAU AU TEMPS T= 100   (c) RÉSEAU FINAL

SCALE-FREE

(d) RÉSEAU INITIAL   (e) RÉSEAU AU TEMPS T= 70   (f) RÉSEAU FINAL

SMALL-WORDS

(g) RÉSEAU INITIAL   (h) RÉSEAU AU TEMPS T= 100   (i) RÉSEAU FINAL

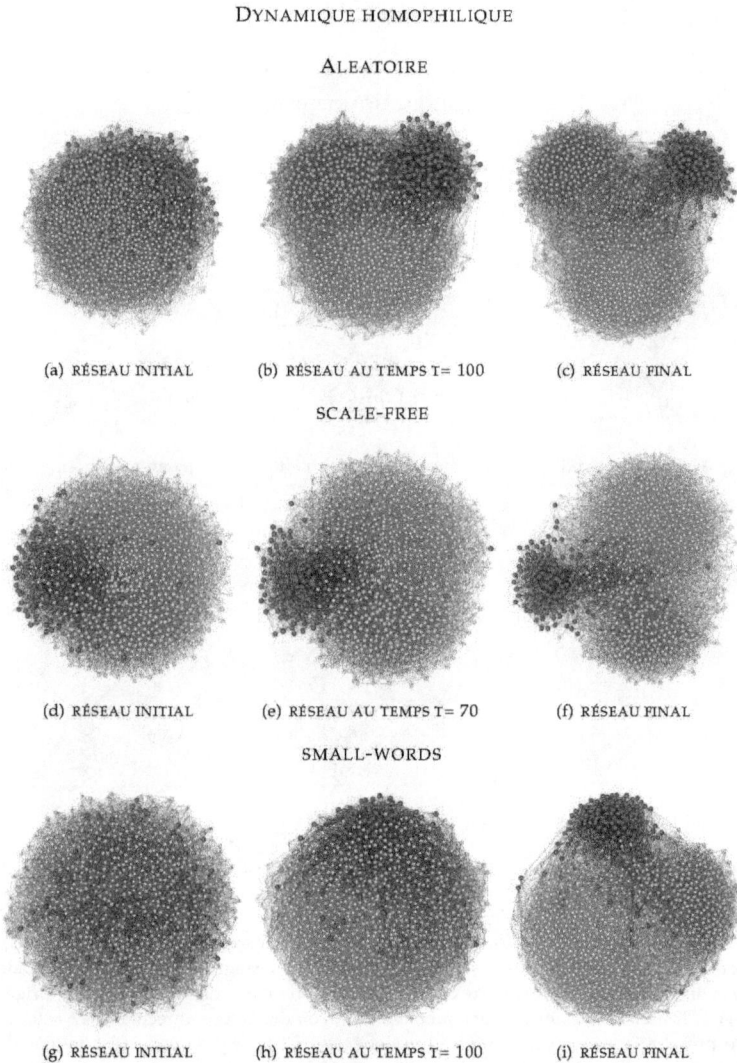

FIGURE 4.3: La dynamique **homophilique** au sein de réseaux dirigés aléatoire, scale-free et small-world, avec des individus obèses en rouge 14,5%, en surpoids en rose 31,9%, et normaux en blanc 53,6%. Nous avons fixé l'état corporel[8] et la tolérance à 0.75 et nous avons pris l'option 1 pour la probabilité de connexion (ces paramètres ont été expliqués dans la section 4.3). La proportion de nœuds pour lesquels les liens peuvent changer est fixée à 0.5 et le poids de la distance de similarité directe est égal à 0.85. Nous avons simulé des réseaux dirigés avec 1000 nœuds, chacun avec une probabilité d'avoir des liens bi-directionnels $b = 0.2$ et une probabilité d'avoir des liens uni-directionnels $a = 0.6$. Le positionnement des nœuds a été fait en utilisant l'algorithme d'attraction-répulsion de Fruchterman-Reingold (Fruchterman and Reingold, 1991).

DYNAMIQUE HOMOPHILIQUE

EMPIRIQUE 1

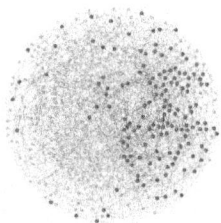

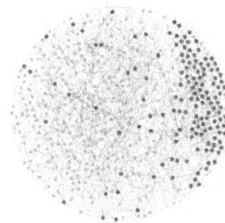

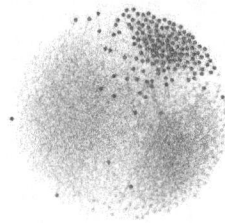

(a) RÉSEAU INITIAL   (b) RÉSEAU AU TEMPS T= 40   (c) RÉSEAU FINAL

EMPIRIQUE 2

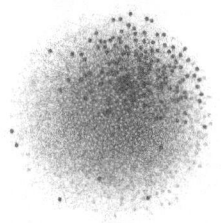

(d) RÉSEAU INITIAL   (e) RÉSEAU AU TEMPS T= 80   (f) RÉSEAU FINAL

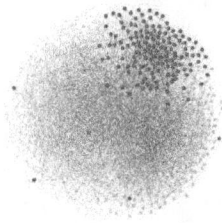

FIGURE 4.4: La dynamique **homophilique** au sein de réseaux dirigés empiriques 1 et 2, avec des individus obèses en rouge 14,5%, surpoids en rose 31,9%, et, normal en blanc 53,6%. Nous avons fixé l'état corporel[10] et la tolérance à 0.75 et nous avons pris l'option 1 pour la probabilité de connexion (ces paramètres ont été expliqués dans la section 4.3). La proportion de nœuds pour lesquels les liens peuvent changer est fixée à 0.5 et le poids de la distance de similarité directe est égal à 0.85. Nous avons simulé des réseaux dirigés avec 1000 nœuds, chacun avec une probabilité d'avoir des liens bi-directionnels $b = 0.2$ et une probabilité d'avoir des liens uni-directionnels $a = 0.6$. Le positionnement des nœuds a été fait en utilisant l'algorithme d'attraction-répulsion de Fruchterman-Reingold (Fruchterman and Reingold, 1991).

DYNAMIQUE HOMOPHILIQUE TOTALE
TOLÉRANCE 0.1   TOLÉRANCE 1

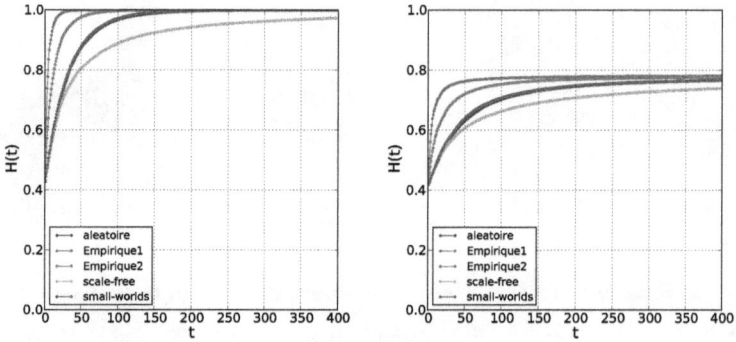

(a) VERSION DE CONNEXION 1

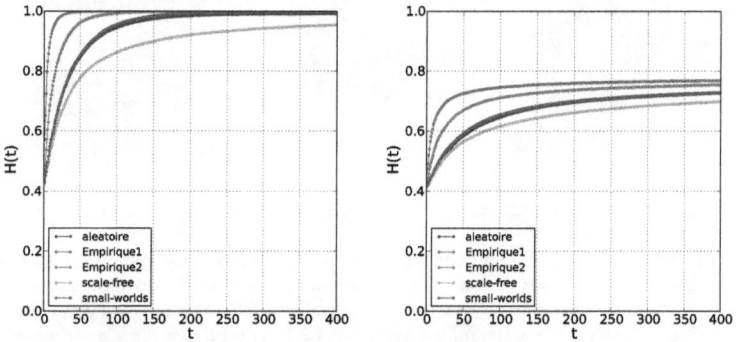

(b) VERSION DE CONNEXION 2

FIGURE 4.5: *A gauche,* Evolution dans le temps de l'homophilie totale, avec un niveau moyen de tolérance individuelle de 0.1 *A droite,* Evolution dans le temps de l'homophilie totale, avec un niveau moyen de tolérance individuelle de 1. Chaque file de graphiques montre les différentes versions 1, 2, vues dans les équations 4.2,4.3 de probabilité de connexion, avec une prévalence de l'obésité de 14.5%.

DYNAMIQUE HOMOPHILIQUE PAR ÉTATS

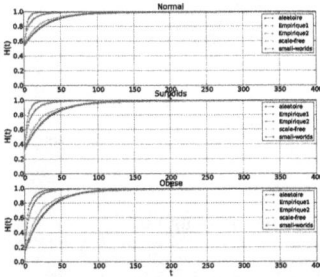

(a) VERSION DE CONNEXION 1   (b) VERSION DE CONNEXION 2

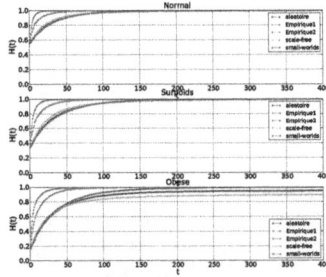

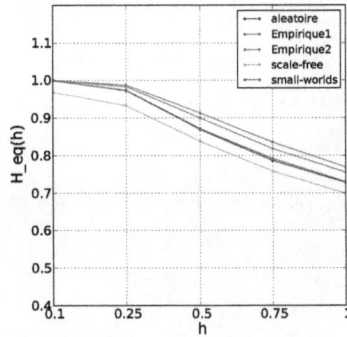

FIGURE 4.6: Evolution dans le temps de l'homophilie totale, avec une tolérance individuelle moyenne de 0.1, une prévalence de l'obésité de 14.5% et une version de probabilité de connexion donnée.

HOMOPHILIE A L'ÉQUILIBRE - INDEX DE TOLÉRANCE

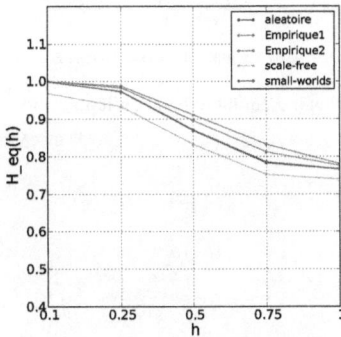

(a) VERSION DE CONNEXION 1   (b) VERSION DE CONNEXION 2

FIGURE 4.7: Evolution de l'homophilie à l'équilibre en fonction de la tolérance moyenne.

TEMPS DE RELAXATION - INDEX DE TOLÉRANCE

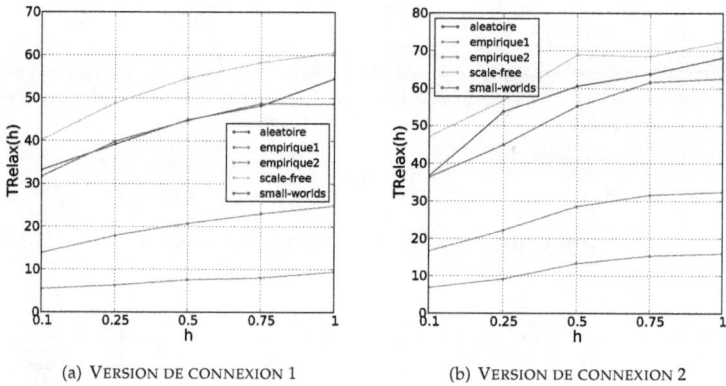

(a) VERSION DE CONNEXION 1   (b) VERSION DE CONNEXION 2

FIGURE 4.8: Temps de relaxation pour atteindre l'état d'équilibre homophilique en fonction de la tolérance moyenne

EVOLUTION DU DEGRÉ PAR TOPOLOGIE

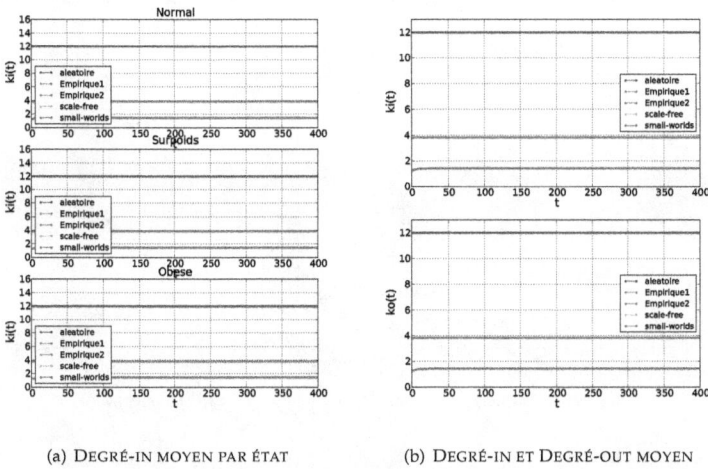

(a) DEGRÉ-IN MOYEN PAR ÉTAT   (b) DEGRÉ-IN ET DEGRÉ-OUT MOYEN

FIGURE 4.9: *(a) Gauche :* Evolution dans le temps du "degré-in" par état en fonction du temps, par topologie de réseau étudié, avec la probabilité de connexion version 1 et un index de tolérance moyenne de 0.25 *(b) Droite :* Evolution dans le temps du "degré-in" et du "degré-out" moyen sur les états, par topologie de réseau étudié, avec la probabilité de connexion version 1 et un index de tolérance moyenne de 0.1.

DISTRIBUTION "DEGRÉ-IN"

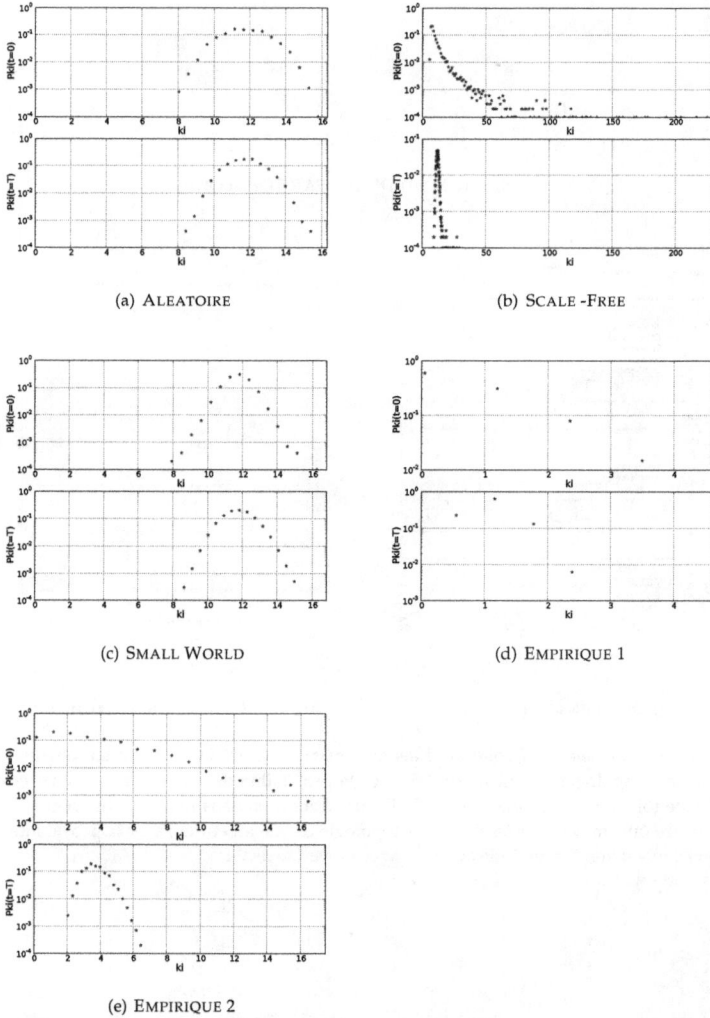

(a) ALEATOIRE

(b) SCALE -FREE

(c) SMALL WORLD

(d) EMPIRIQUE 1

(e) EMPIRIQUE 2

FIGURE 4.10: En haut, la distribution initiale de "degré-in" et, en bas, les distributions finales du "degré-in", pour chaque topologie de réseau étudiée, avec la probabilité de connexion version 1 et un index de tolérance moyenne de 0.1.

COEFFICIENT D'AGRÉGATION MOYEN EN FONCTION DU TEMPS PAR TOPOLOGIE
DE RÉSEAU

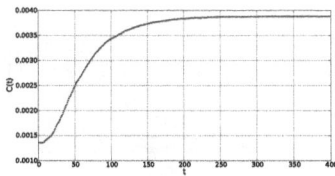

(a) ALEATOIRE

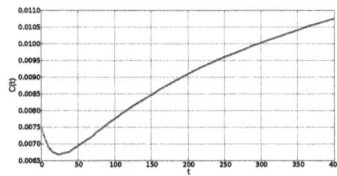

(b) SCALE -FREE

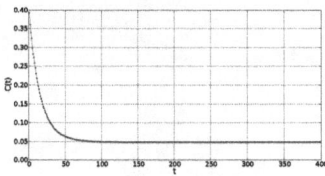

(c) SMALL WORLD

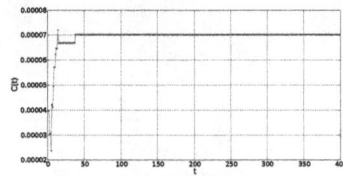

(d) EMPIRIQUE 1

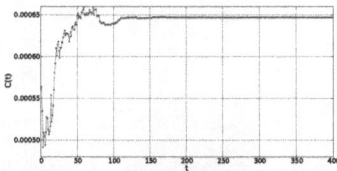

(e) EMPIRIQUE 2

FIGURE 4.11: Evolution du coefficient d'agrégation moyen par topologie de réseau étudiée, avec la probabilité de connexion version 1 et un index de tolérance moyenne de 0.1.

COEFFICIENT D'AGRÉGATION MOYEN PAR ÉTATS EN FONCTION DU TEMPS PAR
TOPOLOGIE DE RÉSEAU

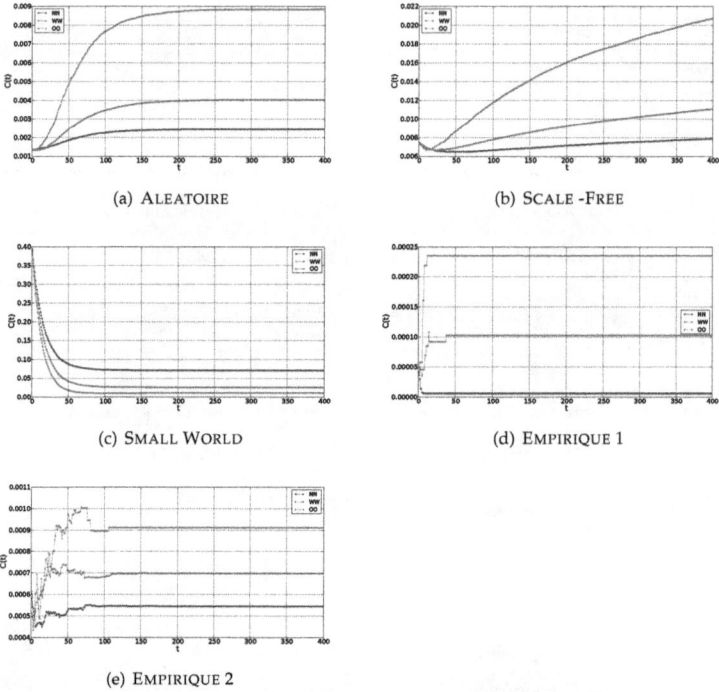

(a) ALEATOIRE

(b) SCALE -FREE

(c) SMALL WORLD

(d) EMPIRIQUE 1

(e) EMPIRIQUE 2

FIGURE 4.12: Evolution du coefficient de clustering moyen par états en fonction du temps,
par topologie de réseaux étudiés, avec la probabilité de connexion version 1 et un indice
de tolérance moyenne de 0.1.

COEFFICIENT D'ASSOCIATIVITÉ MOYEN EN FONCTION DU TEMPS PAR TOPOLOGIE
DE RÉSEAU

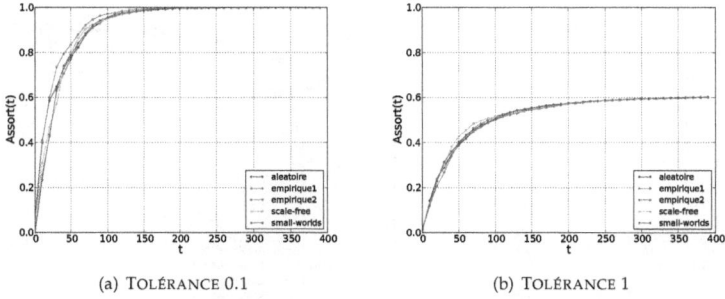

(a) TOLÉRANCE 0.1

(b) TOLÉRANCE 1

FIGURE 4.13: Evolution du coefficient d'associativité moyen en fonction du temps, par topologie de réseau étudiée, avec la probabilité de connexion version 1 et 3 et une prévalence de l'obésité de 14.5%.

COEFFICIENT D'ASSOCIATIVITÉ INITIAL ET FINAL EN FONCTION DE LA
TOLÉRANCE PAR TOPOLOGIE DE RÉSEAU

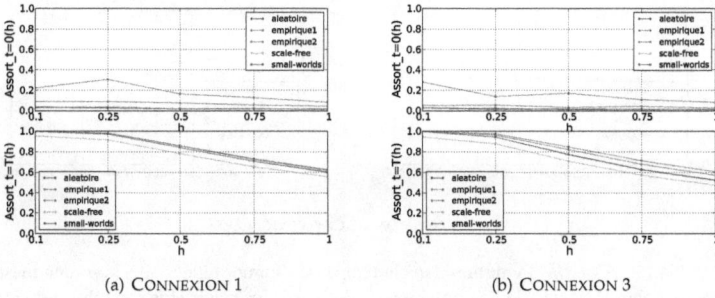

(a) CONNEXION 1

(b) CONNEXION 3

FIGURE 4.14: Evolution du coefficient d'associativité moyen en fonction de la tolérance, par topologie de réseau étudiée, avec la probabilité de connexion version 1 et 3 et une prévalence de l'obésité de 14.5%. *En haut* l'associativité au temps initial et *en bas* au temps final.

DYNAMIQUE HOMOPHILIQUE TOTALE
PREVALENCE 14.5   PREVALENCE 29

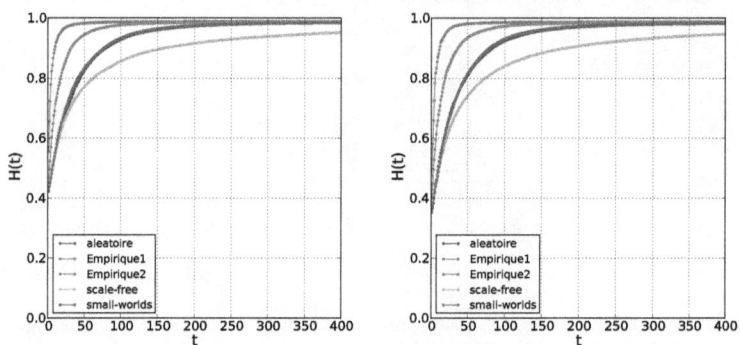

(a) VERSION DE CONNEXION 1

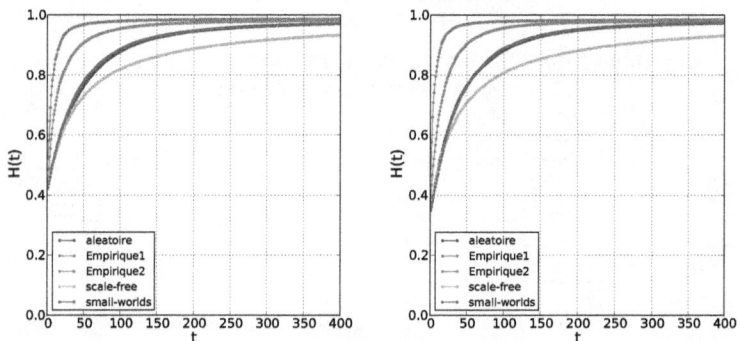

(b) VERSION DE CONNEXION 2

FIGURE 4.15: *A gauche*, Evolution dans le temps de l'homophilie totale, avec une prévalence de l'obésité égale à 14.5%, un surpoids de 31.9% des sujets et le reste des individus
en état normal. *A droite*, Evolution dans le temps de l'homophilie totale avec une prévalence de l'obésité égale à 29.0%, un surpoids de 31.9% des sujets et le reste des individus
en état normal. Chaque file de graphiques montre les différentes versions 1,2, vues dans
les équations 4.2, 4.3 de probabilité de connexion.

DYNAMIQUE HOMOPHILIQUE PAR ÉTATS

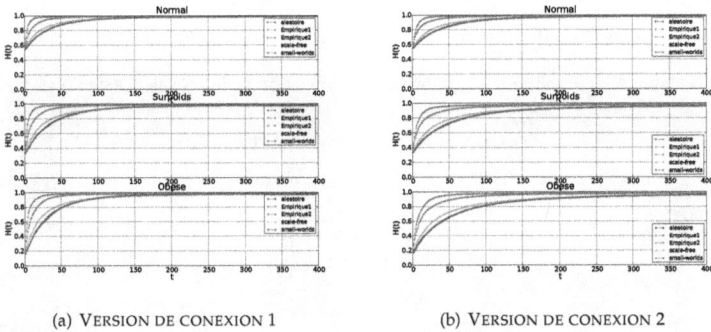

(a) VERSION DE CONEXION 1   (b) VERSION DE CONEXION 2

FIGURE 4.16: Evolution dans le temps de l'homophilie totale avec une prévalence de l'obésité égale à 14.5%, un surpoids de 31.9% des sujets et le reste des individus en état normal et avec une version de probabilité de connexion donnée.

HOMOPHILIE A L'EQUILIBRE - PRÉVALENCE

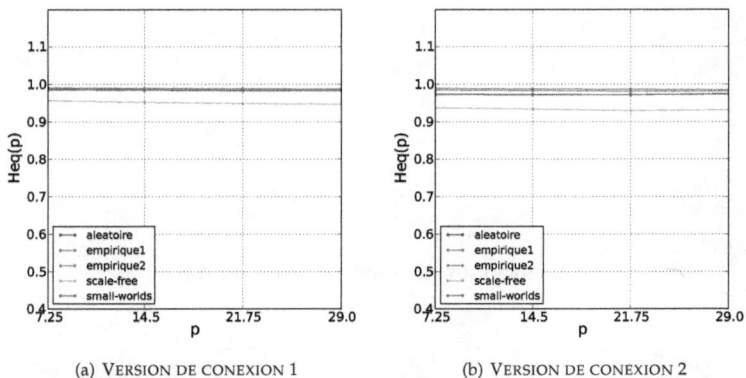

(a) VERSION DE CONEXION 1   (b) VERSION DE CONEXION 2

FIGURE 4.17: Evolution de l'homophilie en fonction de la prévalence de l'obésité.

TEMPS DE RELAXATION - PRÉVALENCE

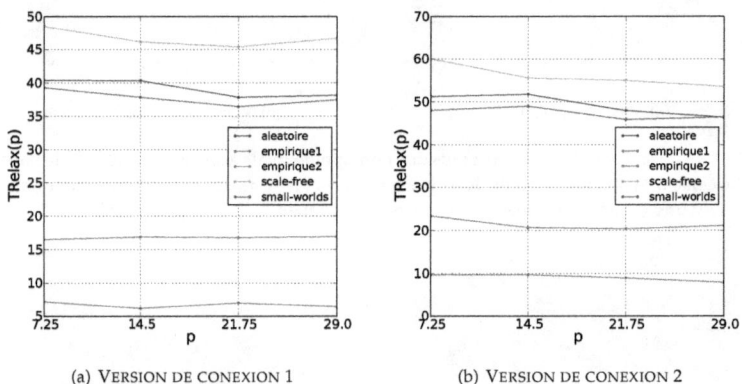

(a) VERSION DE CONEXION 1   (b) VERSION DE CONEXION 2

FIGURE 4.18: Temps de relaxation pour atteindre l'état d'équilibre homophilique en fonction de la prévalence de l'obésité.

En mesurant seulement l'homophilie moyenne du système et l'homophilie par
état, on ne peut pas distinguer des comportements caractéristiques par topologie. L'homophilie moyenne évolue de la même manière sur toutes les topologies.

Pour trouver les particularités topologiques dans l'homophilie, nous allons regarder plus en détail les propriétés topologiques classiques comme le degré, le coefficient d'agrégation et l'associativité. Nous pouvons voir dans les figures 4.21 et 4.22 l'impact qu'a la dynamique homphilique et la prévalence sur le coefficient d'associativité.

4.5.3.2 La structure des réseaux

EVOLUTION DU DEGRÉ PAR TOPOLOGIE

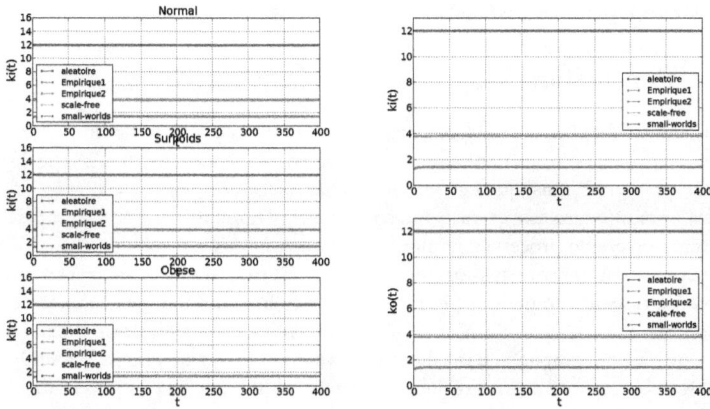

(a) DEGRÉ-IN MOYEN PAR ÉTAT   (b) DEGRÉ-IN ET DEGRÉ-OUT MOYEN

FIGURE 4.19: *(a) Gauche :* Evolution dans le temps du "degré-in" moyen par état en fonction du temps, par topologie de réseau étudié, avec la probabilité de connexion version 2 et une distribution d'IMC (avec 14,5 % des individus obèses, 31,9% en surpoids et le reste en état normal) *(b) Droite :* Evolution dans le temps du "degré-in" et du "degré-out" moyen sur les états, par topologie de réseau étudié, avec la probabilité de connexion version 2 et une distribution d'IMC (avec 14,5 % des individus obèses, 31,9% en surpoids et le reste en état normal).

4.6   Discussion

Nous avons mis en évidence le fait que la vitesse d'atteinte d'un état d'équilibre homophilique dépend de la topologie du réseau et de la tolérance, ce qui implique donc que la topologie et la tolérance influent sur le temps nécessaire pour arriver à l'état d'équilibre. Par contre, la valeur à l'équilibre ne dépend pas de la topologie du réseau. L'architecture finale des réseaux est caractérisée par un maximum d'homophilie et une ségrégation de groupes dépendant de l'état individuel. La valeur de l'homophilie ne dépend pas de la prévalence. La distribution du degré ne change pas après application de la dynamique homophilique, par contre, dans le réseau petit monde, le coefficient d'agrégation, tous états confondus, diminue, mais le coefficient d'agrégation par état, lui, augmente.

4.7   Conclusion

Dans ce chapitre, l'étude par simulation de l'évolution de l'homophilie, en fonction de la topologie du réseau, de la prévalence de l'obésité et de l'indice de tolérance moyenne, ainsi que l'évolution des paramètres principaux d'un réseau social d'obèses (degré moyen par état, coefficients d'agrégation,...) nous ont permis de montrer que le processus homophilique donnait des résultats en accord avec les observations (encore insuffisantes) de la littérature. L'obtention d'une structure finale de réseau, évoluant sur le mode homophilique, permet de résumer l'évolution des états des individus et de leurs liens, dans une architecture d'équilibre, qui pourra être comparée, dans des études ultérieures sur de grands échantillons d'obèses, à des architectures réelles, permettant ainsi deux actions importantes :

– la validation de la démarche homophilique,
– l'identification de la typologie initiale sous-jacente au processus homophilique,
– l'estimation des paramètres principaux du réseau, qui ne sont pas directement mesurables.

DISTRIBUTION "DEGRÉ-IN"

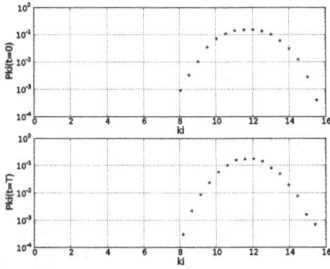

(a) ALEATOIRE

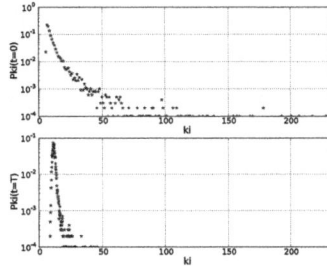

(b) SCALE -FREE

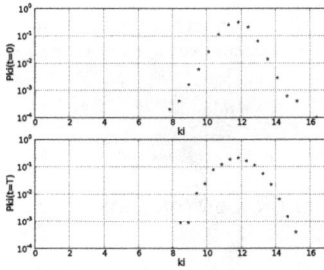

(c) SMALL WORLD

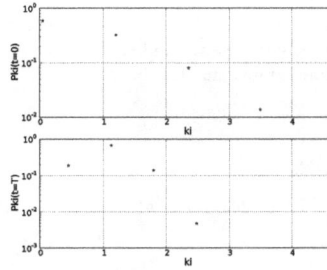

(d) EMPIRIQUE 1

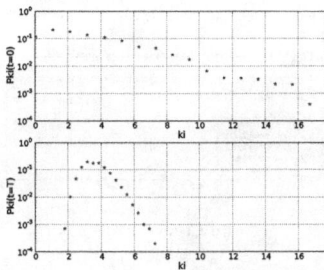

(e) EMPIRIQUE 2

FIGURE 4.20: En haut, la distribution initiale de "degré-in" et, en bas, les distributions finales du "degré-in", pour chaque topologie de réseau étudiée, avec la probabilité de connexion version 1 et une distribution d'IMC (avec 14,5 % des individus obèses, 31,9% en surpoids et le reste en état normal).

COEFFICIENT D'ASSOCIATIVITÉ MOYEN EN FONCTION DU TEMPS

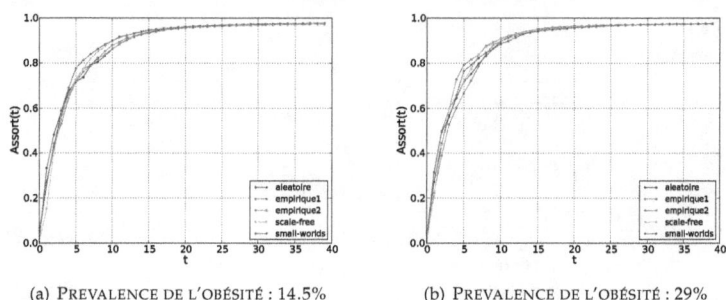

(a) PREVALENCE DE L'OBÉSITÉ : 14.5%   (b) PREVALENCE DE L'OBÉSITÉ : 29%

FIGURE 4.21: Evolution du coefficient d'associativité moyen en fonction du temps, par topologie de réseau étudiée, avec la probabilité de connexion version 1 et un indice de tolérance moyenne de 0.25.

COEFFICIENT D'ASSOCIATIVITÉ INITIAL ET FINAL EN FONCTION DE LA PRÉVALENCE

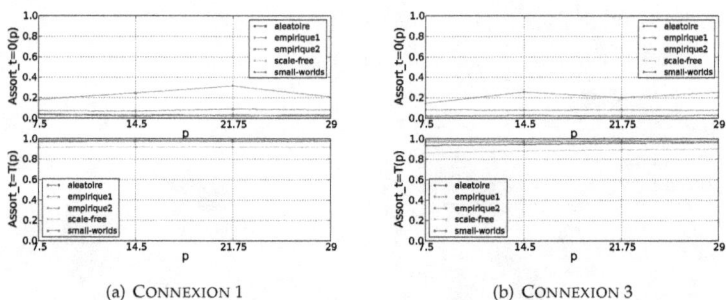

(a) CONNEXION 1   (b) CONNEXION 3

FIGURE 4.22: Evolution du coefficient d'associativité moyen en fonction de la prévalence de l'obésité, par topologie de réseau étudiée, avec la probabilité de connexion version 1 et 3 et un indice de tolérance moyenne de 0.25. *En haut* l'associativité au temps initial et *en bas* au temps final.

Résumé du chapitre:

En résumé, les calculs que nous avons faits pour chaque topologie de réseaux correspondent aux étapes suivantes :

- L'évolution, en fonction du temps, de l'homophilie totale par état, c'est-à-dire l'évolution des liens SS, WW, OO en fonction du temps.
- L'évolution, en fonction de l'indice de tolérance moyenne, de l'homophilie à l'équilibre et du temps de relaxation du système, donc l'étude de l'impact de l'indice de tolérance moyenne sur la dynamique homophilique.
- L'évolution, en fonction de la distribution de l'indice de masse corporelle, de l'homophilie à l'équilibre et du temps de relaxation du système, donc l'étude de l'impact de l'indice de l'IMC sur la dynamique homophilique.
- Les variations, introduites par le processus d'homophilie, du degré moyen et de la distribution du degré, conduisant à la comparaison des distributions du degré initiale et finale.
- Les variations, introduites par le processus d'homophilie, du degré moyen par état.
- Les variations, introduites par le processus d'homophilie, du coefficient d'agrégation moyen
- Les variations, introduites par le processus d'homophilie, du coefficient d'agrégation moyen par état.
- Les variations, introduites par le processus d'homophilie, du coefficient d'associativité moyen.

CHAPITRE 5

Modélisation de la Propagation de l'Obésité dans les Réseaux Sociaux

Sommaire

5.1 Introduction 138
5.2 Description du système général 138
5.3 Modèle conceptuel 139
    5.3.1 Mécanismes qui influencent la propagation 140
        5.3.1.1 Force Exogène 141
        5.3.1.2 Force Endogène 141
5.4 Simulation du modèle 142
    5.4.1 Les hypothèses présentes dans notre modèle 142
5.5 Méthodes d'analyse et résultats 144
    5.5.1 Effet de la force Exogène homogène sur la propagation de l'obésité 145
        5.5.1.1 La Prévalence 145
        5.5.1.2 L'Incidence 146
        5.5.1.3 Le système à l'équilibre 147
    5.5.2 Effet de la force Endogène sur la propagation de l'obésité . . . 149
        5.5.2.1 La Prévalence 149
        5.5.2.2 L'Incidence 151
        5.5.2.3 Le système avant et après application de la force Endogène 151
        5.5.2.4 Le système à l'équilibre 152
    5.5.3 Effet de l'influence sociale (endogène et exogène) sur la propagation de l'obésité 154
        5.5.3.1 La Prévalence 154
        5.5.3.2 L'Incidence 154
5.6 Discussion 162
5.7 Conclusion 162

Dans ce chapitre, nous montrons comment nous avons modélisé la propagation de l'obésité dans des réseaux sociaux par : i) la conceptualisation du problème, avec les expressions mathématiques des paramètres et les probabilités de transition relevantes et ensuite par : ii) des illustrations résultant des simulations numériques.

5.1 Introduction

L'objectif de ce chapitre est d'étudier le processus de diffusion de l'obésité dans une structure sociale donnée. Cette structure peut être construite, comme nous l'avons vu dans le chapitre 3 précédent, en utilisant les réseaux sociaux, mais aussi en distinguant différents niveaux environnementaux, comme cela a été présenté dans la section 1.3.2. De plus, nous pouvons considérer une structure sociale statique, en nous référant au chapitre 3, ou bien dynamique, en nous référant au chapitre 4. Comme nous l'avons vu dans ce dernier chapitre, les réseaux pourront être modifiés sous l'effet de la propagation ou de tout autre processus, comme l'homophilie, présent dans les réseaux et qui déformera ensuite la propagation. Par exemple, nous pouvons raisonnablement estimer qu'il y a des individus dont l'état est particulièrement sensible à certaines influences du milieu, qui peuvent changer de comportement alimentaire, devenant ainsi à risque pour l'obésité. Etant donné leur changement d'état, de tels individus pourront être amenés à rejoindre de nouveaux groupes sociaux (en cherchant des individus qui leur ressemblent, suivant ainsi une dynamique homophilique), qui, en retour, amèneront de nouvelles relations (changement de la structure du réseau). Ainsi, nous pouvons mettre en évidence une variation endogène, à la fois des agents et des relations sociales, sous l'action des interactions entre agents au sein du réseau. La dynamique de propagation est, par ailleurs, également affectée par des actions exogènes, c'est-à-dire par des changements globaux dans le réseau (par exemple dus à l'environnement), c'est-à-dire que les nœuds peuvent se trouver sujets à des variations temporelles : par exemple, les attributs de l'état des nœuds peuvent varier dans le temps, en fonction des relations entretenues avec les autres nœuds du réseau, ainsi que de la structure même de la classe socio-économique à laquelle appartiennent ces nœuds. On peut considérer enfin que le comportement d'un individu dépend d'un ensemble d'individus lointains (niveau macro), avec lesquels il partage, dans le cadre de politiques publiques communes, par exemple des moyens de communication, comme dans le cas des individus d'un même pays et/ou d'une même langue. Cette approche multi-échelle met en évidence la nécessité d'inclure les dynamiques de chaque échelle, pour mieux rendre compte de l'évolution de l'obésité dans une structure sociale donnée. Il est indispensable d'inclure, d'une part, les influences inter-individuelles, mais aussi les relations indirectes avec l'environnement qui entourent les individus. Dans ce chapitre, il s'agit d'évaluer l'impact de ces influences sur l'augmentation de l'obésité.

5.2 Description du système général

Nous avons défini deux types de modèles stochastiques en parallèle : un modèle épidémiologique à compartiments (type champ moyen) et un modèle individu-centré, dans le cadre d'un réseau, avec les étapes suivantes :

1. Elaboration des règles de "transition ", pour chaque individu au cours du temps.

2. Prise en compte d' "influences " de type environnement - individu (global) et individu - individu (local), suivant les règles :
   - On définit une probabilité de persistance (ou de suivi), pour un effet exogène homogène à risque et pour un effet exogène homogène protecteur.
   - On définit une probabilité de persistance (ou de suivi) pour un effet endogène homogène à risque et pour un effet endogène homogène protecteur. On mesure pour cela :
     - l'impact de la pression exogène homogène (à risque et protectrice) sur la variation temporelle de l'obésité, c'est-à-dire le taux de croissance de l'obésité dans la population.
     - l'impact d'interactions inter-individuelles (pression endogène homogène à risque et protectrice) sur la variation temporelle de l'obésité.
     - l'impact relatif des interactions endogènes et exogènes, prenant ainsi en compte, dans un réseau social donné, le poids relatif des causes endogènes et exogènes dans la propagation de l'obésité.

3. Définition de la structure du réseau, à partir d'une topologie initiale. Nous avons ainsi considéré les cinq topologies de réseau social étudiées dans le chapitre 3 et mesuré le rôle de la structure du réseau social dans la propagation de l'obésité.

4. Elaboration des règles d' "évolution " de la structure du réseau, comme nous les avons étudiées dans le chapitre 4.

5.3   Modèle conceptuel

En accord avec les déterminants génétiques ou physiologiques de l'obésité étudiés dans les parties 1.3.1.2 et 1.3.1.3 de cette thèse, nous avons défini une population de N individus, subdivisée en deux sous-populations en interaction de taille respective N_1 et N_2 : ainsi, la quantité totale d'individus est supposée constante égale à $N = N_1 + N_2$. La population 1 est non prédisposée à l'obésité et la population 2 est génétiquement ou physiologiquement susceptible ou prédisposée à l'obésité. Ainsi, seuls les individus de la population 2 peuvent arriver à l'état obèse. L'état obèse n'est pas irréversible, mais chaque fois que les individus deviennent obèses, ils augmentent la probabilité de rester dans cet état et de ne pas pouvoir en sortir. La dimension temporelle, pour la compréhension des états individuels et leurs variations, assure une forme de continuité, en offrant un contexte au-delà du lieu et du moment précis de l'interaction dans laquelle les individus s'engagent. Notre objectif est de rester fidèle à cet impératif de suivi longitudinal des relations individuelles, sous l'hypothèse que celles-ci peuvent induire une transformation corporelle ou non. Nous avons défini quatre états possibles pour chaque individu i, basés sur l'indice de masse corporelle :

- Susceptible (S_i) : individu de poids normal (en équilibre énergétique), qui est susceptible de changer d'état, suite à une exposition à des comportements à risque.
- Exposé ou latent (E_i) : individu de poids normal (en équilibre énergétique) ayant des comportements à risque.
- Surpoids (W_i) : individu en surpoids (en déséquilibre énergétique positif) pouvant rétablir son équilibre énergétique ou accentuer son déséquilibre énergétique
- Obèse (O_i) : individu obèse (en équilibre ou en déséquilibre énergétique positif) demeurant dans ce stade

Ainsi, notre système est composé de 4 compartiments [1] ou groupes caractéristiques d'individus. Le schéma du modèle compartimental de la figure 5.1 montre que les individus appartenant à l'une ou l'autre sous-population subissent des transitions entre les quatre états, dues aux pressions socio-environnementales (à 3 niveaux différents : micro, méso et macro))

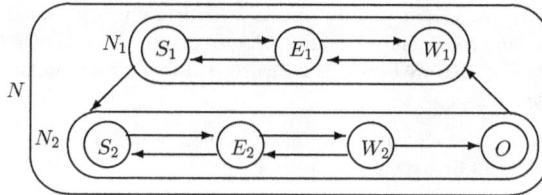

FIGURE 5.1: Schéma compartimental de la population, dans les états susceptible (S_i), exposé (E_i), surpoids (W_i) et obèse (O_i), et transition entre les états. Les flèches horizontales représentent les transitions entre les états et les flèches obliques entre les cadres indiquent des interactions entre les populations N_1 et N_2.

5.3.1 Mécanismes qui influencent la propagation

Les mécanismes qui influencent la propagation, nous allons les appeler forces, en distinguant 2 types de forces : la force Endogène et la force Exogène. Plus spécifiquement, nous avons défini les forces suivantes :

---

1. Si nous prenons les termes utilisés dans le modèle à compartiments le plus simple SI, nous pouvons dire que nous avons divisé la population en 2 classes épidémiologiques : les individus susceptibles d'être infectés et ceux qui sont infectieux (les individus latents, surpoids et obèses)

5.3.1.1   Force Exogène

Nous décrirons la force Exogène comme étant l'influence que chaque individu reçoit de son milieu (force globale). La force Exogène est de deux types :

- Force Exogène homogène : c'est une force qui qui affecte de la même manière toute la population (constante et identique pour tous). Par exemple, si notre population est un pays, une force Exogène homogène pourrait être exercée par les moyens de communication ou par les politiques de l'état. Cette force ne prend pas en compte les relations qu'ont les individus entre eux, c'est-à-dire le réseau social sous-jacent, ni les caractéristiques liées à la proximité géographique ou sociale, i.e., le quartier.
- Force Exogène hétérogène : c'est une force que touche de façon différente une certaine partie de la population. Cette force peut être conçue comme contextuelle ou de proximité sociale, comme l'influence exercée sur tous les individus qui sont dans un même quartier ayant des caractéristiques communes urbaines, mais aussi socio-économiques, culturelles, etc. Un espace d'influence peut-être ainsi constitué par l'ensemble des immeubles, des offres alimentaires et des activités physiques et culturelles, dans lequel les individus vivent. Les variations de l'état épidémiologique des individus relatif à l'obésité seront affectées par l'influence du milieu dans lequel ils sont immergés et résumées par une force Exogène hétérogène. Cette force dynamique évolue au cours de temps, en relation avec les changements d'état des individus vivant dans l'espace considéré. Dans un premier temps, nous prendrons seulement en considération dans le modèle une force Exogène homogène, constante et identique pour l'ensemble des individus : la probabilité de persistance (ou de survie) correspondante est notée q_+, pour un effet positif, donc à risque, et q_-, pour un effet négatif, dont protecteur.

5.3.1.2   Force Endogène

Les individus sont immergés dans un système social, dans lequel ils sont liés à d'autres individus. Ainsi, les individus peuvent être influencés par leurs voisins et peuvent aussi, en retour, influencer ceux-ci. Nous décrirons la force Endogène comme étant l'influence que chaque individu reçoit de ses voisins (force locale). Nous pouvons aussi définir une force Endogène homogène, dans laquelle les types de liens existant entre deux agents ne sont pas différenciés, et une force Endogène hétérogène, dans laquelle nous pouvons prendre en compte différent types de relations, donc d'influence, comme les relations de famille, d'amitié, de travail et de voisinage proche, entre autres. Si on considère une force Endogène homogène, nous supposerons que tous les individus reçoivent de leurs voisins la même influence et aussi que tous les individus influencent de la même manière leurs voisins. La pression endogène locale dépend des (plus proches) contacts entre individus, i.e., provenant du voisinage individuel. La probabilité de persistance (ou de survie) correspondante est la proportion de voisins non susceptibles, dont latents, surpoids ou obèses, pour un effet à risque, et la proportion des voisins susceptibles, pour un effet protecteur. Dans un premier temps, nous prendrons seulement en considération dans le modèle une force Endogène homogène.

En considérant les forces Endogène et Exogène, les probabilités totales de persistance (ou de survie) dues à la pression sociale, respectivement à risque (u_i) et protectrice (v_i), sont pour un individu i, données par :

$$u_i = [\omega[(k_i - n_i)/k_i] + (1 - \omega)q_+] \qquad (5.1)$$
$$v_i = [\omega(n_i/k_i) + (1 - \omega)q_-] \qquad (5.2)$$

où k_i représente le nombre total de voisins, n_i le nombre de voisins susceptibles et ω est le poids de l'influence endogène

Le tableau 5.1 spécifie les différents paramètres que nous allons utiliser pour le protocole de simulation.

5.4 Simulation du modèle

Notre objectif étant de comparer le processus de propagation de l'obésité pour les différents modèles de réseau, nous cherchons à définir une modèle de simulation aussi basique que possible, en effectuant les calculs :

1. Pour chaque pas de temps $t \in T$.

2. Pour chaque nœud i des populations de taille N_1 ou N_2 dans un état donné (S, E, W, O).

3. On calcule la proportion de liens sortant du nœud i pour aller vers un nœud non susceptible $(k_i - n_i)/k_i$ et la proportion de liens sortant du nœud pour aller vers un nœud susceptible (n_i/k_i). Chaque nœud i est caractérisé par son état corporel et sa proportion de voisins susceptibles ou non susceptibles.

5.4.1 Les hypothèses présentes dans notre modèle

Nous voulons représenter les influences subies par les individus au cours du temps à travers deux forces, une à risque et une protectrice, qui vont agir sur les individus qui sont dans un état susceptible ou non susceptible respectivement. La force à risque joue un rôle seulement pour les individus susceptibles en les amenant vers des états non susceptibles, c'est-à-dire que l'unique impact de la force à risque est de provoquer le changement d'état du susceptible vers le non susceptible. La force négative agit sur les états non susceptibles. Si, dans le système, il n'y a pas de force négative, seuls les individus susceptibles pourront changer d'état,

Symbole	Définition	Test1
s_1	durée moyenne de persistance en E	$e^{-12/T}$
s_2	durée moyenne de persistance en W	$e^{-18/T}$
s_3	durée moyenne de persistance en O	$e^{-\tau/T}$
τ	constante de temps de la persistance en O	$12 + \varrho$
ϱ	temps de persistance dans l'état O	ϱ
x	% Population *obésable*	0.35
y	Proba de transition de W vers O	0.5
q_+	Proba de survie exogène à risque	$[0, 1]$
q_-	Proba de survie exogène protectrice	$[0, 1]$
Δt	pas de temps (mois)	1
T	durée de la simulation (mois)	200
ω	poids de l'influence endogène	0.8
S_{1,t_0}	% pop. 1 S initiale	$(100 - x) * 100$
S_{2,t_0}	% pop. 2 S initiale	$99 * x$
$E_{1,t_0} = W_{1,t_0}$	% pop.1 E et W initiale	0.
$E_{2,t_0} = W_{2,t_0}$	% pop. 2 E et W initiale	0.
O_{t_0}	% population O initiale	$(1 * x)$
M	nombre de simulations	20
N	nombre d'agents	10000

TABLE 5.1: : Définition et valeurs des paramètres

du fait de la force à risque. Dans le cas où la force négative provoque un changement d'état chez les individus non susceptibles, ce changement peut conduire progressivement à un état d'obésité, par exemple en faisant passer du latent au surpoids, si la force négative existe, mais est faible, ou à un état plus grave, si la force négative est élevée. Dans le cas d'une influence endogène, si nous n'avons pas de population susceptible, le système restera stable, étant donné que il n'y aura pas de force présente pour faire changer les individus d'états. Dans le cas de forces exogènes, nous croyons que les individus sont sous influences à risque et protectrice (positive et négative) permanentes, sans savoir à quel niveau, et nous allons étudier l'impact des différentes valeurs de ces forces. Dans cette partie 5, nous présentons un modèle préliminaire, qui pourra être amélioré en introduisant différentes variables, comme par exemple la distribution démographique de la population en classes d'âge et de sexe, un seuil individuel de tolérance à l'influence et une hétérogénéité dans la force Exogène, entre autres.

Etat	Pression sociale	Probabilités	Transition
S_1	$+$	u	$\begin{cases} r \geq u & ; \quad \text{stop (pas de changement d'état)} \\ r < u & ; \qquad\qquad S_1 \to E_1 \end{cases}$
S_2	$+$	u	$\begin{cases} r \geq u & ; \quad \text{stop} \\ r < u & ; \quad S_2 \to E_2 \end{cases}$
E_1	$-$	s_1, v	$\begin{cases} r \geq vs_1 & ; \qquad\qquad \text{stop} \\ r < vs_1 \text{ et } z \leq v & ; \quad S \leftarrow E_1 \\ r < vs_1 \text{ et } z > v & ; \quad E_1 \to W_1 \end{cases}$
E_2	$-$	s_1, v	$\begin{cases} r \geq vs_1 & ; \qquad\qquad \text{stop} \\ r < vs_1 \text{ et } z \leq v & ; \quad S \leftarrow E_2 \\ r < vs_1 \text{ et } z > v & ; \quad E_2 \to W_2 \end{cases}$
W_1	$-$	s_2, v	$\begin{cases} r \geq vs_2 & ; \quad \text{stop} \\ r < vs_2 & ; \quad E_1 \leftarrow W_1 \end{cases}$
W_2	$-$	s_2, v, y	$\begin{cases} r \geq vs_2 & ; \qquad\qquad \text{stop} \\ r < vs_2 \text{ et } z \leq yv & ; \quad E_2 \leftarrow W_2 \\ r < vs_2 \text{ et } z > yv & ; \quad W_2 \to O \end{cases}$
O	$-$	s_3, v	$\begin{cases} r \geq vs_3 & ; \quad \text{stop} \\ r < vs_3 & ; \quad W_2 \leftarrow O \end{cases}$

TABLE 5.2: : Règles de transition. Pour chaque individu i, le tableau ci-dessus donne les transitions possibles à chaque pas de temps, Δt, en fonction de l'état de l'individu. r et z sont nombres aléatoires $r, z \in [0, 1]$, $S = S_1 + S_2$, $E = E_1 + E_2$ et $W = W_1 + W_2$

5.5   Méthodes d'analyse et résultats

Dans cette partie, nous exposons les différentes analyses qui vont nous aider à comprendre une explication possible de l'augmentation actuelle de l'obésité due à l'influence sociale. Nous définissons l'influence sociale comme la probabilité qu'a un nœud d'être influencé par son entourage proche (force Endogène, définie dans la partie 5.3.1.2) et lointaine (force Exogène, définie dans la partie 5.3.1.1). Dans notre étude, cette influence fait spécifiquement référence à l'impact d'autrui, d'une part et principalement, sur la validation intersubjective de nos besoins nutritionnels et, d'autre part, sur nos habitudes (e.g., nos comportements alimentaires ou sportifs, entre autres). Dans cette analyse, nous nous intéressons à l'exploration des co-influences dues à l'environnement et à autrui, dans le comportement alimentaire d'un individu associé à l'obésité. Ainsi, nous étudions comment l'état corporel des nœuds peut être influencé et influencer à la fois ses voisins et son environnement. Pour nos calculs, nous prenons les réseaux orientés générés à partir du protocole présenté dans la partie 3.5.1, et nous simulons le processus de diffusion en suivant le modèle présenté en 5.4.

5.5.1   Effet de la force Exogène homogène sur la propagation de l'obésité

5.5.1.1   La Prévalence

Nous avons calculé la prévalence des états corporels, c'est-à-dire le nombre total d'individus dans chaque état, et cela en fonction du temps. Si nous supposons qu'il n'y a pas d'influence locale ou endogène, l'unique influence existant dans le système est l'influence globale, qui est la même pour tous les individus, sans prendre en compte son entourage, donc, dans ce cas, la topologie du réseau ne joue pas de rôle. Par contre, la probabilité de persistance à risque ou protectrice joue un rôle important dans la vitesse pour arriver à l'état d'équilibre. Nous présentons l'évolution de la prévalence sous l'impact des différentes forces, donc pour différentes valeurs de q_+ et q_- et pour une même topologie petit-monde (small-world). Au début, dans les figures 5.2 et 5.3, nous présentons l'effet qu'a une force à risque q_+ élevée et une force protectrice q_- plus faible en valeur absolue, et, dans les figures 5.4 et 5.5, nous présentons l'inverse.

Dans la figure 5.2, avec une force négative fixe et relativement faible, la force à risque a un impact sur la vitesse d'augmentation des états non susceptibles, comme aussi sur la diminution des susceptibles. Avec une force négative faible, la force à risque semble avoir un comportement à seuil pour la valeur 0.06, après laquelle l'impact sur les états non susceptibles est faible, voire nul. Avant d'arriver au seuil d'influence positive, nous pouvons constater que la vitesse d'augmentation de l'obésité, comme celle du surpoids, dépend de la force Exogène à risque.

Sur la figure 5.3, nous pouvons voir que la force à risque, après le seuil constaté dans la figure 5.2, n'a pas un impact important sur l'obésité, qui est à saturation, avec le nombre maximal d'obèses possibles dans le système. Par contre, l'augmentation de la force à risque a un impact sur la diminution des susceptibles. L'augmentation de la force négative montre, en bas de la figure 5.3, un impact sur l'état d'équilibre des susceptibles et sur le surpoids.

Sur la figure 5.4, nous pouvons voir l'impact d'une augmentation de la force négative sur l'état d'équilibre de tous les états corporels, montrant un rôle protecteur très claire de celle-ci. Dès que la force à risque commence à augmenter, cet effet protecteur diminue très vite : même avec une protection de 0.5 et une influence positive de 0.15, l'obésité arrive à l'état de saturation maximale du système. Sur la figure 5.5, avec une faible force à risque ($q_+ = 0.15$), nous voyons que la force négative doit être très élevée ($q_- > 0.75$), pour avoir un impact sur le temps de relaxation (ou de latence) du système à l'état d'équilibre.

FORCE EXOGÈNE

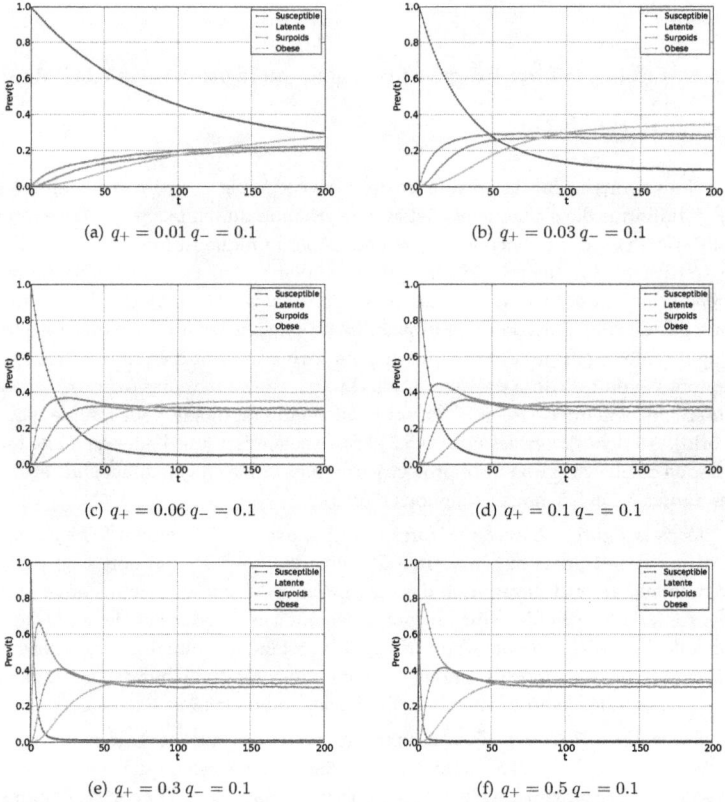

(a) $q_+ = 0.01\ q_- = 0.1$

(b) $q_+ = 0.03\ q_- = 0.1$

(c) $q_+ = 0.06\ q_- = 0.1$

(d) $q_+ = 0.1\ q_- = 0.1$

(e) $q_+ = 0.3\ q_- = 0.1$

(f) $q_+ = 0.5\ q_- = 0.1$

FIGURE 5.2: : Evolution de la prévalence en fonction du temps, pour des réseaux aléatoires de 10000 nœuds chacun, avec une force Exogène à risque q_+ croissant de 0.01 à 0.5 et une force Exogène protectrice faible, pour comparer l'impact de la force à risque.

5.5.1.2   L'Incidence

Nous avons calculé l'incidence des états corporels, donc le nombre des nouveaux cas en fonction du temps. De même que pour la prévalence, en considérant que la force Exogène ne prend pas en compte la topologie du réseau, nous allons présenter, pour analyser l'impact de cette force sur la vitesse de diffusion et sur l'état d'équilibre, l'évolution en fonction du temps de l'incidence sur la figure 5.6,

FORCE EXOGÈNE

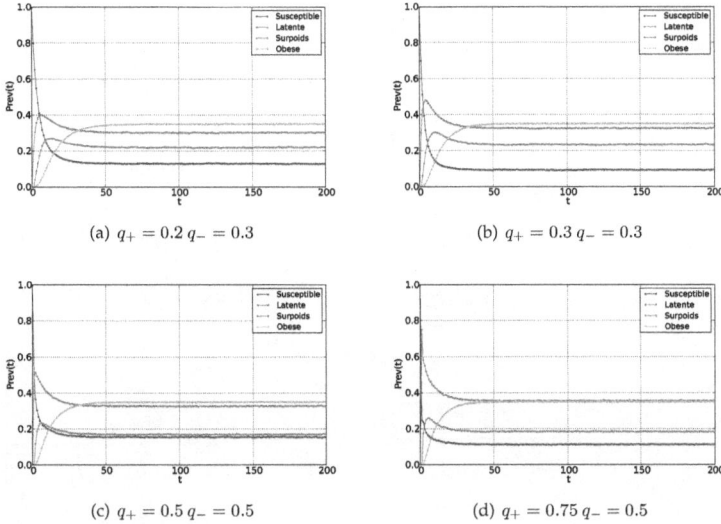

(a) $q_+ = 0.2\ q_- = 0.3$　　　　　　　　(b) $q_+ = 0.3\ q_- = 0.3$

(c) $q_+ = 0.5\ q_- = 0.5$　　　　　　　　(d) $q_+ = 0.75\ q_- = 0.5$

FIGURE 5.3: : Evolution de la prévalence en fonction du temps, pour des réseaux aléatoires ayant 10000 nœuds chacun, avec une force Exogène à risque et une force Exogène protectrice de valeurs diverses, afin de comparer leur impact

à différentes valeurs possibles de q_+ et q_- et pour une topologie petit-monde.

Sur la figure 5.6, nous pouvons voir une croissance constante de l'obésité avec une force Exogène négative faible ; par contre, dès que la force négative augmente, ce sont les états non obèses qui ont un croissance constante. Avec une force à risque élevée, l'obèse arrive à l'état de saturation très vite, donc cette force a un incidence nulle.

5.5.1.3　Le système à l'équilibre

Nous calculons la prévalence des états corporels à l'équilibre $Prev_{eq}$. La probabilité de devenir susceptible, latent, en surpoids ou obèse et le temps de relaxation du système (temps nécessaire pour arriver à l'équilibre).

Dans les figures 5.2 et 5.3, pour l'état obèse et avec une force Exogène à risque supérieure à 0.03 et des forces protectrices variant entre 0.1 et 0.5, nous trouvons un comportement à seuil, donc dans ce cas, les forces vont avoir un impact sur le temps nécessaire pour arriver à l'état d'équilibre, mais non sur l'état d'équilibre lui-même. Par contre, avec une force Exogène à risque $q_+ = 0.06$ et une force

FORCE EXOGÈNE

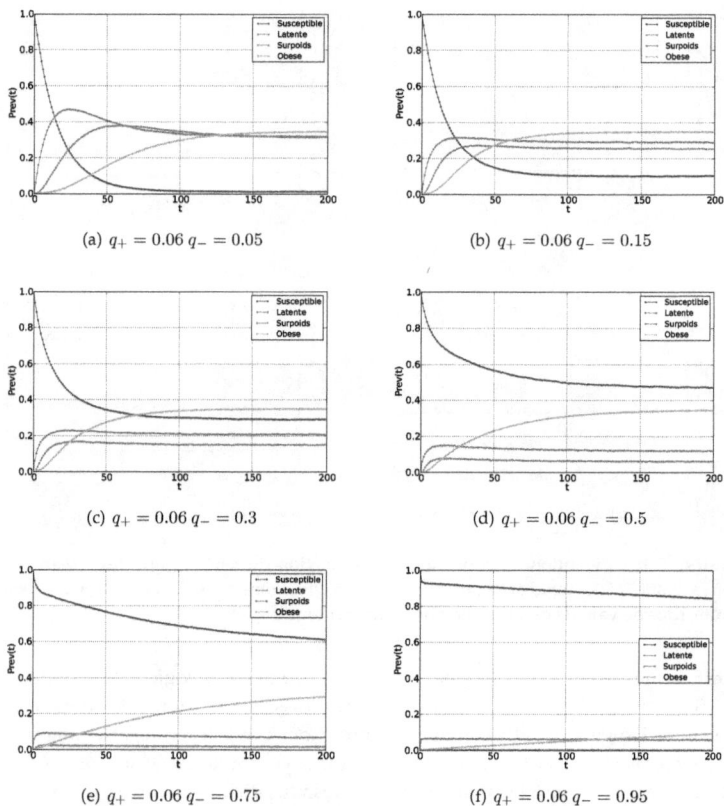

(a) $q_+ = 0.06 \; q_- = 0.05$

(b) $q_+ = 0.06 \; q_- = 0.15$

(c) $q_+ = 0.06 \; q_- = 0.3$

(d) $q_+ = 0.06 \; q_- = 0.5$

(e) $q_+ = 0.06 \; q_- = 0.75$

(f) $q_+ = 0.06 \; q_- = 0.95$

FIGURE 5.4: : Evolution de la prévalence en fonction du temps, pour des réseaux aléatoires ayant 10000 nœuds chacun, avec une force Exogène à risque fixe $q_+ = 0.06$, et des forces négatives variables.

protectrice supérieure à 0.5 (figure 5.4), l'état d'équilibre pour les obèses change légèrement. Pour les autres états non susceptibles, nous pouvons voir que l'état d'équilibre augmente proportionnellement à la force à risque (effet cascade), la valeur de l'augmentation dépendant de la force protectrice. Pour l'état susceptible, nous pouvons voir que l'état d'équilibre diminue proportionnellement à la force à risque, la valeur de la diminution dépendant de la force protectrice.

FORCE EXOGÈNE

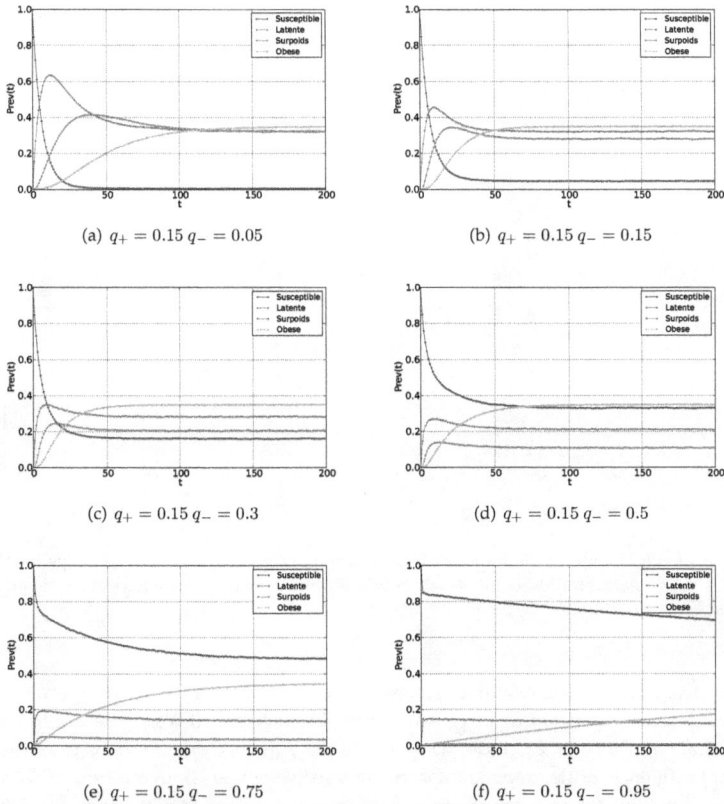

(a) $q_+ = 0.15 \; q_- = 0.05$

(b) $q_+ = 0.15 \; q_- = 0.15$

(c) $q_+ = 0.15 \; q_- = 0.3$

(d) $q_+ = 0.15 \; q_- = 0.5$

(e) $q_+ = 0.15 \; q_- = 0.75$

(f) $q_+ = 0.15 \; q_- = 0.95$

FIGURE 5.5: : Evolution de la prévalence en fonction du temps pour des réseaux aléatoires ayant 10000 nœuds chacun, avec une force Exogène à risque fixe $q_+ = 0.15$ et des forces négatives variables.

5.5.2 Effet de la force Endogène sur la propagation de l'obésité

5.5.2.1 La Prévalence

Nous avons calculé la prévalence des états corporels, donc le nombre total d'individus dans chaque état, en fonction du temps. La figure 5.8 présente l'évolution de la prévalence par topologie des réseaux étudiés, avec une influence endogène

FORCE EXOGÈNE

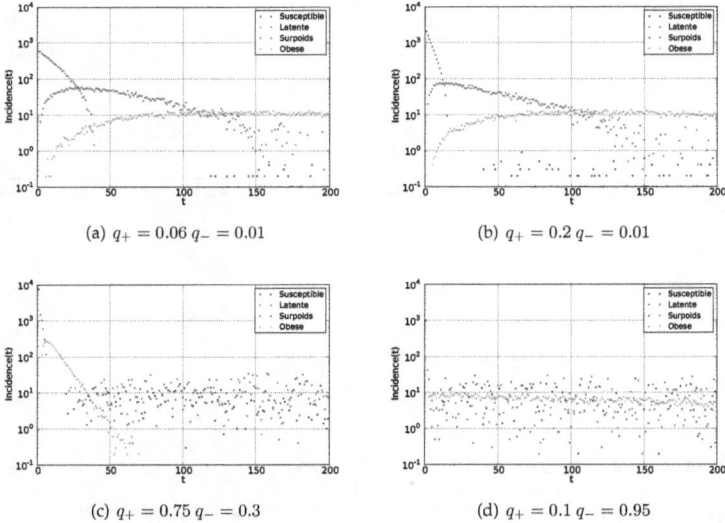

(a) $q_+ = 0.06 \ q_- = 0.01$ (b) $q_+ = 0.2 \ q_- = 0.01$

(c) $q_+ = 0.75 \ q_- = 0.3$ (d) $q_+ = 0.1 \ q_- = 0.95$

FIGURE 5.6: Evolution de l'incidence en fonction du temps, dans les différentes topologies des réseaux étudiés ayant 10000 nœuds chacun, avec des forces Exogène à risque et négatives variables.

positive (à risque) ou négative (protectrice) dépendant des états corporels du voisinage de chaque nœud du réseau étudié. Dans ce cas, Il n'y a pas d'influence globale ou exogène. Etant donné que l'unique influence existant dans le système est l'influence locale, dépendant donc du voisinage, nous pouvons nous attendre à ce que l'impact de la topologie soit très marquant dans la prévalence des différents états corporels. Or, nous ne trouvons pas de différences marquantes entre les topologies small-world, scale-free et aléatoire, tant pour l'état d'équilibre que pour la vitesse de propagation, ce qui nous fait penser que la force Endogène dépend du degree-out des nœuds, qui est identique pour les trois réseaux. Dans le cas du réseau Empirique 1, nous constatons un impact presque nul de la force Endogène, tant à risque que protectrice, cet effet étant dû au petit nombre de voisins qu'ont les individus. Dans le cas Empirique 2, nous retrouvons plus d'obèses et moins de surpoids que dans les autres réseaux simulés, ce qui porte à croire qu'avoir des composantes non connectées entre elles augmente la propagation à l'intérieur des composantes infectées, mais laisse les autres non infectées (susceptibles), raison pour laquelle nous avons, dans le cas Empirique 2, encore une sous-population

EQUILIBRE AVEC UNE FORCE EXOGÈNE

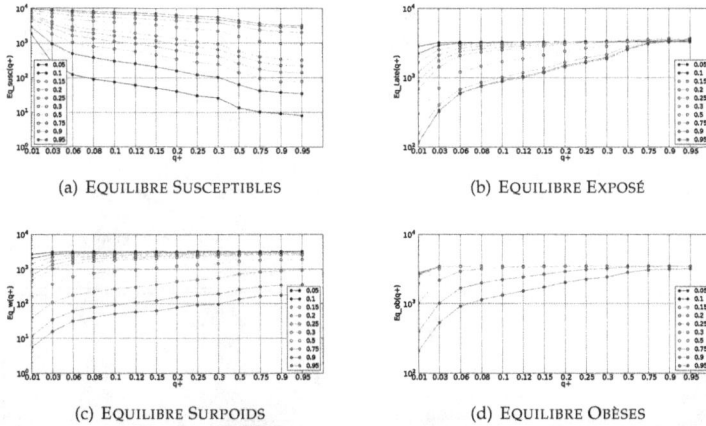

(a) EQUILIBRE SUSCEPTIBLES

(b) EQUILIBRE EXPOSÉ

(c) EQUILIBRE SURPOIDS

(d) EQUILIBRE OBÈSES

FIGURE 5.7: : Force Exogène à l'équilibre en fonction de q_+ et pour différentes valeurs de q_-.

susceptible à l'équilibre, à la différence des réseaux aléatoire, scale-free et small-world.

5.5.2.2 L'Incidence

Nous avons calculé l'incidence des états corporels, donc le nombre des nouveaux cas en fonction du temps. Nous pouvons voir que, dans les réseaux scale-free et small-world, le système est à l'équilibre, donc l'incidence est nulle. Par contre, dans les autres topologies, nous pouvons observer de petites fluctuations au cours du temps.

5.5.2.3 Le système avant et après application de la force Endogène

Pour comprendre l'évolution du milieu social des nœuds, nous avons calculé, pour chaque nœud, le nombre de non susceptibles qui sont dans son voisinage au temps initial et à la fin du processus de diffusion. Nous pouvons ainsi voir l'impact de la dynamique d'influence par et sur le milieu social dans la figure 5.10. Nous retrouvons, dans les voisinages des réseaux empiriques, une augmentation de proportion des voisins non susceptibles, mais il existe toujours des ensembles totalement protégés, dont le voisinage de tout nœud est dans l'état susceptible. Par contre, dans les réseaux totalement connectés et avec le même nombre moyen de

FORCE ENDOGÈNE

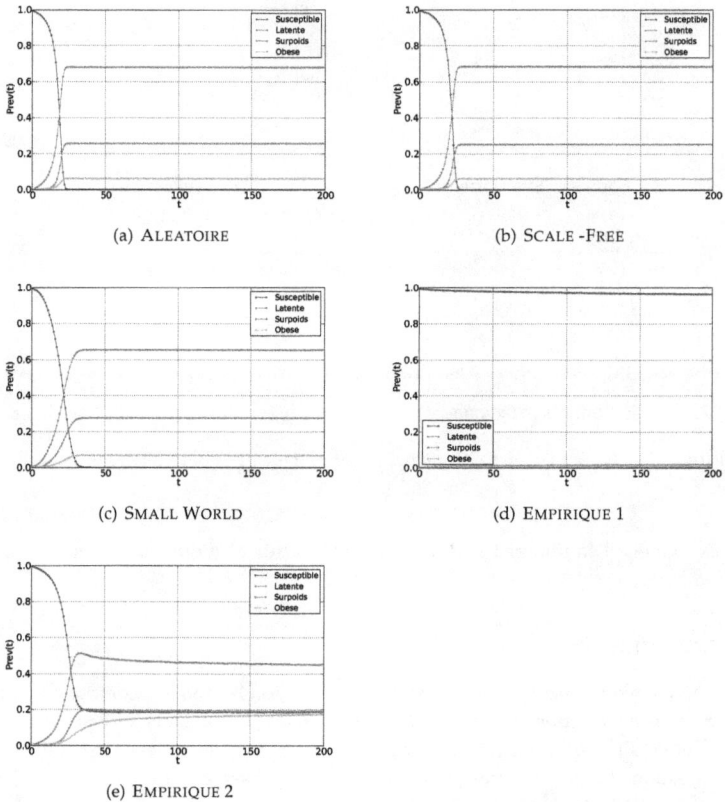

(a) ALÉATOIRE

(b) SCALE -FREE

(c) SMALL WORLD

(d) EMPIRIQUE 1

(e) EMPIRIQUE 2

FIGURE 5.8: : Evolution de la prévalence en fonction du temps, dans les différentes topologies des réseaux étudiés ayant 10000 nœuds chacun, avec une force Endogène.

voisins (topologies aléatoire, small-world et scale-free), nous observons que, dans la plupart des cas de réseaux aléatoires, et dans tous le cas de topologies scale-free et small-world, le voisinage des nœuds est totalement non susceptible.

5.5.2.4 Le système à l'équilibre

Nous calculons la prévalence des états corporels à l'équilibre $Prev_{eq}$, ainsi que la probabilité de devenir susceptible, latent, en surpoids ou obèse et le temps de

FORCE ENDOGÈNE

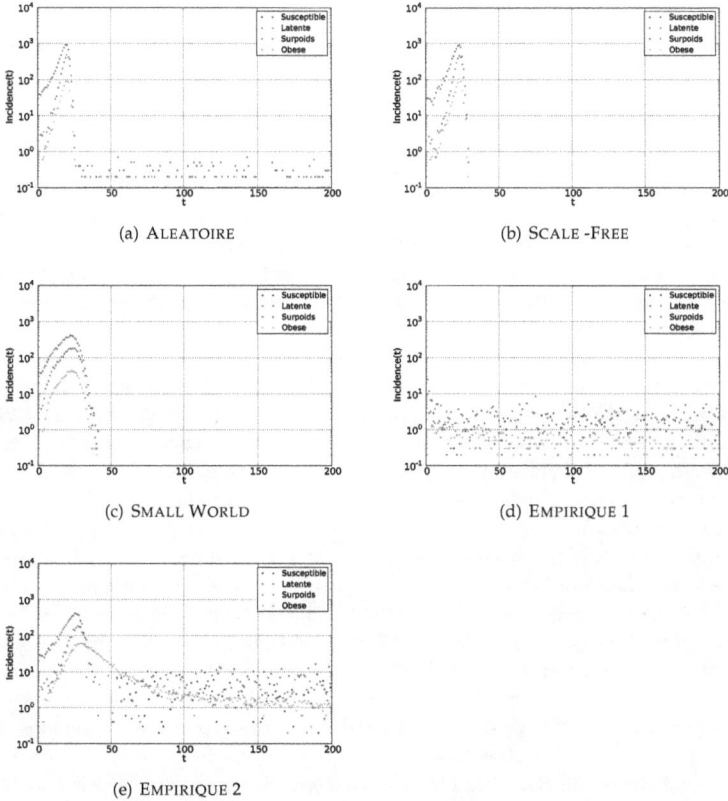

(a) ALEATOIRE

(b) SCALE -FREE

(c) SMALL WORLD

(d) EMPIRIQUE 1

(e) EMPIRIQUE 2

FIGURE 5.9: : Evolution de l'incidence en fonction du temps, dans les différentes topologies des réseaux étudiés ayant 10000 nœuds chacun, avec une force Endogène.

relaxation du système (temps nécessaire pour atteindre l'équilibre correspondant à la distribution asymptotique des individus dans chaque état). Le modèle se base sur les forces Endogènes à risque et protectrice : si cette dernière est nulle, le système est à l'équilibre sous l'hypothèse que tous les individus sont non susceptibles.

Nous pouvons voir que, dans des réseaux ayant même degré-out et une seule composante connexe, le point d'équilibre pour chaque état corporel est le même, donc la topologie du réseau n'a pas d'impact sur l'état d'équilibre du système,

sous une force Endogène. En ce qui concerne les temps de relaxation, les réseaux
ont un comportement assez semblable.

5.5.3 Effet de l'influence sociale (endogène et exogène) sur la propagation de l'obésité

5.5.3.1 La Prévalence

Nous avons calculé la prévalence des états corporels, donc le nombre total d'individus en chaque état, en fonction du temps. La figure 5.12 présente l'évolution de la prévalence par topologie de réseaux étudiés, avec une influence endogène positive (à risque) ou négative (protectrice) , dépendant des états corporels du voisinage de chaque nœud des réseaux étudiés, la force Exogène globale étant la même pour tous les individus du réseau. Etant donné que, selon nos hypothèses, on peut trouver dans les systèmes sociaux des forces diverses qui peuvent avoir une influence, nous souhaitons comprendre, d'une part l'impact de la topologie et, d'autre part, l'impact des forces Exogène et Endogène dans la propagation et la vitesse d'augmentation de l'obésité. Avec une force Exogène protectrice très faible ou nulle, le système a seulement une force Endogène, la conséquence étant que les susceptibles disparaissent très vite et le système évolue avec une vitesse d'augmentation des obèses très faible, voire nulle pour l'état latent (voir figure 5.12). Les obèses n'arrivent pas à l'état de saturation. La force Exogène à risque n'a pas d'impact dans ces circonstances, le système ayant le même comportement avec une force Exogène à risque faible ($q_+ = 0.06$), qu'avec une très élevée ($q_+ = 0.75$).

Inversement, avec une force Exogène à risque faible de 0.06 et une force Exogène protectrice non négligeable de 0.2, nous constatons, comme le montre la figure 5.13, une accélération dans la vitesse d'atteinte de l'état d'équilibre des individus obèses. Par contre, l'augmentation de force Exogène protectrice produit des individus en état latent et en surpoids. En autres termes, nous pouvons affirmer que la force Exogène protectrice est proportionnelle, pour les obèses, à la vitesse d'atteinte de l'état d'équilibre, et inversement proportionnelle à la quantité asymptotique d'individus latents et en surpoids.

5.5.3.2 L'Incidence

Nous avons calculé l'incidence des états corporels, donc le nombre des nouveaux cas en fonction du temps. Dans cet exemple, les individus reçoivent une double force sociale, d'une part une force Exogène (globale) et, d'autre part, une force Endogène locale dépendant de l'état de leurs voisins dans le réseau. Nous pouvons voir, sur la figure 5.14, une augmentation lente et constante d'obèses et de surpoids, le système restant avec très peu de nouveaux cas de latents ou de susceptibles. Nous pouvons voir, sur la figure 5.15, une augmentation rapide des obèses, qui décroît au cours du temps quand on se rapproche de l'état d'équilibre.

Dès que la vitesse d'augmentation des obèses décroît, apparaissent de nouveaux cas de susceptibles, de surpoids et de latents, de préférence à la fin du processus dynamique, quand les obèses sont en état de saturation.

DISTRIBUTIONS INITIALE ET FINALE DE LA FORCE ENDOGÈNE À RISQUE

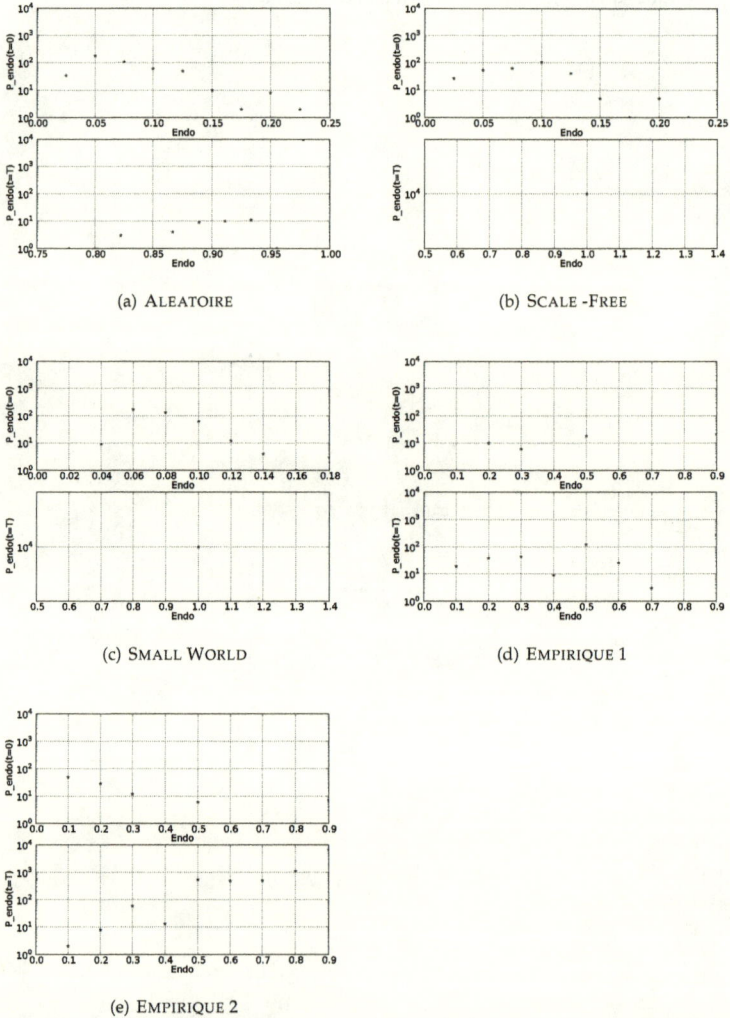

(a) ALEATOIRE

(b) SCALE-FREE

(c) SMALL WORLD

(d) EMPIRIQUE 1

(e) EMPIRIQUE 2

FIGURE 5.10: : Evolution de la distribution de la force Endogène à risque pendant le processus d'influence ; *en haut*, la distribution initiale et, *en bas*, la distribution finale. Sur l'axe des abscisses, les étiquettes ont la valeur droite de l'intervalle.

FORCE ENDOGÈNE

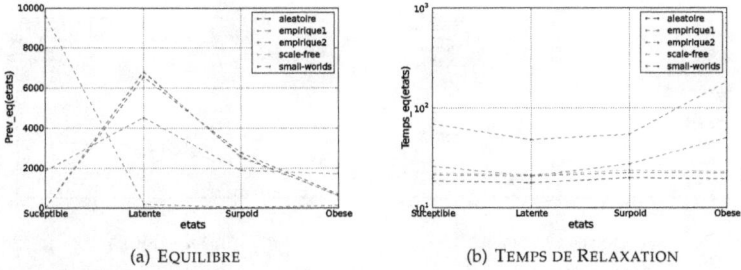

(a) EQUILIBRE   (b) TEMPS DE RELAXATION

FIGURE 5.11: *A gauche*, état d'équilibre pour chaque état corporel sous l'action d'une force
sociale Endogène. *A droite*, temps de latence (ou de relaxation) du système sous une force
sociale Endogène.

PREVALENCE FORCES ENDOGÈNE ET EXOGENE

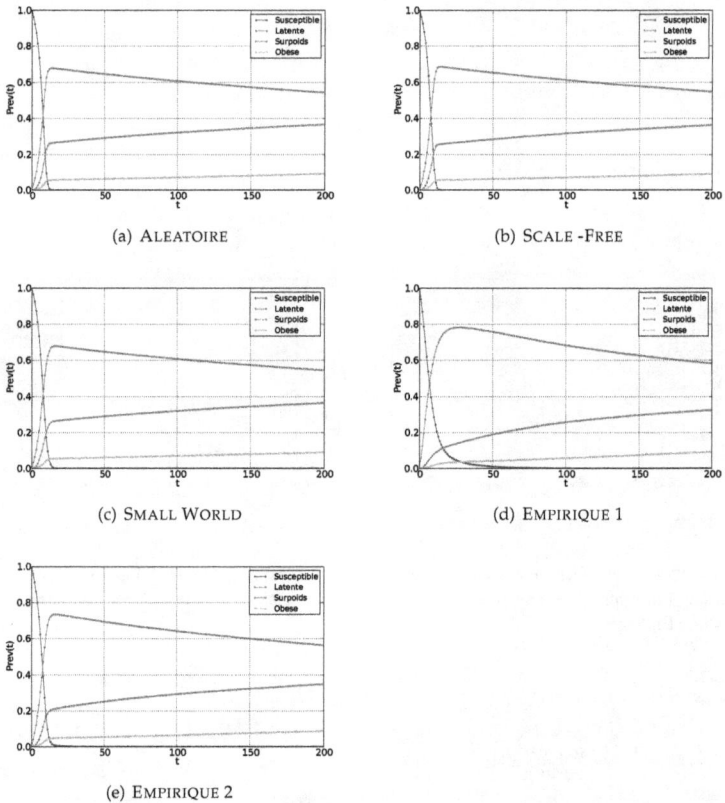

(a) ALEATOIRE

(b) SCALE -FREE

(c) SMALL WORLD

(d) EMPIRIQUE 1

(e) EMPIRIQUE 2

FIGURE 5.12: : Evolution de la prévalence en fonction du temps, dans les différentes topologies des réseaux étudiés avec 10000 nœuds chacun, avec l'effet de la force Endogène,
plus l'effet des forces Exogènes $q+ = 0.15$ et $q- = 0.01$.

PREVALENCE FORCES ENDOGÈNE ET EXOGENE

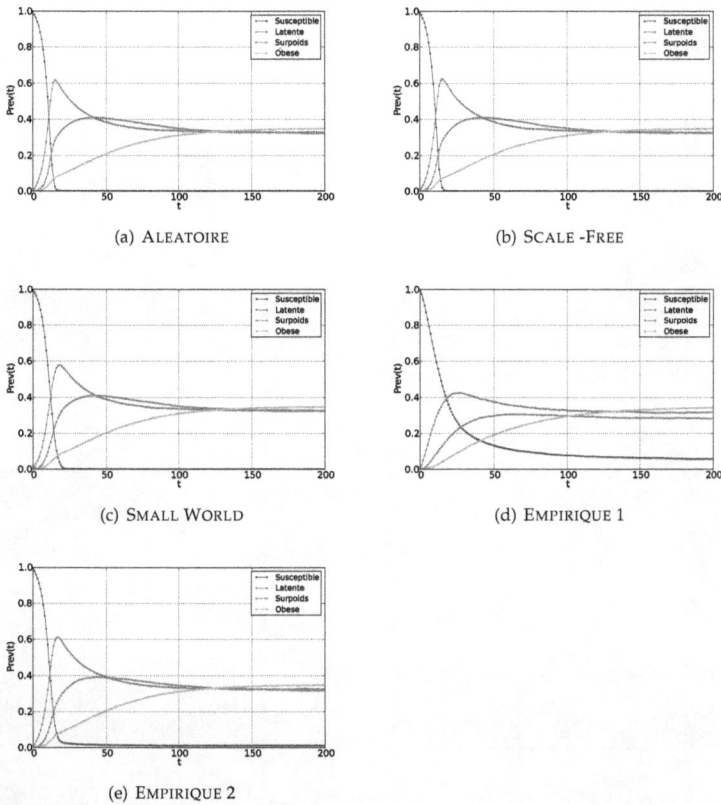

(a) ALEATOIRE

(b) SCALE -FREE

(c) SMALL WORLD

(d) EMPIRIQUE 1

(e) EMPIRIQUE 2

FIGURE 5.13: Evolution de la prévalence en fonction du temps, dans les différentes topologies des réseaux étudiés ayant 10000 nœuds chacun, avec l'effet de la force Endogène, plus l'effet des forces Exogènes $q+ = 0.06$ et $q- = 0.2$.

INCIDENCE FORCES ENDOGÈNE ET EXOGENE

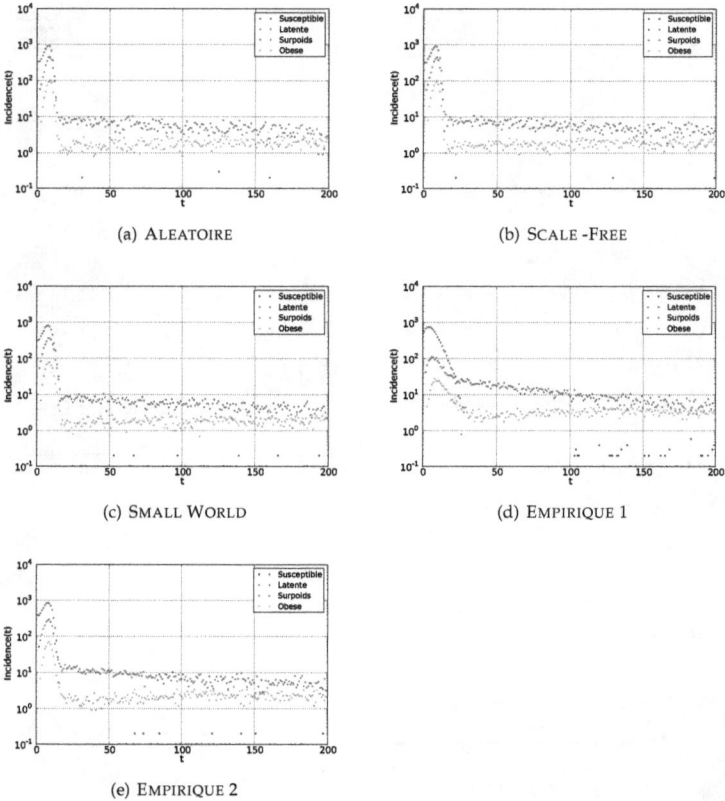

(a) ALEATOIRE

(b) SCALE -FREE

(c) SMALL WORLD

(d) EMPIRIQUE 1

(e) EMPIRIQUE 2

FIGURE 5.14: : Evolution de de l'incidence en fonction du temps, dans les différentes topologies des réseaux étudiés ayant 10000 nœuds chacun, avec l'effet de la force Endogène,
plus l'effet des forces Exogènes $q+ = 0.15$ et $q- = 0.01$.

INCIDENCE FORCES ENDOGÈNE ET EXOGENE

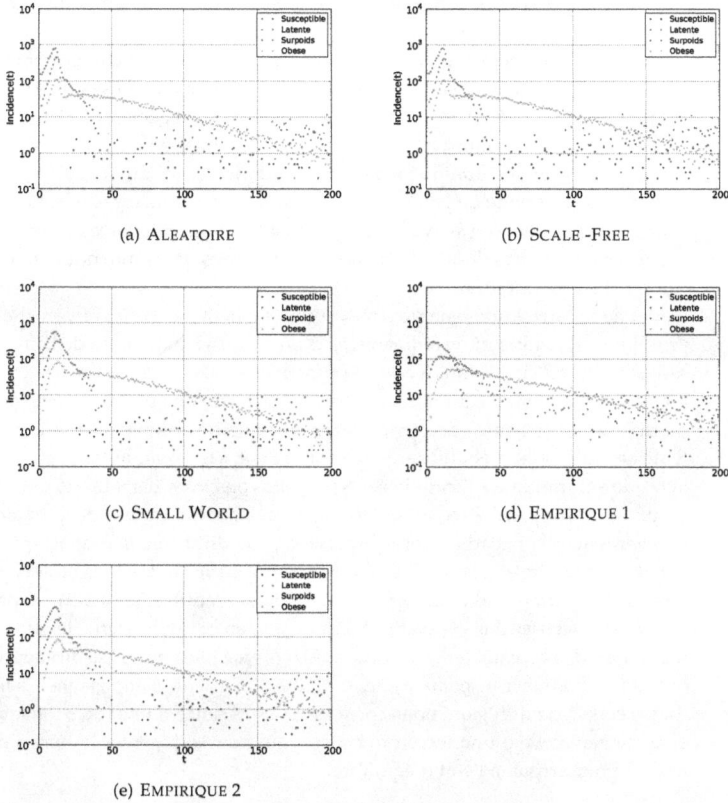

(a) ALEATOIRE

(b) SCALE-FREE

(c) SMALL WORLD

(d) EMPIRIQUE 1

(e) EMPIRIQUE 2

FIGURE 5.15: : Evolution de de l'incidence en fonction du temps, dans les différentes topologies des réseaux étudiés ayant 10000 nœuds chacun, avec l'effet de la force Endogène, plus l'effet des forces Exogènes $q+ = 0.06$ et $q- = 0.2$.

5.6 Discussion

– L'effet de la force Exogène peut se décomposer en :
  – l'effet des influences positives ou à risque : la force Exogène à risque a un comportement à seuil, dont la valeur est située dans l'intervalle $[0.06, 0.1]$. Avant ce seuil, le taux d'augmentation de la population obèse est monotone. Dès que la force Exogène à risque est située autour de son seuil, l'obésité arrive à son état de saturation.
  – l'effet des influences négatives ou protectrices : elles ont un comportement à seuil qui impacte les état non susceptibles, dont la valeur est située dans l'intervalle $[0.0, 0.5]$. Après ce seuil, avec une force Exogène protectrice élevée, il y a une diminution des états non susceptibles à l'équilibre. Les influences négatives diminuent le taux d'augmentation du surpoids et la durée de la période de latence. Dès que la force à risque est située autour de son seuil, l'obésité arrive à son état de saturation, et la force protectrice augmente le temps de latence, c'est-à-dire le temps nécessaire pour arriver à cet état de saturation.
– L'effet de la force Endogène s'exerce essentiellement par l'effet réseau et est plutôt lié au nombre moyen de voisins d'un nœud et au nombre de composantes connexes du réseau. Nous ne pouvons pas distinguer, entre les topologies qui ont le même nombre moyen de voisins et une seule composante, de différences majeures de comportement. Nous pouvons voir que le système arrive à l'état d'équilibre assez rapidement, sans pour autant arriver à l'état de saturation de l'état obèse. Nous pouvons voir, dans le cas des réseaux aléatoires, scale-free et small-world, des conditions assez optimales pour propager la maladie : après le processus de diffusion, la plupart (pour le réseau aléatoire) ou la totalité (pour les deux autres topologies ci-dessus) des voisins d'un nœud sont dans un état non susceptible, donc il n'y a pas de force protectrice dans le système. Par contre, en ce qui concerne les autres topologies des réseaux (empirique 1 et 2), comme elles n'ont pas un degré-out des nœuds élevé et, comme elles ont plus d'une seule composante à la fin du processus de diffusion, nous constatons la présence d'une force à risque et également celle d'une force protectrice, qui peut augmenter le temps de latence pour arriver à l'état d'équilibre.

5.7 Conclusion

La modélisation permettra, a l'aide des données réelles, de développer des études plus détaillées sur la complexité de l'influence des pressions sociales, qu'elles soient locales ou globales, dans le développement d'obésité. En particulier, l'introduction d'un modèle démographique, permettant la stratification par âges et la ségrégation par sexe, donnera plus de pouvoir prédictif au modèle, en travaillant avec des populations non constantes et avec une structure d'âge et de sexe hétérogène. Bien entendu, cela exigera d'avoir des valeurs crédibles des paramètres du modèle pour chacune des classes d'âge et de sexe ainsi considérées. Pour le moment, les enquêtes disponibles ne nous permettent pas d'obtenir des informations aussi précises, mais plusieurs scénarios pourraient être envisagés à partir de types de démographie différents, par exemple :

- Une population en explosion démographique, avec des classes d'âge jeune très nombreuses et un comportement de mimétisme alimentaire très fréquent, fondé sur un accès aisé à des chaînes d'alimentation rapide non diététique

- une population constante en transition démographique, avec une alimentation traditionnelle et un mimétisme faible

- une population en implosion démographique, en transition de fragilité, c'est-à-dire avec une augmentation constante du rapport entre la taille des classes d'âge élevé (plus de 80 ans) et celle des classes de leurs aidants actifs (entre 30 et 70 ans). Dans une telle population en vieillissement, on assiste à des phénomènes tels que la perte du sentiment de satiété, associée à une montée de l'effet Warburg, dû à l'apparition d'une pyruvate kinase anormale provoquant un déséquilibre de la balance énergétique, qui privilégie la glycolyse produisant du lactate à la phosphorylation oxydative. Cet effet Warburg amplifie l'effet Pasteur dû à une oxygénation diminuée (du fait d'une perte de l'activité et d'une augmentation de la sédentarité avec l'âge) et modifie donc fortement le métabolisme du glucose des cellules. Cette altération de l'état métabolique favorise une prolifération cellulaire extrêmement rapide) durant la vieillesse, ce qui peut accentuer considérablement la prise de poids dans les classes d'âge élevé, (et fait le lit de la cancérisation).

L'utilisation conjointe de l'outil réseau décrit dans cette thèse et de logiciels de modélisation démographique comme Dopamid (Teymoori et al., 2010) permettront d'affiner dans l'avenir les modèles de propagation de l'obésité, et donc d'en augmenter le pouvoir prédictif.

Résumé du chapitre:

Dans ce chapitre, nous avons modélisé la propagation de l'obésité dans des réseaux sociaux, en distinguant différents niveaux environnementaux (homogène et hétérogène). Les calculs que nous avons faits pour chaque topologie de réseaux correspondent aux étapes suivantes :

- L'effet, en fonction du temps, de l'influence exogène homogène (c'est-à-dire, l'influence du milieu de l'individu) sur la prévalence et l'incidence de l'obésité.
- L'effet, en fonction du temps, de l'influence endogène (c'est-à-dire, l'influence du voisinage sociaul de l'individu) sur la prévalence et l'incidence de l'obésité.
- L'effet, en fonction du temps, de l'influence sociale (endogène et exogène) sur la prévalence et l'incidence de l'obésité.

CHAPITRE 6

L'observation individuelle et sociale de l'obésité

Sommaire

6.1	**Introduction**	**165**
	6.1.1 La CIM10	166
	6.1.2 Le dossier médical résumé (DMR)	167
	6.1.3 La durée de séjour documentée dans les RSS	169
	6.1.4 Les troubles nutritionnels liés à l'obésité.	170
6.2	**Vers le dossier médical personnalisé (DMP)**	**172**
	6.2.1 Bref historique	172
	6.2.1.1 La planification hospitalière	173
	6.2.1.2 La Télémédecine	174
	6.2.2 L'hébergement du DMP	174
	6.2.3 Un exemple de DMP	175
	6.2.3.1 Circuit de consultation des DMP	176
	6.2.3.2 Protection pour les patients	177
	6.2.4 Place de l'obésité dans le DMP	178
	6.2.5 Description du réseau social lié à l'obésité dans la base DMP	179
6.3	**Discussion**	**179**
6.4	**Conclusion**	**180**

6.1 Introduction

L'observation de l'obésité est faite, dans une société médicalisée, à partir de trois types de recueil de données :

1. les Dossiers Médicaux Résumés (DMR) des patients des établissements de santé, qui répertorient, à partir de la Classification Internationale des Maladies de l'OMS en cours (dans les établissements qui l'utilisent, c'est-à-dire, en France, tous les établissements soumis progressivement, depuis 1988, au PMSI, Programme de Médicalisation du Système d'Information : les CHU, les CHR, puis les établissements psychiatriques, et enfin tous les hôpitaux

locaux et cliniques publics et privés), tous les cas de pathologies liées à l'obésité

2. les enquêtes particulières, liées à une commande centrale du Ministère de la Santé, ou de l'un de ses services et instituts (MIRE ou Mission interministérielle recherche expérimentation, INSERM ou Institut National de la Santé et de la Recherche Médicale, DHOSS ou Direction des Hôpitaux et de l'Organisation des Systèmes de Soins,...)

3. les DMP (ou Dossiers Médicaux Personnels du patient), lorsqu'ils existent (DMP actuellement en cours d'expérimentation en France, en particulier dans la Région Rhône-Alpes).

Nous prendrons pour exemple les données qui peuvent être issues du PMSI, en rappelant d'abord les codes de la CIM10[1] (OMS, 2000) sous lesquels ces données peuvent être requêtées dans les bases de données intra- et inter-hospitalières (comme la base inter-CHU des DMR), puis nous étudierons dans la suite quel pourrait être l'impact individuel et social de l'obésité dans les DMR et dans les dossiers médicaux personnalisés en cours d'expérimentation en France, en se fondant sur des études comparables faites sur des pathologies à causes et à conséquences multiples.

6.1.1   La CIM10

L'obésité constitue une maladie répertoriée dans la CIM10 de l'OMS (Organisation Mondiale de la Santé), éditée en 1993. L'obésité apparaît sous 4 codes principaux :

- **E65 Adiposité localisée (bourrelet adipeux)**
- **E66 Obésité**
- E66.0 Obésité due à un excès calorique
- E66.1 Obésité médicamenteuse
- E66.2 Obésité extrême avec hypoventilation alvéolaire
- E66.8 Autres obésités (obésité endogène)
- E66.9 Obésité, sans précision (obésité exogène ou essentielle)
- **E67 Autres excès d'apport**
- E67.0 Hypervitaminose A
- E67.1 Hypercarotènémie
- E67.2 Syndrome d'hypervitaminose B6
- E67.3 Hypervitaminose D
- E67.8 Autres excès précisés d'apport

---

1. CIM10 : la Classification Internationale des Maladies, dont l'appellation complète est Classification statistique internationale des maladies et des problèmes de santé connexes, est publiée par l'OMS, pour l'enregistrement des causes de morbidité et de mortalité touchant les êtres humains à travers le monde.

  – **E68 Séquelles d'excès d'apport.**

Il ressort de la classification ci-dessus une grande variété de causes, comme nous l'avons vu dans la partie 1.3, depuis une origine individuelle (sans doute génétique familiale ou physiologique ou psychologique), jusqu'à des causes environnementales variées (interindividuel, sociales, ou culturelles). Cette grande diversité causale provoque des effets très divers, mis de manière indistincte dans la rubrique « Séquelles d'excès d'apport », dont la prise de poids fait partie, mais également de nombreux troubles vasculaires périphériques, pathologies articulaires, cardiaques,..., dus à la surcharge pondérale. La prise en compte de ces pathologies relevant du code E68 va se traduire par une grande hétérogénéité des paramètres permettant de faire la typologie des patients.

   Une des principales variables classifiante est la durée de séjour : celle-ci sera distribuée de façon non gaussienne et nous proposerons un type de traitement des données de Résumés de Sortie Standardisés (RSS) du PMSI[2], calqué sur celui d'un GHM (ou Groupe « Homogène » de Malades) très hétérogène, de code PMSI 106 et d'intitulé : « Diagnostics non fréquents concernant les oreilles, le nez, la gorge et la bouche d'un patient âgé de plus de 17 ans ». Les GHM sont l'équivalent des DRG (Diagnosis Related Groups) définis par (Fetter and Freeman, 1986),aux USA, d'après les travaux grenoblois de Valois et Abrial (Valois et al., 1970) et permettent de quantifier et de valoriser les soins relevant de la même pathologie à partir d'une tarification homogène, identique pour tous les patients d'un même GHM.

6.1.2   Le dossier médical résumé (DMR)

   La maladie « obésité » est codée dans le Dossier Médical Résumé (DMR) par ses codes CIM 10. La plupart des CHU possèdent un DMR pour chaque patient, constitué par l'ensemble des Résumés de Sortie Standardisés (RSS) de ce patient. Tout séjour hospitalier, effectué dans la partie court séjour d'un établissement hospitalier, fait l'objet d'un tel RSS, constitué d'un ou plusieurs Résumé(s) d'Unité Médicale (RUM), établi(s) à la fin d'un séjour donné d'un patient donné dans une ou des unité(s) donnée(s). Il est important, pour que les RUM soient le reflet de l'activité d'une unité médicale, que le découpage en unités soit cohérent avec le découpage administratif de l'hôpital. Chaque unité médicale correspond à une activité homogène, dont les moyens et l'activité peuvent être isolés et tarifés (dans le cadre de la Tarification à l'Activité ou T2A), sous une responsabilité identifiée.

   Le RUM contient un nombre limité de rubriques qui doivent être systématiquement renseignées. Les informations fournies par les RUM sont d'ordre administratif et médical (cf. table 6.1) et permettent de calculer la durée de séjour pour une pathologie répertoriée par son code CIM 10, donc de déterminer, dans un deuxième

---

2. Programme de médicalisation des systèmes d'information

temps, les durées moyennes de séjour DMS pour cette pathologie, et pour un hôpital ou un ensemble d'hôpitaux déterminé, permettant ainsi de repérer, dans les
dépenses de soins d'une collectivité, les pathologies les plus fréquentes et les plus
coûteuses, de manière à faire porter sur ces pathologies tous les efforts possibles
de prévention, afin de limiter autant que possible leur impact économique (calculé
en pourcentage du Produit Intérieur Brut (PIB) de la population concernée).

Pour résumer la table 6.1, le RUM contient les informations administratives
et médicales suivantes, montrant qu'en dehors des codes diagnostiques, aucun
élément ne permet de calculer l'indice de masse corporelle :

- Numéro FINESS ;
- Numéro de RSS ;
- Date de naissance ;
- Sexe ;
- Code postal du lieu de résidence du patient ;
- Numéro de l'Unité Médicale ;
- Date d'entrée dans l'Unité Médicale ;
- Mode d'entrée dans l'Unité Médicale ;
- Provenance ;
- Date de sortie de l'Unité Médicale ;
- Mode de sortie de l'Unité Médicale ;
- Destination ;
- Hospitalisation d'une durée totale inférieure à 24 heures, le cas échéant ;
- Hospitalisation au cours des 30 jours précédents ;
- Nombre de séances, équivalant au nombre de présences dans l'établissement
  d'une durée inférieure à 24 heures impliquant habituellement sa fréquenta-
  tion itérative dans un but thérapeutique, quel que soit le tarif appliqué à ce
  passage ;
- Diagnostic principal ;
- Diagnostics associés, s'il y a lieu et jusqu'à 99 ;
- Actes médicaux et chirurgicaux, s'il y a lieu et jusqu'à 99 ;
- Poids de naissance, pour les nouveau-nés (<28 jours) ;
- Score Indice de Gravité Simplifié.

Le RSS est une synthèse des informations qui se trouvent dans le(s) RUM(s).

D'après (Kohler, 2010), le diagnostic principal est le diagnostic auquel le
médecin responsable du patient relie la prise en charge du patient dans l'unité
médicale dans laquelle il a séjourné. Dans les cas complexes, c'est le diagnostic,
motif de la prise en charge initiale qu'il faut considérer. Il est établi à la fin
du séjour, en connaissant l'ensemble des informations médicales concernant le
malade, acquises entre l'entrée et la sortie du malade. Le diagnostic principal est

obtenu en réponse à la question : "Quel est le problème médical qui a motivé
l'essentiel de l'effort médical et soignant ?" Dans le cadre de l'analyse de l'activité
hospitalière, le diagnostic principal est celui qui répond le mieux à la question :
"Pour quoi ce malade a-t-il été pris en charge pendant ce séjour ?". Il peut s'agir
d'un motif de recours, qui n'est ni une maladie, ni un traumatisme au sens large,
mais une séance de chimiothérapie, de physiothérapie,... Le diagnostic principal
est unique. Pour chaque RUM, il est choisi par le clinicien. Pour le RSS, il est
unique ; en cas de RSS multi-unités, le diagnostic principal du RSS est choisi
parmi les diagnostics principaux des RUM automatiquement par un algorithme
de classification et vérifie les assertions suivantes :

- il est choisi à la fin du séjour
- il nécessite de disposer de l'ensemble des informations sur le séjour
- il ne s'agit pas toujours du motif d'admission
- il ne s'agit pas nécessairement du diagnostic cause de la durée de séjour
- il est difficile de dire qu'il s'agit du diagnostic le plus "coûteux"
- il ne s'agit pas toujours du diagnostic étiologique.

Le choix du diagnostic principal est parfois difficile à réaliser, en particulier en
cas de polypathologie. L'approche par situation de prise en charge permet le plus
souvent de lever les doutes.

6.1.3 La durée de séjour documentée dans les RSS

La durée de séjour (DS) est une des variables médico-administratives les plus
utilisées pour quantifier la charge de travail de soins liée à une pathologie donnée.
Cette variable est fréquemment bi-modale (Delhumeau, 2002 ; Langlois, 2003) et
l'étude de son hétérogénéité permet la découverte de variants pathologiques liés
par exemple à l'âge, au sexe ou à un déterminant génétique. Les premières bases
de données de patients comportant la variable DS ont été créées en 1967 parallèlement à Grenoble, dans le cadre du projet DOSTAM (Dossiers Statistiques d'Activité Médicale), par J. Valois and J.R. Abrial (Valois et al., 1970), à partir du Système
de Gestion de Bases de Données (SGBD) en réseau, appelé Socrate, et à Salt Lake
City, dans le cadre du projet HELP, par H. Warner et M. Skolnick (Pryor et al.,
1975).
Un exemple d'hétérogénéité des DS est donné figure 6.2 : il concerne le GHM
106 « Diagnostics non fréquents concernant les oreilles, le nez, la gorge et la bouche
d'un patient âgé de plus de 17 ans »(ORL), qui est rencontré en particulier chez les
personnes obèses consultant pour des problèmes de ronflements, où le diagnostic principal est en fait l'apnée du sommeil, due à la surcharge pondérale, et ne
concerne la sphère oro-bucco-rhino-pharyngée que comme diagnostic secondaire,
du fait de complications inflammatoires et infectieuses dues à l'encombrement.

La meilleure modélisation de l'hétérogénéité est le mélange de lois normales (courbe en trait plein gras) et les deux modes de la distribution ainsi modélisée par un mélange de gaussiennes correspondent à deux sous-populations distinctes, celle ayant la DS moyenne la plus élevée étant liée à des pathologies infectieuses (moyenne de 3 jours).

A partir de telles distributions, il est possible, en stratifiant les sous-populations correspondant aux modes de la distribution de la variable DS à l'aide d'autres variables comme, l'âge, le sexe et la surcharge pondérale, d'identifier des types de malades à risque de pathologie ORL accru, dû à l'obésité.

On peut également s'intéresser à l'origine géographique et à l'occurrence saisonnière de certaines pathologies (cf. le cas du GHM 106 sur la figure 6.3), afin de déceler par exemple l'influence de comportements alimentaires, liées à la saison ou aux habitudes sociales (Delhumeau et al., 2009). C'est dans ce cadre qu'une étude plus précise des pathologies liées à l'obésité et de leur prévalence spatio-temporelle doit être entreprise de manière plus systématique et confrontée aux résultats des graphes sociaux étudiés dans les chapitres précédents.

6.1.4   Les troubles nutritionnels liés à l'obésité.

Dans le codage des GHM issus de la CIM10, il existe 3 codes relevant des troubles nutritionnels liés à l'obésité, avec ou sans Complication ou Morbidité Associée (CMA) :

- 420 « Troubles métaboliques ou nutritionnels divers, âge supérieur à 69 ans et/ou CMA »
- 421 « Troubles métaboliques ou nutritionnels divers, âge de 18 à 69 ans sans CMA »
- 422 « Troubles métaboliques ou nutritionnels divers, âge inférieur à 18 ans »

Pour montrer le degré d'hétérogénéité lié à l'âge des sous-populations de patients relevant de ces 3 codes, nous pouvons tracer les fonctions de répartition (ou proportions cumulées) des patients grenoblois relevant de ces pathologies, en calculant les différences d'aire sous les courbes de répartition, calculées aux 3 premiers quartiles, entre la moyenne nationale et la moyenne grenobloise (voir table 6.1) :

Deux profils peuvent être ainsi mis en évidence comme le montre la figure 6.4 : le GHM 420 groupe 2 des DS, correspondant à des obèses âgés, présente à Grenoble un profil de type « autres F », c'est-à-dire ayant une durée de séjour comparable à la moyenne observée dans la base de données de référence nationale, la base inter-CHU (Delhumeau, 2002). Par contre, les GHM 421 et 422 groupe 2 des DS, correspondant à des obèses jeunes ou adultes est du type « bons E », c'est-à-dire ayant

420	0.300	0.540	0.640
421	0.724	0.816	0.827
422	0.630	0.778	0.796

TABLE 6.1: Les différences d'aire sous les courbes de répartition, calculées aux 3 premiers quartiles, entre la moyenne nationale et la moyenne grenobloise.

une DS moyenne plus basse que la moyenne nationale pour ces sous-populations, permettant de penser qu'ils souffrent de pathologies liées à l'obésité moins graves, du fait éventuellement d'une meilleure hygiène liée à un mode de vie plus sportif et moins sédentaire, du fait de la présence des stations de montagne.

Si l'on étudie maintenant ensemble tous les GHM dans un hôpital, on peut effectuer une analyse en composantes principales (ACP) de cette population sur les 3 variables constituées par les proportions cumulées de patients grenoblois dans les 3 premiers intervalles interquartiles de DS des mêmes GHM de la base de données de référence nationale. Deux axes principaux ont pu être extraits de l'ACP. L'inertie cumulée expliquée par ces deux axes est de 95.0% (voir figure 6.5). Le premier facteur de cette ACP, correspondant au premier axe, (80.5% de l'inertie) s'exprime comme la somme des proportions cumulées de patients dans les trois intervalles interquartiles : c'est un facteur de taille, car les 3 variables se trouvent dans le demi-plan négatif de la première composante et sont toutes très corrélées avec cet axe. Elles contribuent donc toutes à la définition de ce premier facteur. Ainsi, si un GHM a un pourcentage important de patients sur l'un des 3 intervalles, les deux autres intervalles compteront également des pourcentages élevés et inversement. Cet axe oppose les GHM qui ont des proportions cumulées de patients élevées dans les trois intervalles, c'est-à-dire les "bons E", comme le GHM 422 entouré d'un cercle bleu, du côté négatif de l'axe principal, sur la figure 6.5, à ceux ayant de plus faibles proportions, comme les "autres F" dont l'exemple est le GHM 420 entouré d'un cercle rouge, du côté négatif de l'axe principal. La deuxième composante factorielle (14.5% de l'inertie) est un facteur de forme, qui oppose le premier intervalle au troisième. Seules les deux variables correspondant aux proportions des effectifs d'un GHM dans ces intervalles participent à la construction de ce facteur ; en effet, elles sont bien corrélées avec celui-ci par rapport au deuxième intervalle interquartile. Ainsi, sur le côté positif du deuxième axe, se trouvent les GHM peu performants, en termes de DS, sur les courts séjours (proportions de patients grenoblois sur le premier intervalle interquartile inférieures à 25%) et efficaces sur les séjours de longue durée (proportions de patients grenoblois sur le troisième intervalle interquartile inférieures à 75%) ; sur le côté négatif du deuxième axe figurent les GHM bons sur les courts séjours et médiocres sur les longs séjours (proportions de patients grenoblois sur le troisième intervalle interquartile supérieures à 75%). C'est le cas des deux GHM 420 et 422, qui se trouvent donc situés sur le même demi-plan négatif selon le second axe factoriel, avec une valeur comparable de ce second facteur, alors qu'ils étaient bien discriminés par le premier facteur.

En conclusion, les données des RSS hospitaliers sur des GHM (dont la version 9 a été mise à jour en novembre 2003) liés à des complications de l'obésité montrent une grande hétérogénéité, tant sur l'origine spatiale des patients, que sur la variabilité saisonnière de la prévalence de ces complications (dans le cas de la sphère ORL), que sur l'influence de l'âge, qui semble plus importante dans les observations grenobloises que dans la base de référence nationale. Ceci est à confirmer sur toutes les pathologies liées à l'obésité et dans d'autres CHU que Grenoble.

6.2   Vers le dossier médical personnalisé (DMP)

Le meilleur outil d'observation de l'obésité sera le dossier médical personnalisé, qui vient seulement d'entrer en expérimentation dans la Région Rhône-Alpes, et qui pourra inclure toutes les variables permettant de quantifier l'obésité et d'étudier les liens sociaux potentiels entre individus obèses d'une même région. Ces liens sociaux peuvent correspondre à des corrélations passives non causales de comportements alimentaires dus à des habitudes locales, ou à des corrélations actives causales correspondant à un mimétisme alimentaire, fondé sur une référence esthétique commune, partagée au sein d'un groupe respectant ce modèle dominant, à travers des individus ayant noué des liens sociaux prégnants.

Malheureusement, le dossier médical personnalisé n'est pas encore très développé en France et des études personnalisées de l'obésité ne se mettront en place que dans quelques années. Nous allons malgré tout présenter, après un bref historique sur le DMP, l'intérêt de cet outil dans le suivi épidémiologique et dans la prévention de l'obésité.

6.2.1   Bref historique

L'informatique médicale est une discipline récente. Elle a commencé par développer des applications médico-administratives, puis médicales dans les hôpitaux, avant de chercher à résoudre le problème difficile de gestion du patrimoine Santé des individus, patients ou non, dans le cadre du Dossier Médical Personnalisé, créé par la loi DMP du 13 août 2004. Nous donnons dans le tableau 6.6, les dates notables dans le développement de la discipline en France, en référence aux dates les plus importantes du contexte international. Les développements les plus récents de l'informatique médicale ont été portés par la nécessité de planifier la stratégie hospitalière et celle, complémentaire, de rationaliser l'offre de soins extra-hospitalière, en promouvant la télémédecine.

6.2.1.1 La planification hospitalière

La planification sanitaire et l'encadrement des dépenses hospitalières sont explicitement pris en compte dans la Loi hospitalière du 31 décembre 1970, qui crée la notion de "service public hospitalier" et instaure la carte sanitaire, sur tout le territoire national, par un découpage de son espace géographique en 256 secteurs sanitaires, répartis en 21 régions, et vise l'instauration d'un plateau technique minimum dans chaque secteur, avec un rééquilibrage sectoriel des équipements hospitaliers. La carte sanitaire est accompagnée d'une procédure renforcée d'autorisation visant les établissements privés, pour les équipements, quantifiés en nombre de lits et équipements "lourds". Les établissements publics demeurent sous le principe de l'approbation par l'autorité de tutelle des décisions de leur conseil d'administration. La loi hospitalière du 31 juillet 1991 renforce la carte sanitaire, développe les alternatives à l'hospitalisation et crée le schéma régional d'organisation sanitaire (SROS). Elle prend en compte la dimension régionale en tant que référence sanitaire : le pouvoir régalien de l'Etat est pour partie délégué aux instances régionales ou locales. En matière de planification, la réforme issue de l'ordonnance du 24 avril 1996 institue les « Agences Régionales de l'Hospitalisation » (ARH), devenues en 2010 « Agences Régionales de Santé » (ARS) (Loi HPST, portant réforme de l'Hôpital et relative aux Patients, à la Santé et aux Territoires, du 23 juillet 2009). Elles régionalisent les budgets, avec pour objectif d'améliorer la complémentarité de l'offre de soins au sein d'une même zone géographique. Le gouvernement accompagne ce mouvement de "recomposition hospitalière", qui doit déboucher sur une coopération entre les établissements de santé, publics et privés. Cette recomposition s'inscrit dans le cadre des schémas régionaux d'organisation sanitaire, qui fixent pour 5 ans le cadre général d'évolution de l'offre et de la demande hospitalière régionale, documentées notamment par le PMSI.

Dans le cadre du plan Hôpital 2007, l'ordonnance du 4 septembre 2003 rationalise et régionalise les démarches de planification : la carte sanitaire est supprimée, le SROS devient l'outil unique de planification, les "secteurs sanitaires" sont remplacés par des "territoires de santé" et toutes les autorisations sont déplacées au niveau des ARH, la subsidiarité étant devenue la règle. Par ailleurs, l'ordonnance unifie les formules de coopération sanitaire entre établissements publics et privés, en faisant du Groupement de Coopération Sanitaire (GCS) le cadre naturel des coopérations, en particulier dans le cadre des réseaux de santé.

La circulaire d'orientation du 5 mars 2004 pour les SROS de troisième génération (2005-2010) vient compléter le dispositif mis en place en 2003 et précise les orientations ministérielles pour les territoires de santé, les projets médicaux de territoire, les modalités de concertation avec les établissements, les professionnels de santé, les usagers et les élus locaux, ainsi que les modalités d'organisation des plateaux techniques et des activités de proximité. Cette circulaire définit trois démarches distinctes et complémentaires en matière de territorialisation : des territoires de santé pour l'organisation de l'offre, des territoires pour la concertation dans le cadre des conférences sanitaires et des territoires de proximité pour l'accès aux soins.

Les nouveaux SROS se voient confier comme objectifs d'assurer une organisation sanitaire territoriale permettant le maintien ou le développement d'activités de proximité, et la mise en place d'une organisation graduée des plateaux techniques. L'étude épidémiologique de la demande est malheureusement la grande absente de la circulaire, du fait de l'absence d'une connaissance précise, évoluant au cours du temps, de l'état sanitaire des individus d'un territoire de santé. Cette méconnaissance constitue un handicap à la planification efficace de l'offre concernant des pathologies émergeantes de société, comme l'obésité.

6.2.1.2   La Télémédecine

La télémédecine est une forme de pratique médicale à distance utilisant les technologies de l'information et de la communication. Elle met en rapport, entre eux ou avec un patient, un ou plusieurs professionnels de santé, parmi lesquels figure nécessairement un professionnel médical et, le cas échéant, d'autres professionnels apportant leurs soins au patient.

La télémédecine permet d'établir un diagnostic, et d'assurer, pour un patient à risque : i) un suivi à distance, par exemple ambulatoire ou à domicile, dans une visée préventive ou évaluative post-thérapeutique, ii) de requérir un second avis spécialisé, afin de préparer une décision diagnostique et/ou thérapeutique, iii) de prescrire des produits, de prescrire et/ou réaliser des prestations ou des actes à distance ou enfin iv) d'effectuer une télé-surveillance de l'état des patients. La définition des actes de télémédecine, ainsi que leurs conditions de mise en œuvre et de prise en charge financière de ceux-ci sont fixées par le décret 2010-1229 en application de la loi HPST. L'obésité est concernée surtout par le versant télésurveillance.

6.2.2   L'hébergement du DMP

Pour être consulté et utilisé en confiance par les différents acteurs du système de Santé, le DMP doit être stocké de manière sûre et être facilement requêtable. L'outil informatique assurant simultanément la sécurité, la sûreté, l'intégrité et la rapidité dans la recherche d'information est le Système de Gestion de Bases de Données (SGBD). Il est de 4 types (cf. figure 6.7) :
  – le Système de Gestion de Bases de Données Hiérarchique (SGBD H) : les données sont classées hiérarchiquement, selon une arborescence descendante.
    Ce modèle utilise des pointeurs entre les différents enregistrements. Il s'agit
    du premier modèle de SGBD. Le système SAIC-Care a été construit selon ce
    type aux USA (cf. tableau 6.6).

- Le Système de Gestion de Bases de Données en Réseau (SGBD N) : comme le modèle hiérarchique, ce modèle utilise des pointeurs vers des enregistrements. Toutefois, la structure n'est plus forcément arborescente dans le sens descendant. Le système Dostam de grenoble a été construit selon ce type, en utilisant une version prototype du logiciel CLIO de Thomson Syseca, appelée Socrate (cf. tableau 6.6).
- Le Système de Gestion de Bases de Données Relationnelles (SGBD R) : dans ce système, les données sont enregistrées dans des tableaux à deux dimensions (lignes et colonnes). La manipulation de ces données se fait selon la théorie mathématique des relations. Le système Diogène de Genève et le SIHI de Grenoble (CristalNet) sont construits selon ce type (cf. tableau 6.6).
- Le Système de Gestion de Bases de Données Objets (SGBD O) : dans ce modèle, les données sont stockées sous forme d'objets, c'est-à-dire de structures appelées classes présentant des données membres. Les champs sont des instances de ces classes. Aucun système hospitalier opérationnel ne fonctionne encore complètement sur ce modèle en 2011.

6.2.3 Un exemple de DMP

Dans le cadre d'une expérimentation régionale, les principaux acteurs de santé rhône-alpin ont choisi de développer un DMP appelé SISRA (Système d'Information de Santé en Rhône-Alpes), dans une démarche pragmatique (Castets, 2010), consistant à mutualiser les investissements, à développer uniquement des outils manquants et indispensables, et à intégrer sans contraintes le maximum d'acteurs locaux, soit un ensemble de plus de 300 structures hospitalières et plus de 12 000 médecins de ville. La plateforme SISRA repose sur deux principes : i) l'échange des données à l'aide d'un système de messagerie et ii) le partage des données, impliquant la création d'outils de consultation et de stockage distribués d'information. Cette architecture distribuée permet d'éviter les duplications des données, sources de nombreuses erreurs de recopie ou de censures par perte d'information, donc d'assurer l'intégrité des données. SISRA en intègre trois outils informatiques, en développement depuis 2004 :

- un outil qui permet d'identifier de façon unique chaque patient, par un identifiant personnalisé permanent ou IPP (Weil, 1998), dans le cadre d'un STIC (Serveur Télématique d'Identité Communautaire)
- un "navigateur santé", capable de trouver une information dans une version simplifiée, répartie et partagée du DMP, le DPPR (Dossier Patient Partagé et Réparti)
- des plateformes d'échange sécurisées pour les réseaux de santé, les médecins de ville et les établissements hospitaliers ne disposant pas encore de dossier patient informatisé, ces plates-formes étant dénommées PEPS

(Plates-formes d'Echange des réseaux de Professionnels de Santé).

Par ailleurs SISRA a mis en place quelques outils à valeur ajoutée : Spiral (Système de Plate-forme et d'Interconnexion de la Région Rhône-Alpes), RORU (RépertOiRe des Urgences),...

L'outil SISRA a, par exemple été choisi pour stocker les dossiers patients dans le cadre de l'expérience d'excellence rurale Royans-Vercors-Santé (RVS), qui permet de surveiller 72 personnes âgées à domicile, dans deux cantons isolés de moyenne montagne, à proximité de Grenoble, et dont le chef de projet est O. Hansen, du laboratoire AGIM de l'Université J. Fourrier de Grenoble.

6.2.3.1 Circuit de consultation des DMP

Les données des dossiers patients proviennent, dans le projet RVS, soit des médecins de ville, soit des personnels sociaux et para-médicaux associés au projet venant en particulier des CCASS – Comités Communaux d'Action Sanitaire et Sociale – des communes concernées et de l'ADMR locale – Association d'Aide à Domicile en Milieu Rural. Ces données peuvent être informatisées ou non et exister sous des formats différentes : textes, fichiers de résultats d'analyses, images,... Ces données hétéroclites constituent le gisement dans lequel seront requêtées les informations pertinentes à échanger et à partager. Après s'être connecté au portail SISRA et s'être authentifié, l'acteur habilité du système de santé peut interroger le DPPR à partir de renseignements d'état-civil concernant le patient : nom de naissance, prénom, date de naissance, sexe, pays et code postal de la commune de naissance. L'identification d'une personne physique consiste à associer, à tout individu identifiable et au moyen d'un système d'étiquetage ('nommage'), au moins un identifiant de type IPP, permettant de le retrouver parmi la population d'individus répertoriés. Cette identification doit permettre la levée des ambiguïtés éventuelles véhiculées par les systèmes périphériques de nommage et assurer la meilleure exhaustivité possible, pour prendre en compte la totalité de la population concernée.

L'identifiant d'une personne physique est en effet une étiquette de nommage associée à son identité, grâce à un système ou une procédure d'identification de toute personne figurant dans cette population concernée (Normalisation, 2000). Il peut revêtir deux formes : i) identifiant nominatif ou ii) identifiant anonyme et doit garantir deux propriétés : l'atomicité et la fiabilité. Le STIC est un l'outil d'identification, qui attribue à chaque individu un IPPR (Identifiant Permanent du Patient Régional), qui va le suivre dans tous les établissements et pour toutes les consultations et actes de soins, y compris à domicile. C'est cet identifiant unique qui permet l'échange de dossiers informatisés le concernant, entre les professionnels de santé. L'IPPR est évidemment différent du numéro de Sécurité Sociale, dont l'utilisation à des fins d'identification dans une base de DMP est interdite par la CNIL

(Commission Nationale Informatique et Libertés). De façon transparente pour l'acteur du système de santé, les renseignements d'état-civil permettent d'identifier dans le STIC l'IPPR de l'individu recherché, puis, via cet identifiant, tous les pointeurs concernant cet individu stockés dans son DPPR. Un outil de « Data Mining » cherche les informations rapportées par les pointeurs présents dans la phrase (de type SQL – Standard Query Language) exprimant la requête, dans tous les gisements locaux et les restituent aux professionnels de santé, sous forme de texte, de tableaux ou d'images. Les résultats de cette requête peuvent être triés par date, pathologie, nom du médecin ou de l'établissement. Les données peuvent être puisées dans les gisements d'origine – par exemple dans des systèmes d'information hospitaliers équipés de serveurs – ou dans des hébergements intermédiaires du SISRA de type PEPS. Les volumes de données stockés et requêtés dans le DPPR sont variables, allant de quelques centaines d'octets, dans le cas de description cliniques ou de courriers de sortie ou de transfert, à plusieurs Méga-octets, dans le cas d'images médicales (IRM, radiographies numérisées, images d'enregistrement ultra-sonore,...). Récemment, la prise en compte de données « omiques », provenant de puces à ADN (donnée génomiques) ou de spectroscopie (données protéomiques) peuvent atteindre plusieurs Giga-octets par DPPR, compliquant à la fois le stockage (les bases de données de plusieurs Péta-bytes ne sont pas rares, dans le cas des données « omiques ») et la requête, faut resurgir le spectre des cimetières de données médicales, impossibles à requêter, car trop volumineuses, mal compressées et mal organisées. C'est malheureusement le cas des données enregistrées dans les maladies émergentes multi-factorielles ayant de nombreuses complications, comme l'obésité.

6.2.3.2   Protection pour les patients

Le système SISRA a prévu deux dispositifs de protection des patients :

- seul un médecin muni de sa Carte de Professionnel de Santé (CPS) et disposant de l'accord du patient, matérialisé par sa carte Vitale ou par une autorisation écrite, peut actuellement rechercher les informations correspondant à ce patient dans le système SISRA et
- le niveau de restitution de ces informations dépend des habilitations du praticien. Cette protection est volontairement différente du droit de masquage, qui est laissé au libre arbitre du patient, dans le cadre de l'expérimentation nationale sur le DMP. Elle permet de fournir aux médecins des informations complètes et fiables, tout en censurant certains aspects de la santé du patient non indispensables à ce praticien.

6.2.4   Place de l'obésité dans le DMP

La mise en production officielle du DMP a été confirmée fin 2010 par l'ASIP Santé (Agence des Systèmes d'Information de santé Partagés), responsable du projet. Afin de procéder à des tests en situation réelle, des professionnels de santé ont été sollicités dans les régions expérimentatrices (dont la Région Rhône-Alpes) pour créer les premiers DMP avec l'accord des patients concernés. Le 2 décembre 2010, la CNIL a autorisé les applications informatiques nécessaires à la première phase de généralisation du DMP, qui sera progressivement déployé sur l'ensemble du territoire et permettra aux professionnels et établissements de santé qui prennent en charge un patient, dès lors que ce dernier aura donné son consentement éclairé, de partager les informations nécessaires à la coordination des soins le concernant.

On peut donc concevoir désormais que les renseignements nécessaires à la détection et au suivi de l'obésité pourront être intégrés au DMP par le patient lui-même, qui aura accès à son propre dossier. Les données correspondantes (tension artérielle, indice de masse corporelle, glycémie, taux de cholestérol,...) pourraient être restituées sous forme de courbes temporelles permettant un véritable « bio-feedback » pour, dans l'idéal, l'auto-gouvernance (auto-surveillance, puis auto-contrôle) hygiéno-diététique du patient, tout en prévenant le risque qu'une restriction calorique trop importante à un âge avancé aggrave la perte musculaire (ou sarcopénie) que l'obésité serait susceptible de masquer, aboutissant in fine à un paradoxe, où la dénutrition côtoierait l'obésité. Afin d'éviter la perte musculaire et le risque de développer une « obésité sarcopénique » voire une malnutrition, une réduction modérée de l'apport calorique, avec un équilibre alimentaire privilégiant l'apport protéique, pourrait être proposée de manière personnalisée au patient. Une diminution des facteurs de risque cardiovasculaires chez le patient âgé obèse pourrait être visualisée au cours du temps et contribuer à augmenter la sensation de bien-être du patient, inaugurant ainsi un cycle comportemental vertueux concernant l'alimentation et l'activité physique. En effet, chez la personne âgée obèse, les facteurs de risque cardio-vasculaire sont très fréquents, comme l'HTA (Hyper-Tension Artérielle) (80 %) et l'hypercholestérolémie (50 %).

Les bénéfices attendus de l'alimentation et de l'activité physique sont, outre un meilleur contrôle pondéral, la réduction de l'hyperglycémie postprandiale et une amélioration du profil lipidique, tout en recommandant d'éviter les excès :

- la réduction calorique doit être modérée, tout en maintenant l'apport protéique et l'apport en hydrates de carbone, en privilégiant les glucides à faible index glycémique et
- l'exercice physique permet aussi une meilleure utilisation du glucose sanguin par le muscle et contribue à un bon contrôle glycémique, mais il est fréquent de voir apparaître, chez des sujets diabétiques, sédentaires une tendance hypoglycémique durant les heures suivant l'exercice musculaire, ce dernier devant donc maintenir un apport suffisant de glucides durant la pé-

riode post-exercice et adapter sa thérapeutique antidiabétique, si elle existe. L'auto-surveillance permet donc à la personne obèse de s'approprier sa maladie, de comprendre l'impact de la prise de certains aliments ou de l'activité physique sur la glycémie et favorise ainsi son autonomie (Boirie, 2008)

6.2.5 Description du réseau social lié à l'obésité dans la base DMP

L'obésité n'est pas la seule pathologie issue de comportements sociaux, résultant d'un apprentissage ou d'un mimétisme. Historiquement, un cas intéressant est celui d'une pathologie que l'on a longtemps cru contagieuse, car elle affectait de manière simultanée tous les membres d'une famille. Il s'agit de l'ergotisme, appelé aussi « mal des ardents » ou « feu de Saint Antoine, observé au Moyen-Age par l'Ordre monastique hospitalier des Antonins (ou Ordre de Saint Antoine), fondé en 1095 à La Motte (présentement Saint Antoine, en Isère) par Gaston du Dauphiné, dont le fils souffrait de la maladie, dont on sait maintenant qu'elle est due à l'ingestion, dans des aliments contenant du seigle, d'un parasite fungique de l'ergot. L'Ordre disposait en Europe, en 1218 d'un réseau d'environ 370 hôpitaux, capables d'accueillir environ 4000 patients, contribuant ainsi à la diffusion des règles hygiéno-diététiques, qui ont permis l'éradication de la maladie. Pour obtenir des résultats semblables dans le cas de l'obésité, il faudrait documenter un dossier plus large que le DMP, contenant les indications repérant le patient dans les réseaux de son environnement social, passant ainsi d'un DMP à un DMPR (dossier médical personnalisé réseau), en renseignant une batterie de variables permettant de construire les réseaux sociaux de l'obésité.

Un tel DMPR aurait pour but de répondre à des questions du type (Taramasco and Demongeot, 2011) : quelles sont les personnes qui contribuent à l'image corporelle dans une famille ou dans un groupe social ? Quelles sont, les réseaux médico-sociaux dans lesquels est inséré un patient (cf. figure 6.8), les personnes qui influent sur le comportement alimentaire et, plus généralement hygiéno-diététique, par mimétisme ou opposition sociale, ou par éducation ?

L'utilisation optimale de ce DMPR permettrait l'élaboration d'une stratégie de prévention et de soutien, pour éviter l'augmentation des durées de séjour hospitalier, et accroître le niveau d'autonomie de l'obèse ; dans un réseau de soutien à domicile (du type de celui des « weight watchers » aux Etats-Unis).

6.3 Discussion

Le poids économique de l'obésité est considérable. Le gain que pourrait donc apporter une connaissance approfondie du réseaux sociaux dans lesquels est inséré un patient est potentiellement très important. L'augmentation du nombre de personnes obèses en France depuis 1997 a été très rapide : 1997 : 3 566 000 personnes, 2000 : 4 221 000 personnes, 2003 : 5 388 000 personnes, 2006 : 5 913 000 personnes et 2009 : 6 488 000 personnes (figure 6.9).

Les questions qui se posent, en face de cette évolution rapide, et de ses conséquences socio-économique (augmentation de l'absentéisme et de la perte de pro-
ductivité due aux pathologies associées à l'obésité, comme l'HTA, l'apnée du sommeil, le diabète de type 2, les maladies cardio-vasculaires, les accidents vasculaires
cérébraux,..) sont les suivantes :

- Comment mettre à jour le DMPR, parallèlement ou non au DMP, et comment protéger les données, aussi sensibles que les données individuelles,
  qu'il contient ?
- Existe-t-il une loi d'évolution de l'architecture des réseaux sociaux (due à
  des facteurs endogènes, comme les phénomènes d'autocatalyse ou d'auto-
  inhibition, ou à des facteurs exogènes économiques, culturels et socio-
  sanitaires), par exemple l'évolution obligée d'un réseau aléatoire vers un réseau petit-monde (Duchon et al., 2006a), dans une dynamique structurelle
  prévisible ?
- Existe-t-il un âge critique auquel débuter auto-surveillance et auto-contrôle
  du poids ?
- peut-on envisager des techniques génériques de suivi (de l'individu et de
  son réseau social) valables également pour d'autres « pathologies à conno-
  tation sociale », donnant lieu à des comportements de mimétisme, de diffusion en cascade, voire catastrophiques en avalanche, comme la dépression,
  le tabagisme, les maladies sexuellement transmissibles (cf. par exemple le
  suivi du SIDA dans des populations à risque à Cuba (La Havane), sur le site
  http ://web.univ-pau.fr/ artzroun/FilesHP/RIMM2010.html),....

6.4   Conclusion

L'observation individuelle et sociale de l'obésité est devenue une obligation,
du fait du poids croissant, économique et médico-social, de cette pathologie. Des
études, rapportées dans (INSERM, 1986) montrent :

- en restreignant le périmètre des coûts à une liste limitative de maladies partiellement imputables à l'obésité dont le coût total annuel est ensuite estimé
  (Levy et al., 1995), avant de n'en retenir que la proportion de cas attribuables
  (PCA) à l'obésité en fonction du risque relatif (RR), pour l'ensemble de ces
  maladies à l'hauteur de 66,1 milliards de FF en 1992 (11% des dépenses de
  santé, elles-mêmes égales à 11% du PIB en 2005)
- en partant de données issues de l'enquête « Ménages de l'Insee », établie
  sur un échantillon représentatif des adultes français, le coût de l'obésité est
  estimé au niveau individuel par la méthode du surcoût, en comparant les
  dépenses de santé de la population obèse et celles de la population de poids

---

4. `http://fpj.portier.free.fr/teaching/Droit/D1.pdf`

normal. Ce surcoût est ensuite extrapolé au niveau national, en fonction du ratio entre la taille de l'échantillon et celle de la population française. Cette étude (Detournay et al., 2000) estime le surcoût net annuel moyen, en 2000, à 911 FF par patient obèse : il se décompose en un surcoût brut lié aux maladies imputables à l'obésité (+1 183 FF) duquel il faut déduire un moindre coût sur d'autres maladies (-972 FF) lié à un moindre recours aux soins encore inexpliqué. Au niveau national, le surcoût net serait ainsi, en 2000, de 4,2 milliards FF (0,7 % des dépenses de santé) et le surcoût brut de 8,7 milliards FF (1,5 % des dépenses de santé).

Les résultats français laissent à penser que le coût médical de l'obésité représente environ 1 % à 2 % des dépenses de santé. Il est certainement en augmentation, car ces chiffres se situent en dessous de ceux obtenus pour d'autres pays, l'intervalle de variations étant de 2% à 7% (2 % à 2,5 % pour l'Australie, le Canada et la Nouvelle-Zélande ; 3,5 % pour le Portugal ; 5% à 7 % pour les États-Unis). Des études récentes plus ciblées ont aussi montré : i) que l'obésité était la cause d'admission en séjour hospitalier qui avait le plus augmenté au cours de la dernière décennie (Thippana et al., 2010) et que l'obésité en unité de soins intensifs, facteur de risque connu pour une insuffisance respiratoire aiguë hypercapnique, était significativement liée à la durée prolongée de la ventilation mécanique et à la durée de séjour, ii) : que les coûts des soins de santé causés par l'obésité nécessitent des ressources supplémentaires nécessaires, pour traiter les patients obèses dans les hôpitaux (Hauck and Hollingsworth, 2010), en évaluant les différences d'utilisation des ressources hospitalières, mesurées par la durée du séjour, entre les obèses et les autres patients. S'agit-il de coûts évitables ? L'utilisation d'outils comme le DMP et le DMPR permettrait sans doute de les affiner et d'apporter ainsi des arguments supplémentaires à l'élaboration d'une politique efficace d'éducation et de prévention de l'obésité. Un réseau de santé comme le REPOP (Réseau pour la Prise en charge et la prévention de l'Obésité en Pédiatrie), destiné à observer et détecter l'obésité dès l'enfance, ainsi qu'à la prévenir en informant les familles, deviendra un puissant outil de prévention de l'obésité, dans un cadre naturel socio-éducatif [5].

---

5. http ://www.repop.fr/

Numéro FINESS	de l'entité juridique dans laquelle le patient a effectué son séjour. Le numéro de matricule de l'entité juridique ou de l'établissement correspond au numéro F.I.N.E.S.S. (fichier national des établissements sanitaires et sociaux cf circulaire 69-1 DOMI du 3 juillet 1979).
Numéro de RSS	attribué à partir du numéro d'hospitalisation selon un mode séquentiel ou aléatoire à l'ensemble des RUM décrivant le séjour d'un malade dans l'entité juridique. Cette attribution est faite sous la responsabilité du médecin responsable du Département d'Information Médicale (DIM) et la correspondance entre les deux numéros est conservée par lui.
Date de Naissance	complète du patient
Sexe	du patient
Code postal	du lieu de résidence du patient
Numéro de l'Unité Médicale	qui héberge le patient. Les unités médicales doivent être repérées par un code déterminé par l'établissement, conservé et utilisé par lui dans son système d'information
Date d'entrée dans l'unité médicale	
Mode d'entrée dans l'unité médicale	- par mutation en provenance d'une autre unité - par transfert d'une autre entité juridique (établissements publics et PSPH) d' un autre établissement géographique (établissements privés commercial) - en provenance du domicile - acte en prestation
Provenance	en cas de mutation ou transfert : - d'une unité de court-séjour - d'une unité de soins de suite ou de réadaptation - d'une unité de long-séjour - d'une unité de psychiatrie
Date de sortie de l'unité	
Mode de sortie de l'unité médicale	- par mutation vers une autre unité - par transfert vers une autre entité juridique (établissements publics et PSPH) vers un autre établissement géographique (établissements privés commercial) - par retour au domicile - par décès - acte en prestation
Destination	en cas de mutation ou transfert : - vers une unité de court-séjour - vers une unité de soins de suite ou de réadaptation - vers une unité de long-séjour - vers une unité de psychiatrie
Hospitalisation d'une durée totale inférieure à 24 heures, le cas échéant.	cette information ne figure plus dans le RUM actuel.
Hospitalisation au cours des 30 jours précédant la date d'entrée l'établissement	cette information ne figure plus dans le RUM actuel
Nombre de séances, s'il y a lieu	nombre de présences dans l'établissement d'une durée intérieure à 24 h. impliquant habituellement sa fréquentation itérative dans un but thérapeutique, quel que soit le tarif appliqué à ce passage. Actuellement, ce nombre est soit 0 soit 1 car il est demandé de réaliser un RSS par séance. La définition du terme séance est propre au PMSI et n'est pas supperposable à celle habituellement utilisée dans le langage administratif des établissements. Cette information est supprimée à partir du 1/1/2002
Diagnostic principal	diagnostic considéré par le médecin responsable du malade à la fin de son séjour dans une unité médicale comme ayant mobilisé l'essentiel de l'effort médical et soignant
Diagnostic relié	il complète le diagnostic principal quand celui ci est insuffisant par lui même
Diagnostics associés significatifs	affections associées au diagnostic principal (terrain), complications de celui-ci ou de son traitement ayant été prises en charge pendant le séjour.
Données associées documentaires	données ne donnant pas lieu à la prise en charge actuelle mais interessants pour la description clinique
Actes médicaux et chirurgicaux, s'il y a lieu et jusqu'à 99	il s'agit au minimum des actes repérés dans le CdAM (catalogue des actes médicaux) ou la CCAM (classification commune des actes médicaux) par la lettre "Y " : ce sont les actes classants de la classification des GHM. Ils orientent vers des groupes spécifiques majoritairement "chirurgicaux".
Poids de naissance, pour les nouveau-nés (<28 jours)	en grammes
Score Indice de Gravité Simplifié Version 2	Pour les unités de réanimation, soins intensifs et de surveillance continue, permettant ainsi un meilleur repérage de la gravité des cas traités en soins intensifs et réanimation.

FIGURE 6.1: Rubriques d'un RUM à documenter en fin de séjour d'un patient dans une unité médicale.

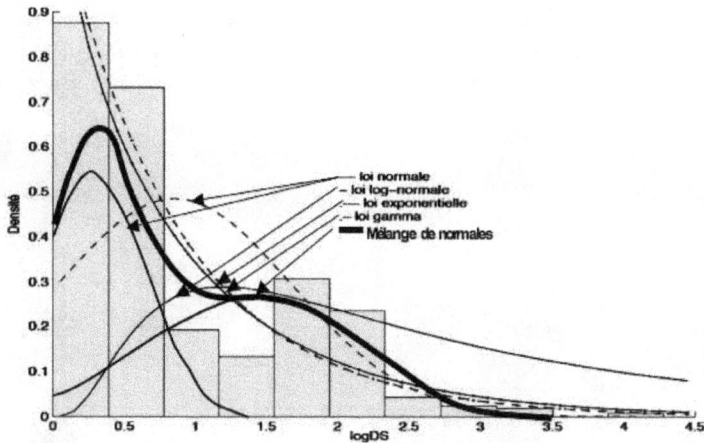

FIGURE 6.2: Distribution empirique du logarithme de la durée de séjour (logDS) pour les patients relevant du GHM 106, séjour au CHU de Grenoble (Delhumeau, 2002).

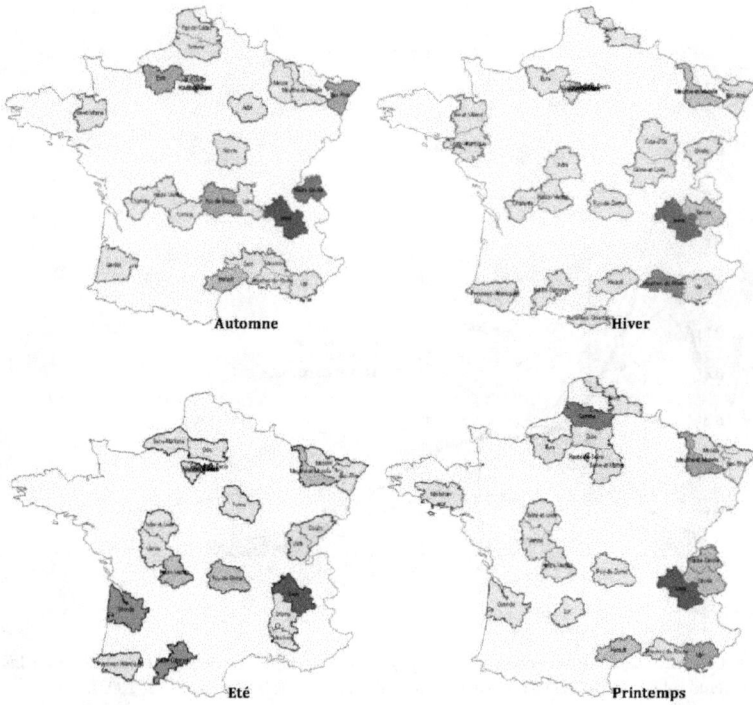

FIGURE 6.3: Répartition géographique et saisonnière des patients relevant du GHM 106, soignés au CHU de Grenoble (Delhumeau, 2002).

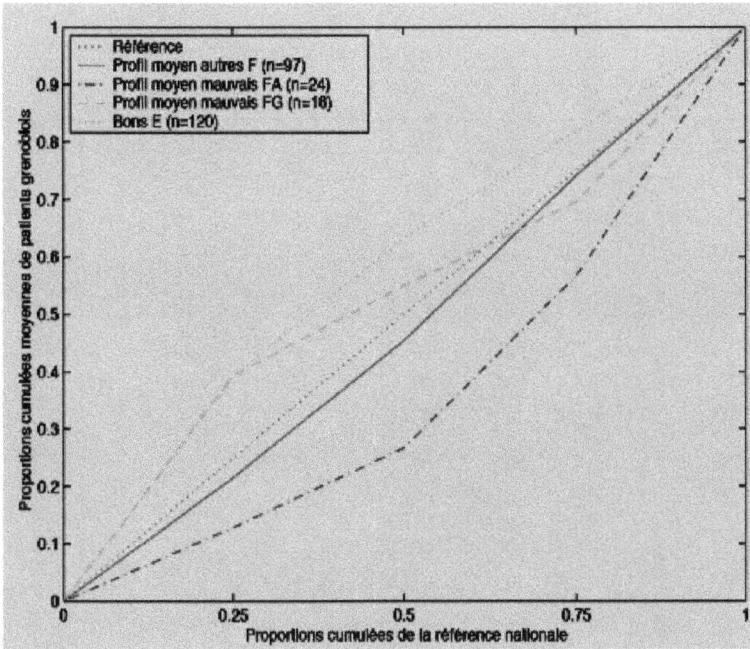

FIGURE 6.4: Proportions cumulées moyennes dans chacun des 3 intervalles interquartiles pour chacun des groupes de GHM : "bons E", "mauvais FA", "mauvais FG" et "autres F"

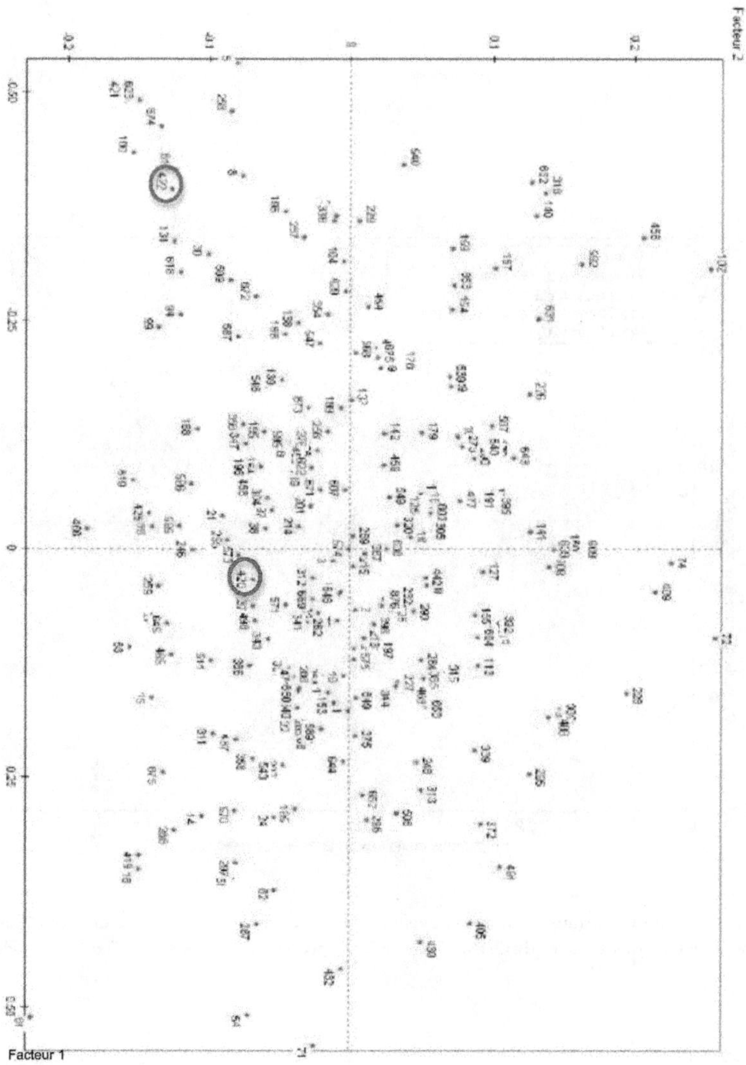

FIGURE 6.5: Analyse en composantes principales sur les proportions cumulées des effectifs des GHM grenoblois dans les 3 intervalles interquartiles des effectifs des GHM correspondants de la base de données de référence nationale

Historique de l'Informatique Médicale Française	
1960	ADM (P. Lenoir – CHU Rennes) Aide à la Décision Médicale (300 000 symptômes et 2 500 syndromes). Version Minitel en 1982
1963	Modèle Z et SGBD réseau (J.R. Abrial – IMAG), puis application Socrate (version commerciale CLIO chez Thomson Syseca) et Dostam au CHU de Grenoble (J. Valois, E. Peccoud, M. Girardier)
1974	modèle relationnel (E.F. Codd & C. Delobel – IMAG)
1978	SAIC-Care (hôpitaux des vétérans USA); Medical decision making et système HELP (H. Warner, Hôpital Universitaire de Salt Lake City); Mycin : premier système expert (Shortliffe-Buchanan)
1980	Système Bazis (A. Bakker, Hôpital Universitaire de Leyden)
1982	Accord entre Centre Mondial de l'Informatique et DEC, entre G. Doriot (1899-1988) un des créateurs du capital-risque américain et un des fondateurs de DEC, J.L. Funck-Brentano (1924-1997) & J.J. Servan-Schreiber (1924-2006)
1983	DRG's (Diagnosis Related Groups) (R. Fetter) ; expérimentation en Europe sur la base Dostam (CHU Grenoble)
1983	G. Dufois crée le Centre de Biostats du CHU de Grenoble : "innover en médecine, à l'aide des technologies de l'information"
1985	Système Diogène (J.R. Scherrer, Hôpitaux Universitaires de Genève)
1985	Définition du SIHI, Système d'Information Hospitalier Intégré (Thèse de médecine P. Cinquin – CHU Grenoble)
1988	PMSI (Programme de Médicalisation du Système d'Information), sur la base des GHM (Groupes Homogènes de Malades), version française des DRG's
1989	Victoires Françaises de la Médecine à TIMC, pour sa mise en oeuvre des Gestes Médico-Chirurgicaux Assistés par Ordinateur, sous l'impulsion de P. Cinquin, J. Demongeot, S. Lavallée et J. Troccaz
1990	Maquette de dossier personnalisé Epimed-CHU (Thèse de médecine D. Pagonis – CHU Grenoble)
1994	Utilisation médico-économique du PMSI, sur la base des points ISA (Indice Statistique d'Activité)
1995	Système Cristal-Net (CHU de Grenoble, issu du SIHI de 1985, commercialise par Atos Origin)
1999	Décret Jospin n°99-199 du 17 mars 1999 définissant les catégories de moyens et de prestations de cryptologie pour lesquelles la procédure de déclaration préalable est substituée à celle d'autorisation
2002	Loi du 4 mars 2002 relative aux droits des patients, dite loi Kouchner, sur l'accès du patient à l'information médicale
2003	Système DxCare-Medasys (Hôpital Pompidou, AP-HP Paris)
2009	Plate-forme Ensemble InterSystems (Hôpital Foch, Paris) et logiciel Healthshare Intersystems (dossier medical national suédois, NPÖ)
2004-2010	Législation de la télémédecine : Loi sur la Télémédecine (13 août 2003), Loi HPST (Hôpital, Patients, Santé et Territoires) (21 juillet 2009), Loi du budget SS 2010 (14 novembre 2009) et Décret 2010-1229 du 19 octobre 2010 relatif à la telemedicine, détaillant la mise en oeuvre de la loi HPST.

FIGURE 6.6: Historique de l'informatique médicale en France

SYSTÈME DE GESTION DE BASES DE DONNÉES

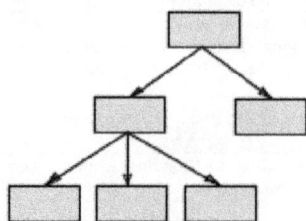

(a) HIÉRARCHIQUE

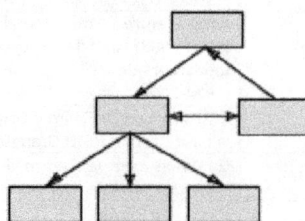

(b) EN RÉSEAU

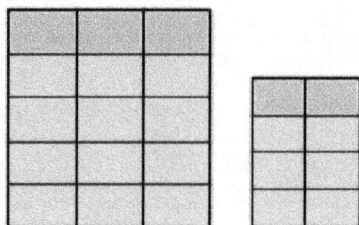

(c) RELATIONNEL

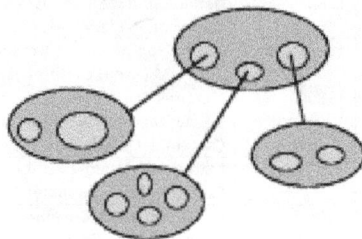

(d) OBJETS

FIGURE 6.7: Différents Systèmes de Gestion de Bases de Données

MEDICAL TEAM

αγαπη

Réseau amical

PSYCHO-SOCIAL
TEAM

Réseau social :
- professionnel
- associatif

FAMILY HELPERS
Réseau familial

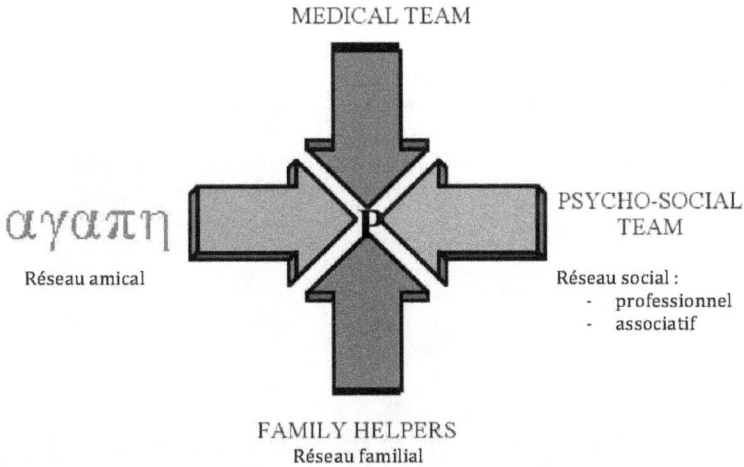

FIGURE 6.8: Les réseaux médico-sociaux dans lesquels est inséré un patient (P)

EVOLUTION DE L'OBÉSITÉ EN FRANCE

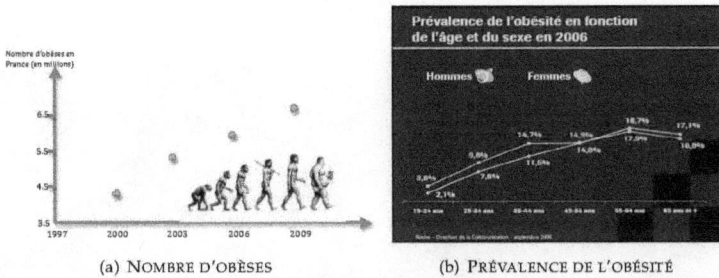

(a) NOMBRE D'OBÈSES

(b) PRÉVALENCE DE L'OBÉSITÉ

FIGURE 6.9: *A Gauche,* Evolution du nombre des personnes obèses en France entre 1997 et 2009. *A Droite,* Evolution de la prévalence de l'obésité en France (Roche, direction de la communication, 2006) [4]

Résumé du chapitre:

Dans ce chapitre, nous avons présenté les moyens modernes de recueil d'information en univers hospitalier et nous avons posé les contraintes liées à l'observation de l'obésité, à la fois dans ce cadre existant institutionnel, et dans le cadre, en construction, du Dossier Médical Personnalisé, qui devrait constituer un outil de Santé Publique de choix pour l'observation des pathologies sous influence sociale, obésité incluse, à condition d'y ajouter une information minimale sur les réseaux (familiaux, éducatifs, professionnels, associatifs,…) auxquels appartient le patient.

Conclusion

Nous avons, au cours de cette thèse, exploré l'impact des structures sociales sur l'obésité et, inversement, l'impact de l'obésité sur les structures sociales. Les dynamiques sociales sont soumises à des couplages à différents niveaux : niveau «microscopique », via les liens inter-individuels, niveau « mésoscopique », via les relations individu-société et niveau « macroscopique », via les relations individu-culture. Pour étudier ces dynamiques, nous avons choisi l'obésité, en tant que constituant un état corporel visible pour les autres, comme offrant un terrain propice pour s'interroger sur la manière dont les individus et leur état peuvent modifier la structure sociale et également sur la façon dont cette structure peut influencer une transformation des individus. Nous nous sommes donc intéressés au fait que cet état corporel, en augmentation dans diverses sociétés, tant des pays développés que des pays en voie de développement, impacte la structure sociale au cours du temps, et aussi au fait que cette structure sociale a pu influencer l'augmentation de la fréquence de l'état obèse. Le cadre d'analyse de cette thèse nous a permis d'étudier l'obésité comme un processus de transformation du corps constitutivement individuel, inter-individuel et socio-culturel. Notre exploration s'est appuyée sur la construction d'un cadre théorique, incluant aussi bien la conceptualisation, que la formalisation de modèles et de méthodes de simulation, nous permettant de mettre en évidence les dynamiques correspondant à cette transformation de façon séparée, mais également de manière conjointe, afin de mieux comprendre leur couplage. A partir de leurs simulations, notre objectif a été de reconstruire le comportement global du réseau social impliqué dans l'obésité, observé dans diverses études, à partir des interactions locales qui structurent le réseau.

Morphogenèse des réseaux Les questions de morphogenèse (partie 4) se sont articulées autour de l'analyse du rôle des propriétés monadiques et dyadiques du réseau. A l'aide des simulations, nous nous sommes focalisés, au niveau micro, sur l'impact des propriété monadiques, comme l'état corporel et l'indice de tolérance moyenne, sur les dynamiques locales, et donc sur le choix des voisinages. Nous avons modélisé les comportements individuels réguliers, comme la «sélection » ou « désélection » des amis. Nous avons caractérisé l'évolution de l'homophilie, en fonction de la typologie du réseau, de la prévalence de l'obésité et de l'indice de tolérance moyenne, ainsi que de l'évolution des paramètres principaux d'un réseau social d'obèses (degré moyen par état, coefficients d'agrégation,. . .). Nous avons montré que les états individuels peuvent augmenter leur attractivité vis-à-vis de nouveaux liens, vers des nœuds qui sont dans le même état ou, inversement, la diminuer. Cette propension à interagir avec des agents qui sont dans le même état ou dans un état proche, tend à renforcer l'homogénéité des agrégats sociaux déjà existants. Cette propension est susceptible d'expliquer la tendance à l'homogénéité des états corporels dans différents groupes, ce qui a été retrouvé dans diverses études expérimentales.

Dynamiques d'influence et augmentation de l'obésité Au delà de ces effets de « sélection » ou « désélection », nous avons également mis en évidence de façon quantitative les conséquences de processus locaux et globaux d'influence sociale sur les états individuels, permettant de comprendre comment les relations inter-individuelles, sociales et culturelles peuvent induire une transformation corporelle sur les individus, en les amenant à un état obèse. Nous nous sommes focalisés, dans la partie 5, sur les processus d'influence possible entre les différents niveaux du système social. Le modèle, ainsi que l'ensemble des simulations, ont ainsi permis d'illustrer la richesse des corrélations possibles, en accréditant notre thèse que les dynamiques présentes dans les systèmes sociaux, ainsi que les individus et le tissu inter-individuel, social et culturel s'entremêlent et co-évoluent.

Une observation individuelle et sociale de l'obésité Plus largement, cette thèse a permis d'entrouvrir les potentialités que peuvent avoir l'inclusion des réseaux sociaux des individus obèses, dans la prise en charge et la prévention de l'obésité. Néanmoins, la disponibilité des données correspondantes n'est pas garantie, et ces données ne sont pas faciles à traiter. Les perspectives du présent travail portent donc essentiellement sur ce défi : comment utiliser la connaissance sur les réseaux sociaux des obèses, afin d'améliorer l'efficacité de sa prévention et, si l'obésité est déjà installée, de son traitement ?

En résumé, l'objectif de ce travail était de développer un cadre théorique (conceptualisation et formalisation) qui cherche à modéliser l'obésité comme un processus de transformation du corps constitutivement individuel (physique et psychologique), inter-individuel (relationnel, provenant du rapport entre l'individu et autrui) et socio-culturel (environnemental, provenant du rapport entre l'individu et son milieu). Dans cette optique, le tissu social des individus et sa dynamique jouent un rôle crucial dans la compréhension de l'augmentation de l'obésité.

Pour cette raison, nous avons étudié principalement deux dynamiques dans cette thèse :

- Dynamique homophilique : comment cette dynamique organise au cours du temps la structure du réseau social, par une ségrégation des populations, selon leurs caractéristiques corporelles ?. Si on part de l'hypothèse que les contacts sont cruciaux dans la « contagion » ou l'influence des caractères obèses, alors l'homophilie joue un rôle de protection, en séparant ou isolant les populations, mais aussi un rôle dans la persistance de l'obésité dans un groupe d'une population.

- Dynamique d'influence : l'impact relatif des interactions endogènes et exogènes dans un réseau social donné permet d'étudier quel est le poids relatif des causes endogènes (interactions sociales directes entre individus) et exogènes (influences contextuelles ou interactions indirectes) dans l'augmentation de l'obésité. Selon l'hypothèse d'influence des interactions entre individus et leur environnement, la prévalence de l'obésité et son taux de croissance augmentent sous l'effet des composantes positives des influences endogènes et exogènes. De même, les composantes négatives de ces influences endogènes et exogènes peuvent jouer un rôle de protection temporaire.

La suite naturelle de ce travail consiste à combiner les deux aspects, dynamique homophilique et dynamique d'influence, pour avoir une image plus réaliste de la dynamique du processus d'augmentation et de propagation sociale de l'obésité. Le recueil de données réelles, en considérant l'obésité comme une transformation corporelle constitutivement individuelle, inter-individuelle et socio-culturelle, nous permettra une meilleure compréhension, prévention et prise en charge de l'obésité en tant que maladie intersubjective et non uniquement individuelle. Cette poursuite du présent travail sera développée très prochainement.

Publications et présentations

A.1 Travaux développés pendant la thèse, liés a l'obésité

A.1.1 Articles de conférence

Conférence sur la base d'article complets

- Carla Taramasco Jacques Demongeot. *Collective intelligence, social networks and propagation of a social disease, obesity*. Conférence Emerging intelligent data and web technologies. EIDWT '11 IEEE Press, Piscataway, 86-90 (2011).

A.1.2 Présentations

Conférence sur invitation

- Carla Taramasco. *Impact de l'obésité sur les structures sociales et impact des structures sociales sur l'obésité*. Vers une Étude Conjointe et Interdisciplinaire de l'Anorexie et de l'Obésité Paris, France (2010).

A.1.3 Poster

- Carla Taramasco, Dominique Bicout. *Modelling Socio-Environmental Influences in the Spread of Obesity*. European Conference on Complex Systems ECCS'09 (2009).

A.1.4 Autres

Publication de divulgation scientifique.

- Carla Taramasco, Dorothee Legrand *EIAO : Etude Intégrative de l'Anorexie et de l'Obésité*. La lettre scientifique de l'École Polytechnique X'11 (2011). http ://www.polytechnique.edu/accueil/recherche-innovation/production-scientifique/

A.2 Autres travaux développés pendant la thèse

A.2.1 Articles de journaux

– Carla Taramasco, Jean-Philippe Cointet, Camille Roth *Academic team formation as evolving hypergraphs*. Scientometrics 85(3) : 721-740 (2010).

A.2.2 Articles de conférence

Conférence sur la base d'article complets

– Antonio Glaria, Carla Taramasco, Jacques Demongeot. *Methodological Proposal to Estimate a Tailored to the Problem Specificity Mathematical Transformation : Use of Computer Intelligence to Optimize Algorithm Complexity and Application to Auditory Brainstem Responses Modeling.* AINA Workshops 2010 : 775-781. IEEE Press, Piscataway (2010).

– Emmanuel Faure, Carla Taramasco, Jacques Demongeot, Louise Duloquin, Benoit Lombardot, Nadine Peyriéras, Paul Bourgine. *Global Strategy of Active Machine Learning for Complex Systems : Embryogenesis Application on Cell Division Detection.* AINA Workshops 2010 : 802-809. IEEE Press, Piscataway (2010).

– Cecile Delhumeau, Jacques Demongeot, Carole Langlois, Carla Taramasco. *Modelling Medical Time and Expertise. Example of the Hospital Stay Duration in Diagnosis Related Groups Data Bases.* CISIS 2009 : 955-960. IEEE Press, Piscataway (2009).

Conférence sur la base de résumé (2 pages)

– Jean Philippe Cointet, Carla Taramasco, Camille Roth. *Evolving hypergraphs to appraise academic team formation processes.* Sunbelt XXX International Social Network Conference (2010).

A.2.3 Poster

– Carla Taramasco, Jean Philippe Cointet, Camille Roth.*Socially-mediated concept diffusion in a scientific community.* Sunbelt XXVII International Social Network Conference (2007).

Eléments de théorie des graphes pour représenter les réseaux sociaux

La théorie des graphes est le cadre naturel de la description mathématique utilisée pour représenter des réseaux complexes (Pastor-Satorras and Vespignani, 2001a, 2004). Nous fournissons dans cette annexe une rapide introduction aux définitions et aux concepts principaux de la théorie des graphes, qui sont utiles pour l'analyse des réseaux réels.

B.1   Les graphes

Un graphe non orienté G est défini par une paire d'ensembles $G = (V, E)$, où V est un ensemble non vide dénombrable d'éléments appelés sommets ou nœuds, et où E est un ensemble de paires non ordonnées de sommets différents, appelées arêtes ou liens. Communément, on fait référence à un sommet par son numéro d'ordre i dans l'ensemble V. L'arête (i, j) relie les sommets i et j, qui sont alors dit adjacents ou reliés. Le nombre total de sommets du graphe (le cardinal de l'ensemble V) est noté N, et mesure la taille du graphe. Le nombre total d'arêtes est noté $E2$. Le nombre maximal possible d'arêtes d'un graphe de taille N est C_n^2.

Similairement, un graphe orienté D est défini par un ensemble non vide dénombrable de sommets V et un ensemble de paires ordonnées de sommets différents E, que l'on appelle arcs. La nature orientée des arcs incorpore une flèche qui indique le sens de chaque arc. Dans un graphe non orienté, une arête entre les sommets i et j relie les sommets dans les deux sens. Dans un graphe orienté, en revanche, la présence d'un arc de i vers j n'entraîne pas nécessairement la présence de l'arc inverse j vers i. Cela a des conséquences importantes sur la connexité des graphes orientés.

La matrice d'adjacence des graphes non orientés est symétrique, $A_{ij} = A_{ji}$, et contient donc une grande quantité d'informations redondantes. De façon similaire, la matrice d'adjacente des graphes orientés n'est pas symétrique.

Il est important de remarquer que la définition ci-dessus des graphes orientés et non orientés ne permet pas l'existence de boucles (arête reliant un sommet à lui-même), ni d'arêtes multiples (deux sommets reliés par plus d'une arête). Les graphes possédant l'un ou l'autre de ces deux éléments sont appelés des hyper-graphes.

Il existe plusieurs propriétés fondamentales des graphes, dont les plus classiques sont les suivantes :

- un graphe valué a des valeurs attribuées à chaque arête.
- un graphe bipartite a l'ensemble de ses nœuds répartis en deux classes, de sorte que toutes les arêtes du graphe aient une extrémité dans chacune des deux classes.
- un graphe complet est tel qu'il existe une arête entre chaque paire de nœuds. Toutes les paires de nœuds sont adjacentes.
- un sous-graphe $G' = (A, E(A))$ de G existe, si A est inclus dans V. Autrement dit, on obtient G' en enlevant un ou plusieurs nœuds au graphe G, ainsi que toutes les arêtes incidentes à ces nœuds, ou sortant de ces nœuds.
- une clique est un sous-graphe complet : une clique est un ensemble de nœuds reliés deux à deux par une arête.
- un graphe connexe est tel que deux nœuds quelconques sont toujours reliés entre eux par une chaîne ou séquence d'arêtes. Un graphe non connexe se décompose en composantes connexes, c'est-à-dire en sous graphes connexes maximaux (XXXXXXXXX).
- deux graphes sont isomorphes, si chaque sommet a exactement les mêmes voisins dans les deux graphes.
- un graphe non dirigé (ou non orienté) a comme propriété que e_{ij} et e_{ji} sont identiques.

Complément des figures chapitre IV

C.1 Dynamique homophilique

C.1.1 Effet de la dynamique homophilique sur la structure de réseaux

DYNAMIQUE HOMOPHILIQUE

ALÉATOIRE

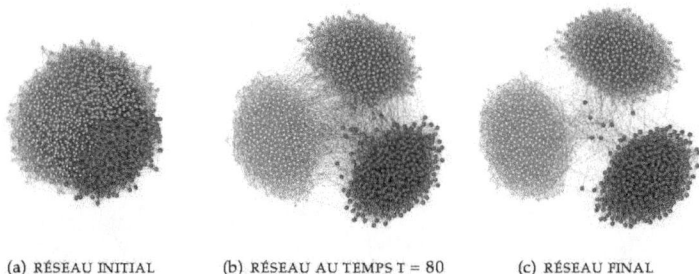

(a) RÉSEAU INITIAL   (b) RÉSEAU AU TEMPS T = 80   (c) RÉSEAU FINAL

SCALE-FREE

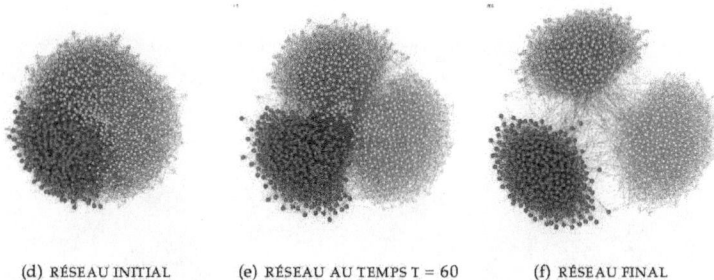

(d) RÉSEAU INITIAL   (e) RÉSEAU AU TEMPS T = 60   (f) RÉSEAU FINAL

SMALL-WORLD

(g) RÉSEAU INITIAL   (h) RÉSEAU AU TEMPS T = 60   (i) RÉSEAU FINAL

FIGURE C.1: La dynamique **homophilique**, au sein de réseaux dirigés aléatoire, scale-free et small-world, avec des individus obèses en rouge 29%, en surpoids en rose 31.9%, et normaux en blanc 39,1%. Nous avons fixé la tolérance à 0.25 et nous avons pris l'option 1 pour la probabilité de connexion (ces paramètres ont été expliqués dans la section 4.3). Nous avons simulé des réseaux dirigés avec 1000 nœuds chacun, avec une probabilité d'avoir des liens bi-directionnels $b = 0.2$ et une probabilité d'avoir des liens uni-directionnels $a = 0.6$. Le positionnement des nœuds a été fait en utilisant l'algorithme d'attraction-répulsion de Fruchterman-Reingold.

DYNAMIQUE HOMOPHILIQUE

EMPIRIQUE 1

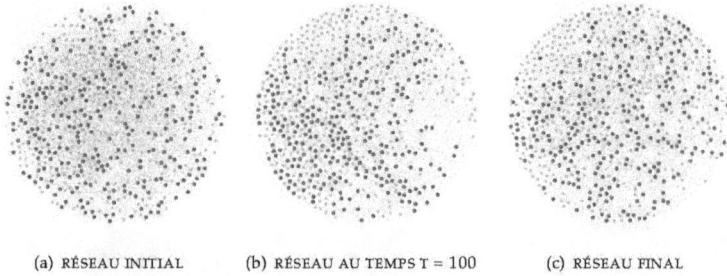

(a) RÉSEAU INITIAL   (b) RÉSEAU AU TEMPS T = 100   (c) RÉSEAU FINAL

EMPIRIQUE 2

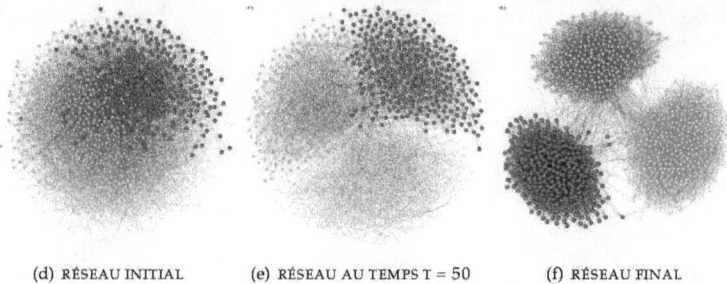

(d) RÉSEAU INITIAL   (e) RÉSEAU AU TEMPS T = 50   (f) RÉSEAU FINAL

FIGURE C.2: La dynamique **homophilique**, au sein de réseaux dirigés empiriques 1 et 2, avec des individus obèses en rouge 29%, en surpoids en rose 31.9%, et normaux en blanc 39,1%. Nous avons fixé la tolérance à 0.25 et nous avons pris l'option 1 pour la probabilité de connexion (ces paramètres ont été expliqués dans la section 4.3). Nous avons simulé des réseaux dirigés avec 1000 nœuds chacun, avec une probabilité d'avoir des liens bi-directionnels $b = 0.2$ et une probabilité d'avoir des liens uni-directionnels $a = 0.6$. Le positionnement des nœuds a été fait en utilisant l'algorithme d'attraction-répulsion de Fruchterman-Reingold.

DYNAMIQUE HOMOPHILIQUE

ALEATOIRE

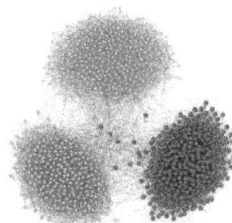

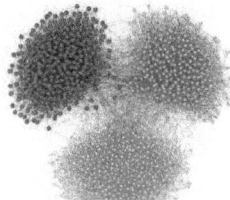

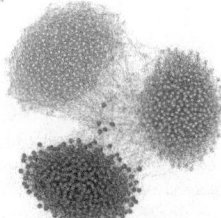

(a) RÉSEAU INITIAL   (b) RÉSEAU AU TEMPS T = 100   (c) RÉSEAU FINAL

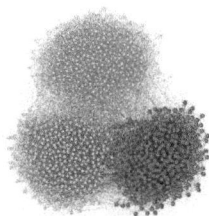

SCALE-FREE

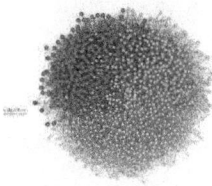

(d) RÉSEAU INITIAL   (e) RÉSEAU AU TEMPS T = 60   (f) RÉSEAU FINAL

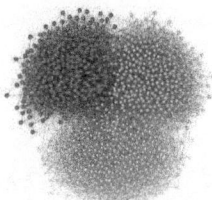

SMALL-WORLD

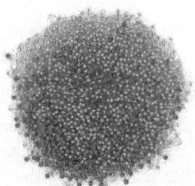

(g) RÉSEAU INITIAL   (h) RÉSEAU AU TEMPS T = 80   (i) RÉSEAU FINAL

FIGURE C.3: La dynamique **homophilique**, au sein de réseaux dirigés aléatoire, scale-free et small-world, avec des individus obèses en rouge 29%, en surpoids en rose 31.9%, et normaux en blanc 39,1%. Nous avons fixé la tolérance à 0.25 et nous avons pris l'option 2 pour la probabilité de connexion (ces paramètres ont été expliqués dans la section 4.3). Nous avons simulé des réseaux dirigés avec 1000 nœuds chacun, avec une probabilité d'avoir des liens bi-directionnels $b = 0.2$ et une probabilité d'avoir des liens uni-directionnels $a = 0.6$. Le positionnement des nœuds a été fait en utilisant l'algorithme d'attraction-répulsion de Fruchterman-Reingold.

DYNAMIQUE HOMOPHILIQUE

EMPIRIQUE 1

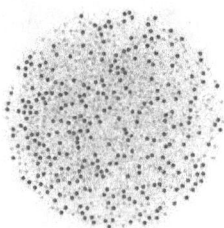

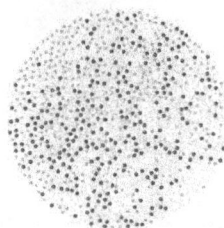

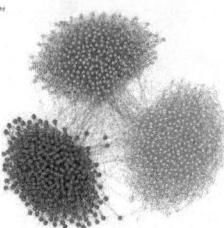

(a) RÉSEAU INITIAL   (b) RÉSEAU AU TEMPS T = 100   (c) RÉSEAU FINAL

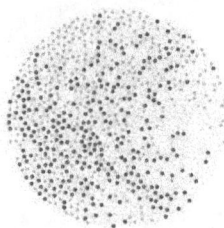

EMPIRIQUE 2

(d) RÉSEAU INITIAL   (e) RÉSEAU AU TEMPS T = 50   (f) RÉSEAU FINAL

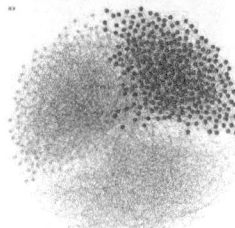

FIGURE C.4: La dynamique **homophilique**, au sein de réseaux dirigés empiriques 1 et 2, avec des individus obèses en rouge 29%, en surpoids en rose 31.9%, et normaux en blanc 39,1%. Nous avons fixé la tolérance à 0.25 et nous avons pris l'option 2 pour la probabilité de connexion (ces paramètres ont été expliqués dans la section 4.3). Nous avons simulé des réseaux dirigés avec 1000 nœuds chacun, avec une probabilité d'avoir des liens bi-directionnels $b = 0.2$ et une probabilité d'avoir des liens uni-directionnels $a = 0.6$. Le positionnement des nœuds a été fait en utilisant l'algorithme d'attraction-répulsion de Fruchterman-Reingold.

DYNAMIQUE HOMOPHILIQUE

ALEATOIRE

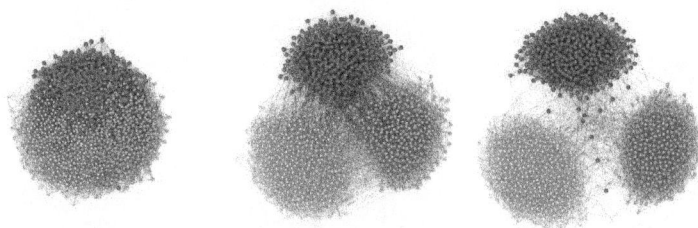

(a) RÉSEAU INITIAL   (b) RÉSEAU AU TEMPS T = 100   (c) RÉSEAU FINAL

SCALE-FREE

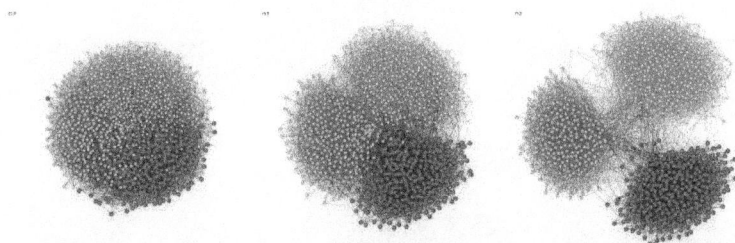

(d) RÉSEAU INITIAL   (e) RÉSEAU AU TEMPS T = 60   (f) RÉSEAU FINAL

SMALL-WORLD

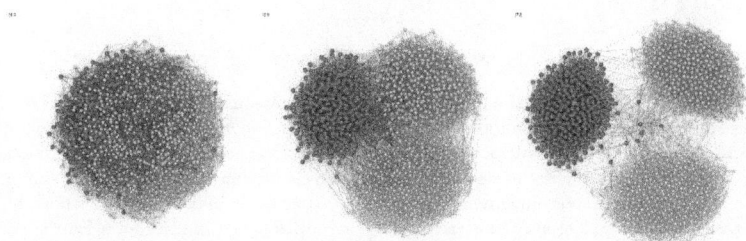

(g) RÉSEAU INITIAL   (h) RÉSEAU AU TEMPS T = 80   (i) RÉSEAU FINAL

FIGURE C.5: La dynamique **homophilique**, au sein de réseaux dirigés aléatoire, scale-free et small-world, avec des individus obèses en rouge 29%, en surpoids en rose 31.9%, et normaux en blanc 39,1%. Nous avons fixé la tolérance à 0.25 et nous avons pris l'option 3 pour la probabilité de connexion (ces paramètres ont été expliqués dans la section 4.3). Nous avons simulé des réseaux dirigés avec 1000 nœuds chacun, avec une probabilité d'avoir des liens bi-directionnels $b = 0.2$ et avec une probabilité d'avoir des liens uni-directionnels $a = 0.6$. Le positionnement des nœuds a été fait en utilisant l'algorithme d'attraction-répulsion de Fruchterman-Reingold.

DYNAMIQUE HOMOPHILIQUE

EMPIRIQUE 1

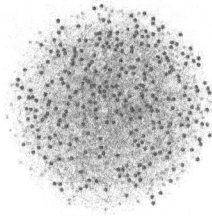

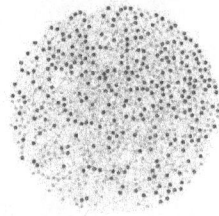

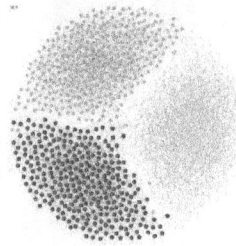

(a) RÉSEAU INITIAL   (b) RÉSEAU AU TEMPS T = 80   (c) RÉSEAU FINAL

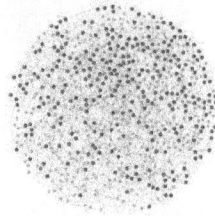

EMPIRIQUE 2

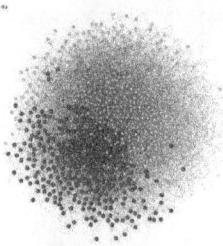

(d) RÉSEAU INITIAL   (e) RÉSEAU AU TEMPS T = 60   (f) RÉSEAU FINAL

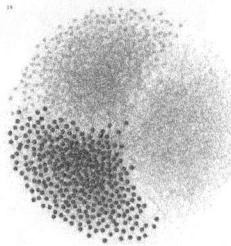

FIGURE C.6: La dynamique **homophilique**, au sein de réseaux dirigés empiriques 1 et 2, avec des individus obèses en rouge 29%, en surpoids en rose 31.9%, et normaux en blanc 39,1%. Nous avons fixé la tolérance à 0.25 et nous avons pris l'option 3 pour la probabilité de connexion (ces paramètres ont été expliqués dans la section 4.3). Nous avons simulé des réseaux dirigés avec 1000 nœuds chacun, avec une probabilité d'avoir des liens bi-directionnels $b = 0.2$ et avec une probabilité d'avoir des liens uni-directionnels $a = 0.6$. Le positionnement des nœuds a été fait en utilisant l'algorithme d'attraction-répulsion de Fruchterman-Reingold.

DYNAMIQUE HOMOPHILIQUE TOTALE

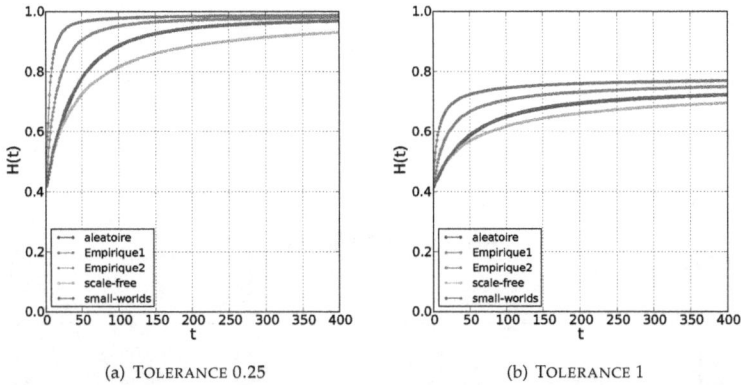

(a) TOLERANCE 0.25   (b) TOLERANCE 1

FIGURE C.7: *A gauche,* Evolution dans le temps de l'homophilie totale, avec un niveau moyen de tolérance individuelle de 0.25. *A droite,* Evolution dans le temps de l'homophilie totale, avec un niveau moyen de tolérance individuelle de 1. Les deux simulations utilisent une version de connexion 3, vue dans l'équation 4.4 du chapitre 4

C.1.2   Effet de la tolérance avec une distribution d'états corporels fixe

C.1.3   Effet de la prévalence avec une tolérance moyenne fixée

HOMOPHILIE -TOLÉRANCE

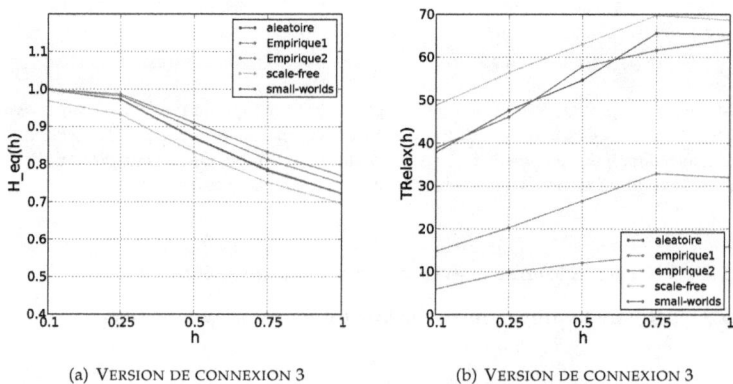

(a) Version de connexion 3   (b) Version de connexion 3

Figure C.8: *A gauche,* Evolution de l'homophilie en fonction de la tolérance moyenne. *A droite,* Temps de relaxation pour atteindre l'état d'équilibre homophilique en fonction de la tolérance moyenne

DYNAMIQUE HOMOPHILIQUE PAR ÉTATS

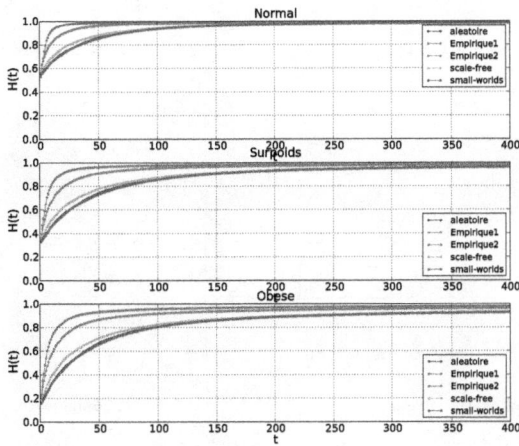

(a) VERSION DE CONNEXION 3

FIGURE C.9: Evolution dans le temps de l'homophilie totale, avec une tolérance individuelle moyenne de 0.25 et avec une version de probabilité de connexion 3

DISTRIBUTION "DEGRÉ-IN"

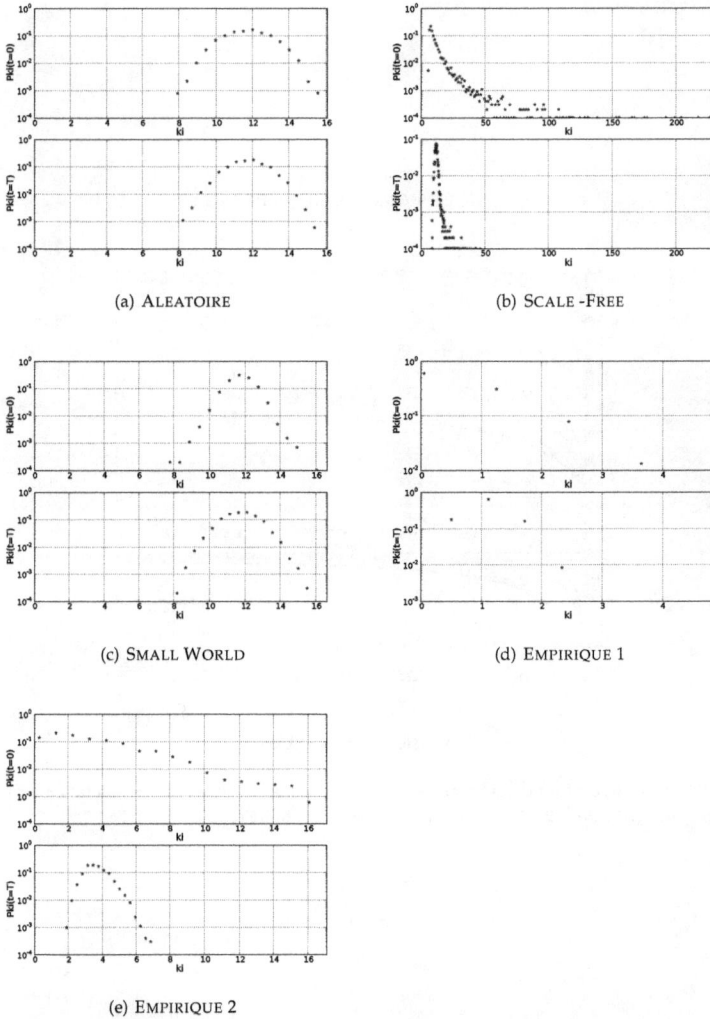

(a) ALEATOIRE

(b) SCALE-FREE

(c) SMALL WORLD

(d) EMPIRIQUE 1

(e) EMPIRIQUE 2

FIGURE C.10: En haut, la distribution initiale de "degré-in" et, en bas, les distributions finales de "degré-in", pour chaque topologie de réseau étudiée, avec la probabilité de connexion version 2 et un index de tolérance moyenne de 0.25

DISTRIBUTION "DEGRÉ-IN"

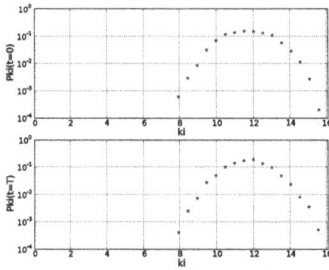

(a) ALEATOIRE

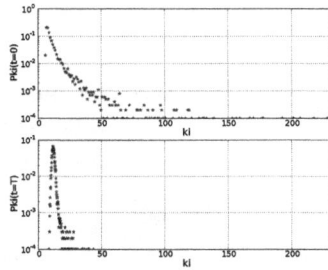

(b) SCALE -FREE

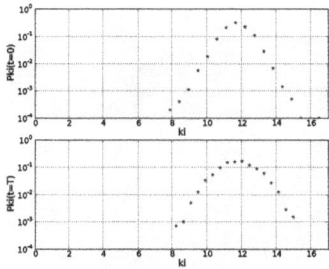

(c) SMALL WORLD

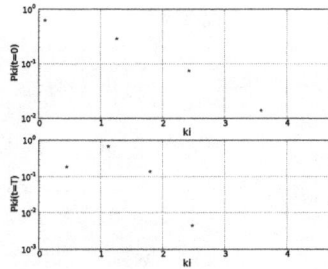

(d) EMPIRIQUE 1

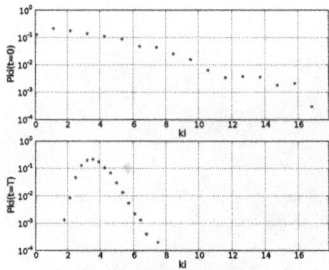

(e) EMPIRIQUE 2

FIGURE C.11: En haut, la distribution initiale du "degré-in" et, en bas, les distributions finales du "degré-in", pour chaque topologie de réseau étudiée, avec la probabilité de connexion version 3 et un index de tolérance moyenne de 0.25

COEFFICIENT D'AGRÉGATION MOYEN PAR ÉTATS EN FONCTION DU TEMPS PAR
TOPOLOGIE DE RÉSEAU

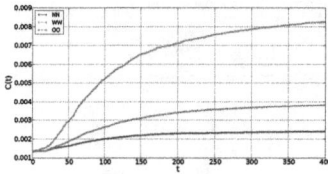

(a) ALEATOIRE

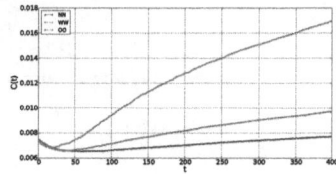

(b) SCALE-FREE

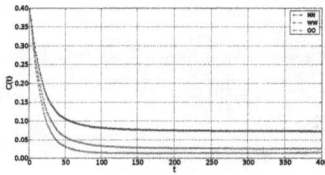

(c) SMALL WORLD

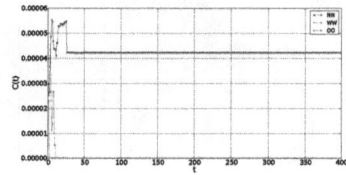

(d) EMPIRIQUE 1

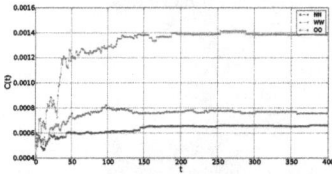

(e) EMPIRIQUE 2

FIGURE C.12: Evolution du coefficient de clustering moyen par états en fonction du temps,
par topologie de réseaux étudiés, avec la probabilité de connexion version 2 et un indice
de tolérance moyenne de 0.25

COEFFICIENT D'AGRÉGATION MOYEN PAR ÉTATS EN FONCTION DU TEMPS PAR
TOPOLOGIE DU RÉSEAU

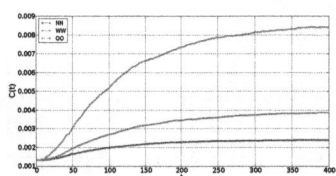

(a) ALEATOIRE

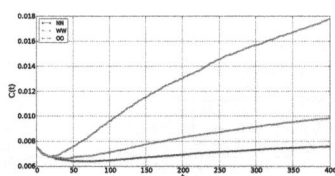

(b) SCALE-FREE

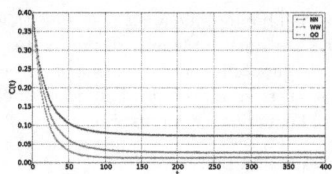

(c) SMALL WORLD

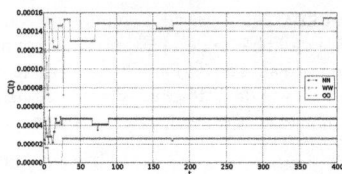

(d) EMPIRIQUE 1

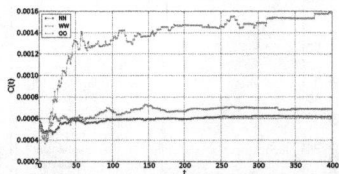

(e) EMPIRIQUE 2

FIGURE C.13: Evolution du coefficient de clustering moyen par états en fonction du temps,
par topologie de réseaux étudiés, avec la probabilité de connexion version 3 et un indice
de tolérance moyenne de 0.25

DYNAMIQUE HOMOPHILIQUE TOTALE

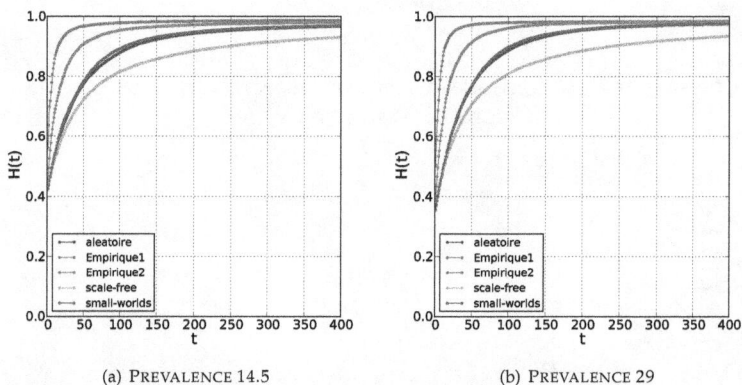

(a) PREVALENCE 14.5 (b) PREVALENCE 29

FIGURE C.14: *A gauche,* Evolution dans le temps de l'homophilie totale avec une prévalence de l'obésité de 14.5%, un surpoids de 31.9% des sujets, et le reste des individus en
état normal. *A droite,* Evolution dans le temps de l'homophilie totale, avec une prévalence
de l'obésité de 29.0%, un surpoids de 31.9% des sujets et le reste des individus en état
normal et avec la version de connexion 3 vue dans l'équation 4.4 du chapitre 4

HOMOPHILIE - PRÉVALENCE

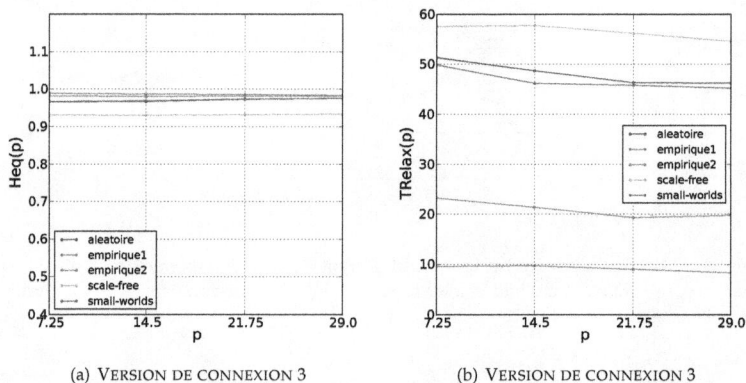

(a) VERSION DE CONNEXION 3 (b) VERSION DE CONNEXION 3

FIGURE C.15: *A gauche,* Evolution de l'homophilie, en fonction de la prévalence. *A droite,*
Temps de relaxation pour atteindre l'état d'équilibre homophilique en fonction de la prévalance.

DYNAMIQUE HOMOPHILIQUE PAR ÉTATS

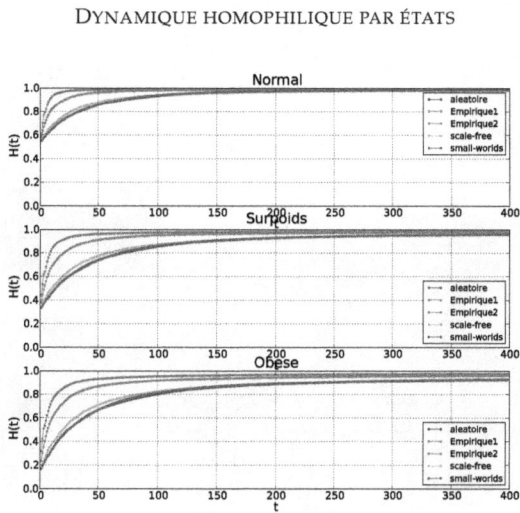

(a) VERSION DE CONNEXION 3

FIGURE C.16: Evolution dans le temps de l'homophilie totale, avec une prévalence de l'obésité égale à 14.5%, un surpoids de 31.9% des sujets et le reste des individus en état normal et avec une version de probabilité de connexion donnée.

DISTRIBUTION "DEGRÉ-IN"

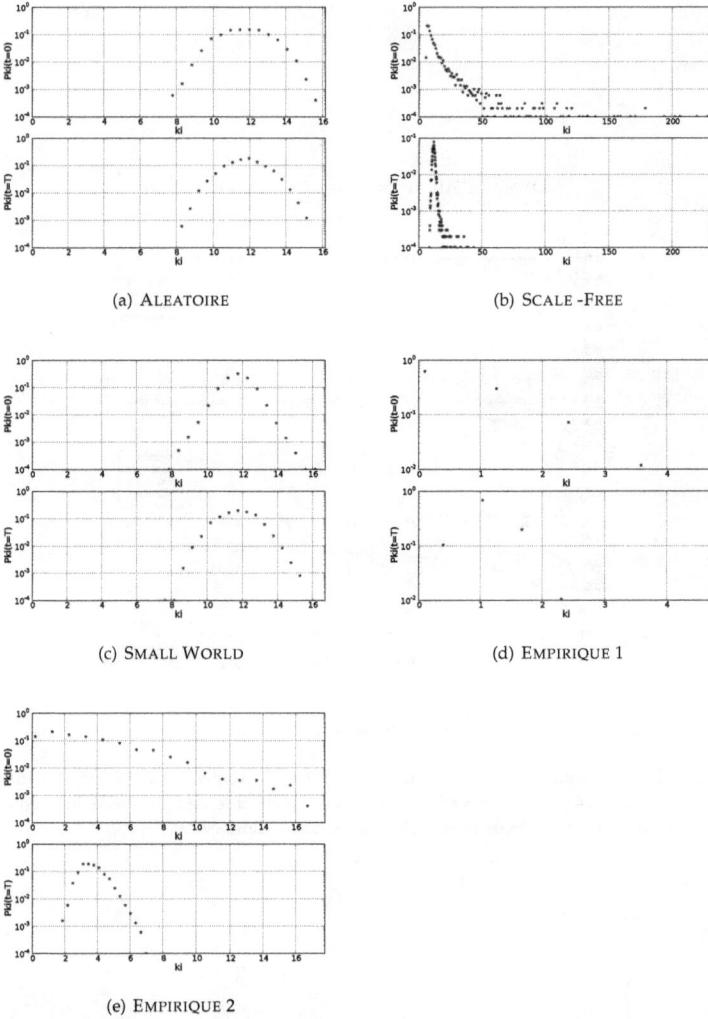

(a) ALEATOIRE

(b) SCALE-FREE

(c) SMALL WORLD

(d) EMPIRIQUE 1

(e) EMPIRIQUE 2

FIGURE C.17: *En haut*, La distribution initiale de "degré-in" et, en bas, les distributions finales du "degré-in", pour chaque topologie de réseau étudiée, avec la probabilité de connexion version 2 et une distribution d'IMC (avec 14,5 % des individus obèses, 31,9% en surpoids et le reste en état normal)

DISTRIBUTION "DEGRÉ-IN"

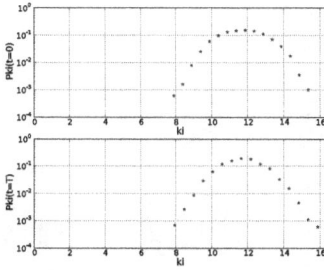

(a) ALEATOIRE

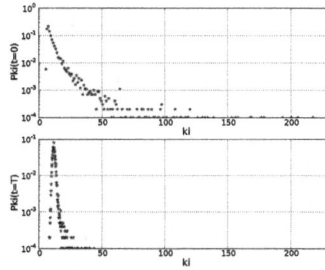

(b) SCALE-FREE

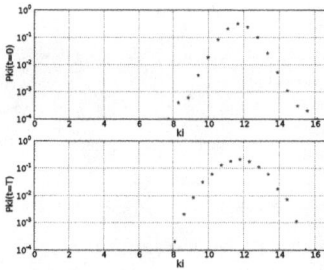

(c) SMALL WORLD

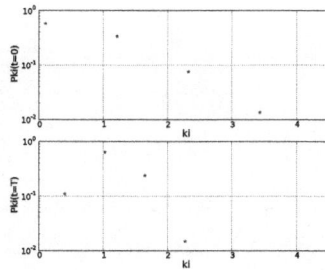

(d) EMPIRIQUE 1

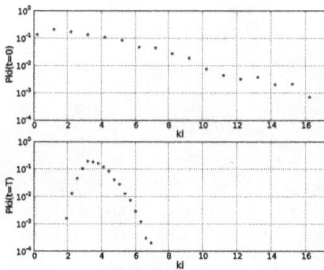

(e) EMPIRIQUE 2

FIGURE C.18: En haut, la distribution initiale de "degré-in" et, en bas, les distributions finales du "degré-in", pour chaque topologie de réseau étudiée, avec la probabilité de connexion version 3 et une distribution d'IMC (avec 14,5 % des individus obèses, 31,9% en surpoids et le reste en état normal)

COEFFICIENT D'AGRÉGATION MOYEN PAR ÉTATS EN FONCTION DU TEMPS PAR
TOPOLOGIE DE RÉSEAU

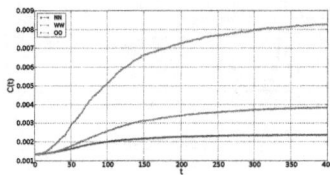

(a) ALEATOIRE

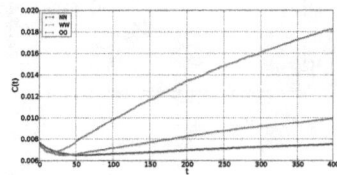

(b) SCALE -FREE

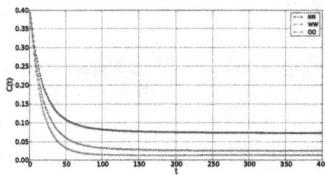

(c) SMALL WORLD

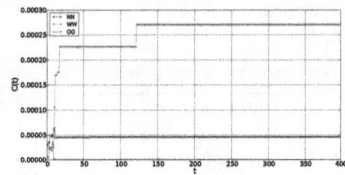

(d) EMPIRIQUE 1

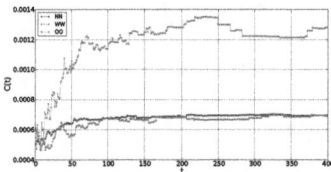

(e) EMPIRIQUE 2

FIGURE C.19: Evolution du coefficient de clustering moyen par états en fonction du temps, par topologie de réseaux étudiés, avec la probabilité de connexion version 2 et une distribution d'IMC (avec 14,5 % des individus obèses, 31,9% en surpoids et le reste en état normal)

COEFFICIENT D'AGRÉGATION MOYEN PAR ÉTATS EN FONCTION DU TEMPS PAR
TOPOLOGIE DE RÉSEAU

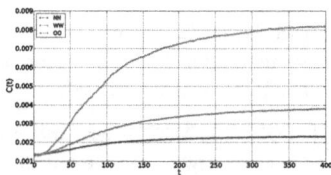

(a) ALEATOIRE

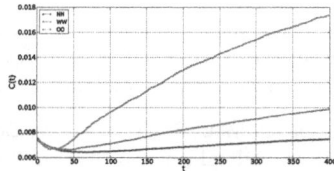

(b) SCALE -FREE

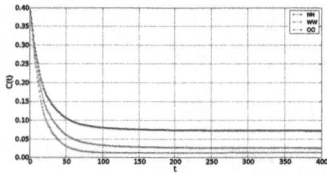

(c) SMALL WORLD

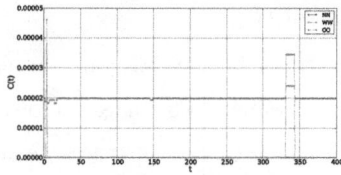

(d) EMPIRIQUE 1

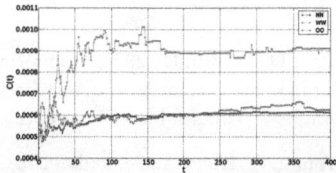

(e) EMPIRIQUE 2

FIGURE C.20: Evolution du coefficient de clustering moyen par états en fonction du temps,
par topologie de réseaux étudiés, avec la probabilité de connexion version 3 et une distribution d'IMC (avec 14,5 % des individus obèses, 31,9% en surpoids et le reste en état
normal)

Bibliographie

Agutter, P., Tuszynski, J., 2011. Analytic theories of allometric scaling. Journal of Experimental Biology 214, 1055–1062.

Albert, R., Barabasi, A., 2002. Statistical mechanics of complex networks. Reviews of Modern Physics 74, 47–97.

Allison, D., Kaprio, J., Korkeila, M., Koskenvuo, M., Neale, C., Hayakawa, K., 1996. The heritability of body mass index among an international sample of monozygotic twins reared apart. International Journal of Obesity 20(6), 501–506.

Allison, D., Matz, P., Pietrobelli, A., Zannolli, R., Faith, M., 2000. Genetic and environmental influences on obesity. Primary and secondary preventive nutrition - Humana Press, 147–164.

Allon, N., 1982. In : Psychological aspects of obesity : a handbook. Van Nostrand Reihold Co.

Apfeldorfer, G., 2000. Maigrir, c'est fou. Odile Jacob.

Apfeldorfer, G., 2008. Mangez en paix. Odile Jacob.

Apfeldorfer, G., Zermati, J., 2006. Dictature des régimes, Attention ! Odile Jacob.

Aranceta, J., Pérez-Rodrigo, C., Serra-Majem, L., Bellido, D., de la Torre, M., Formiguera, X., Moreno, B., 2007. Prevention of overweight and obesity : a spanish approach. Public Health 9, 243–263.

Armougom, F., Henry, M., Vialettes, B., Raccah, D., Raoult, D., 2009. Monitoring bacterial community of human gut microbiota reveals an increase in lactobacillus in obese patients and methanogens in anorexic patients. PloS One 4, e7125.

Bäckhed, F., Ding, H., Wang, T., Hooper, L., Young, G., Nagy, A., Semenkovich, C., Gordon, J., 2004. The gut microbiota as an environmental factor that regulates fat storage. Proceedings of the National Academy of Sciences USA 101(44), 15718–15723.

Bahr, D., Browning, R., Wyatt, H., Hill, J., 2009. Exploiting social networks to mitigate the obesity epidemic. Obesity 4, 723–728.

Barabasi, A., 2007. Network medicine–from obesity to the "diseasome". New England Journal of Medicine 4, 404–407.

Barabasi, A., Albert, R., Jeong, H., 1999. Mean-field theory for scale-free random networks. Physica A : Statistical Mechanics and its Applications 272, 173–187.

Barabasi, A., Bonabeau, E., 2003. Scale-free networks. Scientific American 288, 50–59.

Barabasi, A., Jeong, H., Neda, Z., Ravasz, E., Schubert, A., Vicsek, T., 2001. Evolution of the social network of scientific collaborations. Physica A : Statistical Mechanics and its Applications 311, 590–614.

Baranova, A., Collantes, R., Gowder, S., Elariny, H., Schlauch, K., Younoszai, A., King, S., Randhawa, M., Pusulury, S., Alsheddi, T., Ong, J., Martin, L., Chandhoke, Zobair, V., Younossi, M., 2005. Obesity-related differential gene expression in the visceral adipose tissue. Obesity Surgery 15, 758–765.

Barth, J., 2002. What should we do about the obesity epidemic? Practical Diabetes International 19 (4), 119–122.

Basdevant, A., 2005. Obésité : une maladie chronique. La Revue du praticien 55(13), 1407–1411.

Basdevant, A., 2006. Obesity epidemic : origins and consequences. Comptes Rendus Biologies 329(8), 562–569 ; discussion 653–655.

Basdevant, A., Guy-Grand, B., 2004. Médecine de l'obésité. Flammarion Médecine-Sciences.

Basdevant, A., Laville, M., Lerebours, E., 2001. Traité de nutrition clinique de l'adulte. Flammarion Médecine-Sciences.

Bearman, P., Moody, J., Stovel, K., 2004. Chains of affection : the structure of adolescent romantic and sexual networks. American Journal of Sociology 110(1), 44–91.

Benson, P., Severs, D., Tatgenhorst, J., Loddengaard, N., 1980. The social costs of obesity : a non-reactive field study. Social Behavior and Personality 8(1), 91–96.

Bergman, R., Stefanovski, D., Buchanan, T., Sumner, A., Reynolds, J., Sebring, N., Xiang, A., Watanabe, R., 2011. A better index of body adiposity. Obesity 19, 1083–1089.

Boirie, Y., 2008. Nutrition, âge et muscle : sarcopénie ou sarcoporose? Cahiers de Nutrition et de Diététique 43(2), 67–71.

Bonaccorsi, A., 2008. Search regimes and the industrial dynamics of science. Minerva 46(3), 285–315.

Booth, K., Pinkston, M., Poston, W., 2005. Obesity and the built environment. Journal of the American Dietetic Association 105, 110–117.

Borgatti, S., Mehra, A., Brass, D., Labianca, G., 2009. Network analysis in the social sciences. Science 323(5916), 892–895.

Bouchard, C., 1991. Current understanding of the etiology of obesity : genetic and nongenetic factors. American Journal of Clinical Nutrition 53(6), 1561–1565.

Bouchard, C., 1994. The genetics of obesity. CRC Press.

Braeckman, B., Demetrius, L., Vanfleteren, J., 2006. The dietary restriction effect in c. elegans and humans : is the worm a one-millimeter human ? Biogerontology 7(3), 127–133.

Bray, G., Bouchard, C., 2004. Handbook of obesity : etiology and pathophysiology. Informa Healthcare.

Breiger, R., 1974. The duality of persons and groups. Social Forces 53(2), 181–190.

Breiger, R., 2004. The analysis of social networks. Handbook of Data Analysis, 505–526.

Bruch, H., 1978. Les yeux et le ventre : l'obèse, l'anorexique. Payot.

Cahnman, W. J., 1968. The stigma of obesity. The Sociological Quarterly 9 (3), 283–299.

Canning, H., Mayer, J., 1966. Obesity - its possible effects on college admissions. New England Journal of Medicine 275, 1172–1174.

Carminati, G., Mendez, A., 2010. Thérapies de l'extrême : Expériences de soignants face aux soins complexes. Médecine et Hygiène.

Castets, P., 2010. Système d'information de santé en Rhône-Alpes - SISRA. Les Publications de l'AUEG.

Catanzaro, M., Caldarelli, G., Pietronero, L., 2004. Social network growth with assortative mixing. Physica A : Statistical Mechanics and its Applications 338, 119–124.

Chang, H., Su, B., Zhou, Y., He, D., 2007. Assortativity and act degree distribution of some collaboration networks. Physica A : Statistical Mechanics and its Applications 383, 687–702.

Charles, M., Eschwège, E., Basdevant, A., 2008. Monitoring the obesity epidemic in france : The obepi surveys 1997-2006. Obesity (Silver Spring) 16(9), 2182–6.

Christakis, N., Fowler, J., 2007a. The spread of obesity in a large social network over 32 years. New England Journal of Medicine 357(4), 370–379.

Christakis, N., Fowler, J., 2007b. Supplementary appendix 1. New England Journal of Medicine 19(1), 1–10.

Clément, K., Basdevant, A., Guy-Grand, B., Froguel, P., 1997. Genetic and obesity. Sang Thrombose Vaisseaux 9(8), 487–496.

Cohen-Cole, E., Fletcher, J., 2008. Is obesity contagious ? social networks vs. environmental factors in the obesity epidemic. Journal of Health Economics 27(5), 1382–1387.

Corbeau, J., 2005. Évolution des modes de vie et des trajectoires sociales d'obésité chez les jeunes enfants. Enfances & Psy 27 (2005/2), 17–23.

Crossman, A., Sullivan, D. A., Benin, M., 2006. The family environment and american adolescents risk of obesity as young adults. Social Science & Medicine 63 (9), 2255–2267.

Cuin, C., 1993. Les Sociologues et la mobilité sociale. Presses Universitaires de France.

Cummins, S., Macintyre, S., 2006. Food environments and obesity neighbourhood or nation ? International Journal of Epidemiology 35, 100–104.

Dargent, J., 2005. Le corps obèse : obésité, science et culture. Champ Vallon.

Dauphinot, V., Wolff, H., Naudin, F., Gueguen, R., Sermet, C., Gaspoz, J., Kossovsky, M., 2008. New obesity body mass index threshold for self-reported data. Journal of Epidemiology Community Health 63, 128–132.

de la Haye, K., Robins, G., Mohr, P., Wilson, C., 2009. Obesity-related behaviors in adolescent friendship networks. Social Networks 32(3), 161–167.

de Saint Pol, T., 2008. Obésité et milieux sociaux en france : les inégalités augmentent. Bulletin Epidémiologique Hebdmadaire 20, 175–179.

Delhumeau, C., 2002. Contribution à la modélisation des durées de séjour du CHU de grenoble. These UJF, 955 – 960.

Delhumeau, C., Demongeot, J., Langlois, C., Taramasco, C., 2009. Modelling medical time and expertise. example of the hospital stay duration in diagnosis related groups data bases. International Conference on Complex, Intelligent and Software Intensive Systems CISIS'09. IEEE Press, 955–960.

Demetrius, L., Coy, J., Tuszynski, J., 2010. Cancer proliferation and therapy : the Warburg effect and quantum metabolism. Theoretical Biology and Medical Modelling 7, 2–10.

Demetrius, L., Tuszynski, J., 2010. Quantum metabolism explains the allometric scaling of metabolic rates. Journal of the Royal Society. Interface 7(44), 507–514.

Demongeot, J., Amor, H., Elena, A., Gillois, P., Noual, M., Sené, S., 2009. Robustness of regulatory networks. a generic approach with applications at different levels : physiologic, metabolic and genetic. International Journal of Molecular Sciences 10(10), 4437–4473.

Demongeot, J., Elena, A., Noual, M., Sené, S., Thuderoz, F., 2011. "Immunetworks", intersecting circuits and dynamics. Journal of Theoretical Biology 280(1), 19–33.

Demongeot, J., Goles, E., Morvan, M., Noual, M., Sené, S., 2010. Attraction basins as gauges of environmental robustness in biological complex systems. PloS One 5(8).

Demongeot, J., Noual, M., Sené, S., 2012. Combinatorics of boolean automata circuits dynamics. Discrete Applied Mathematics 160, 398–415.

Detournay, B., Fagnani, F., Philippo, M., Pribil, C., Charles, M., Sermet, C., Basdevant, A., Eschwège., E., 2000. Obesity morbidity and health care costs in france : an analysis of the 1991-1992. International Journal of Obesity 24(2), 151–155.

DiBaise, J., Zhang, H., , Crowell, M., Krajmalnik-Brown, R., Decker, A., Rittmann, B., 2008. Gut microbiota and its possible relationship with obesity. Mayo Clinic Proceeding 83, 460–469.

disease control prevention, C., 2010. U.s obesity trends 1985-2009. http ://www.cdc.gov/, 1–28.

Dorogovtsev, S., Mendes, J., 2003. Evolution of networks : from biological nets to the internet and www. Oxford University Press, USA.

Duchon, P., Hanusse, N., Lebhar, E., Schabanel, N., 2006a. Could any graph be turned into a small-world ? Theoretical Computer Science 355(1), 96–103.

Duchon, P., Hanusse, N., Lebhar, E., Schabanel, N., 2006b. A fully distributed scheme to turn a network into a small world. LIP - ENS Lyon.

Duncan, S., Lobley, G., Holtrop, G., Ince, J., Johnstone, A., Louis, P., Flint, H., 2008. Human colonic microbiota associated with diet, obesity and weight loss. International Journal of Obesity 32, 1720–1724.

Durlauf, S., 2004. Neighborhood effects. Handbook of regional and urban economics 4, 2173–2242.

Erdös, P., Rényi, A., 1960. On the evolution of random graphs. The Mathematical Institute of the Hungarian Academy of Science.

Farooqi, I., O'Rahilly, S., 2006. Genetics of obesity in humans. Endocrine Reviews 27, 710–717.

Farooqi, I., Wangensteen, T., Collins..., S., 2007. Clinical and molecular genetic spectrum of congenital deficiency of the leptin receptor. The New England Journal of Medicine 356(3), 237–247.

Fetter, R., Freeman, J., 1986. Diagnosis related groups : product line management within hospitals. The Academy of Management Review, 41–54.

Figueroa, K., Farooqi, S., Harrup, K., Frank, J., O'Rahilly, S., Pulst, S., 2009. Genetic variance in the spinocerebellar ataxia type 2 (atxn2) gene in children with severe early onset obesity. PloS One 128, 2297–2303.

Fischler, C., 1990. L'homnivore : Le goût, la cuisine et le corps. Odile Jacob.

Force, I. O. T., 2008. Global prevalence of adult obesity. Data IOTF.

Forsé, M., 2008. Définir et analyser les réseaux sociaux. les enjeux de l'analyse structurale. Informations Sociales 147, 10–19.

Frank, L., Andresen, M., Schmid, T., 2004. Obesity relationships with community design, physical activity, and time spent in cars. American Journal of Preventive Medicine 27, 87–96.

Fruchterman, T., Reingold, E., 1991. Graph drawing by force-directed placement. Software : Practice and Experience 21(11), 1129–1164.

Garrow, J., 1988. Obesity and related diseases. Churchill Livingstone.

Girard, R., 1996. Eating disorders and mimetic desire. Contagion : Journal of Violence, Mimesis, and Culture 3, 1–20.

Goffman, E., 1963. Stigma ; notes on the management of spoiled identity. Prentice-Hall.

Goran, M., Reynolds, K., Lindquist, C., 1999. Role of physical activity in the prevention of obesity in children. International Journal of Obesity 23(3), 18–33.

Grangeard, C., 2007. Obésités : les poids des mots, les maux du poids. Calmann - Lévy.

Hainer, V., Stunkard, A., Kunesova, M., Parizkova, J., Stich, V., Allison, D., 2001. A twin study of weight loss and metabolic efficiency. International Journal of Obesity 25, 533–537.

Hauck, K., Hollingsworth, B., 2010. The impact of severe obesity on hospital length of stay. Critical Care Medecine 48, 335–340.

Hewitt, J., 1997. The genetics of obesity : what have genetic studies told us about the environment. Behavior Genetics 27(4), 353–358.

Hill, J., Peters, J., 1998. Environmental contributions to the obesity epidemic. Science 280 (5368), 1371–1374.

Hill, J., Wyatt, H., Reed, G., Peters, J., 2003. Obesity and the environment : where do we go from here ? Science 299(5608), 853–855.

Hinkle, L., Whitney, L., Lehman, E., Dunn, J., Benjamin, B., King, R., Plakun, A., Flehinger, B., 1968. Occupation, education, and coronary heart disease. risk is influenced more by education and background than by occupational experiences, in the bell system. Science 161 (838), 238–246.

INSERM, 1986. Obésité : Bilan et évaluation des programmes de prévention et de prise en charge rapport. INSERM rapport.

Jones, M., Jones, D., 2000. The contagious nature of antisocial behavior. Criminology 38, 25–46.

Karris, L., 1977. Prejudice against obese renters. The Journal of Social Psychology 101(1), 159–160.

Kimm, S., Glynn, N., Obarzanek, E., Kriska, A., Daniels, S., Barton, B., Liu, K., 2005. Relation between the changes in physical activity and body-mass index during adolescence : a multicentre longitudinal study. The Lancet 366(9482), 301–307.

Kleinberg, J., Kumar, R., Raghavan, P., Rajagopalan, S., Tomkins, A., 1999. The web as a graph : measurements, models and methods. Lecture Notes in Computer Science 1627, 1–17.

Koehly, L., Loscalzo, A., 2009. Adolescent obesity and social networks. Preventing Chronic Disease 6(3), 1–8.

Kohler, F., 2010. Le PMSI en court séjour. Université de Nancy.

Kopelman, P., 2000. Obesity as a medical problem. Nature-London 404, 635–643.

Laitinen, J., Power, C., Jarvelin, M., 2001. Family social class, maternal body mass index, childhood body mass index, and age at menarche as predictors of adult obesity. American Society for Clinical Nutrition 74, 287–294.

Langlois, C., 2003. Modélisation des durées de séjour. Rapport Interne CHU Grenoble.

Laumann, E., Pappi, F., 1973. New directions in the study of community elites. American Sociological Review 38, 212–230.

Lazarsfeld, P., Merton, R., 1954. Friendship as a social process : a substantive and methodological analysis. Freedom and Control in Modern Society 18-66.

Lecerf, J.-M., 2001. Poids et obésité. John Libbey Eurotext.

Legrand, D., 2010. Désir de vide : le corps vécu par l'anorexique et par l'obèse. Groupe EIAO.

Levy, E., Levy, P., LePen, C., Basdevant, A., 1995. The economic cost of obesity : the french situation. International Journal of Obesity 19(11), 788–792.

Ley, R., Bäckhed, F., Turnbaugh, P., Lozupone, C., Knight, R., Gordon, J., 2005. Obesity alters gut microbial ecology. Proceedings of the National Academy of Sciences 102, 11070–11075.

Ley, R., Turnbaugh, P., Klein, S., Gordon, J., 2006. Microbial ecology : human gut microbes associated with obesity. Nature 444(7122), 1009–1010.

Liljeros, F., Edling, C., Nunes-Amaral, L., 2003. Sexual networks : implications for the transmission of sexually transmitted infections. Microbes and Infection 5 (2), 189–196.

Loos, R., Bouchard, C., 2003. Obesity-is it a genetic disorder ? Journal of Internal Medicine 254(5), 401–425.

Lopez, R., 2007. Neighborhood risk factors for obesity. Obesity 15, 2111–2119.

Lovejoy, J., Champagne, C., Smith, S., de Jonge, L., Xie, H., 2001. Ethnic differences in dietary intakes, physical activity, and energy expenditure in middle-aged, premenopausal women : the healthy transitions study. American Journal of Clinical Nutrition 74(1)102, 90–95.

Maillard, G., Charles, M., Thibult, N., Forhan, A., Sermet, C., Basdevant, A., Eschwège, E., 1999. Trends in the prevalence of obesity in the french adult population between 1980 and 1991. International Journal of Obesity 23(4), 389–394.

Manski, C., 1993. Identification of endogenous social effects : the reflection problem. Review of Economics Studies 60(3), 531–542.

McClean, R., Moon, M., 1980. Health, obesity and earning. American Journal of Public Health 70(9), 1006–1009.

McPherson, M., Smith-Lovin, L., Cook, J., 2001. Birds of a feather : homophily in social networks. Annual Review of Sociology 27, 415–444.

Milgram, S., 1967. The small world problem. Psychology Today 1(1), 61–67.

Mokdad, A., Serdula, M., Dietz, W., Bowman, B., Marks, J., Koplan, J., 1999. The spread of the obesity epidemic in the united states, 1991-1998. Jama 282(16), 1519–1522.

Mollica, K., Gray, B., Trevino, L., 2003. Racial homophily and its persistence in newcomers' social networks. Organization Science 14(2), 123–136.

Myers, A., Rosen, J. C., 1999. Obesity stigmatization and coping : relation to mental health symptoms, body image, and self-esteem. International Journal of Obesity 23(3), 221–230.

Newman, M., 2001. The structure of scientific collaboration networks. Proceedings of the National Academy of Sciences 98 (2), 404.

Newman, M., 2003a. Mixing patterns in networks. Physical Review E 67(2).

Newman, M., 2003b. The structure and function of complex networks. SIAM Review 45(2), 167–256.

Newman, M. E. J., 2002. The spread of epidemic disease on networks. Physical Review E 66(1), 389–394.

Normalisation, A., 2000. Informatique de santé, anonymisation, glossaire et démarche d'analyse et expression de besoins. Thésaurus International Technique FD S 97-560.

ObEpi-Roche, 2009. Enquête épidémiologique nationale sur le surpoids et l'obésité. Enquête.

Oja, P., Vuori, I., Paronen, O., 1998. Daily walking and cycling to work : their utility as health-enhancing physical activity. Patient Education and Counseling 33(1), 87–94.

Oliver, I., Jouret, B., Tauber, M., 2006. RÉPOP Toulouse Midi-Pyrénées : réseau ville–hôpital de prévention et prise en charge de l'obésité pédiatrique. Obésité 1(2-4), 69–71.

OMS, 1995. Utilisation et interprétation de l'anthropométrie. OMS, Serie de Rapports Techniques 854.

OMS, 1997. Obésité : prévention et prise en charge de l'épidémie mondiale : rapport d'une consultation de l'oms. OMS, Série Rapports Techniques 894.

OMS, 2000. Classification internationale des maladies. OMS.

O'Rahilly, S., Farooqi, I., 2008a. Human obesity : a heritable neurobehavioral disorder that is highly sensitive to environmental conditions. Diabetes 57, 2905–2910.

O'Rahilly, S., Farooqi, I., 2008b. Human obesity as a heritable disorder of the central control of energy balance. International Journal of Obesity 32(7), 55–61.

Pastor-Satorras, R., Vespignani, A., 2001a. Epidemic dynamics and endemic states in complex networks. Physical Review E 63(3).

Pastor-Satorras, R., Vespignani, A., 2001b. Epidemic spreading in scale-free networks. Physical Review Letters 86 (14), 3200–3203.

Pastor-Satorras, R., Vespignani, A., 2004. Evolution and structure of the Internet : a statistical physics approach. Cambridge University Press.

Pavlides, S., Tsirigos, A., Vera, I., Flomenberg, N., Frank, P., Casimiro, M., Wang, C., Pestell, R., Martinez-Outschoorn, U., Howell, A., Sotgia, F., Lisanti, M., 2010. Transcriptional evidence for the "reverse warburg effect" in human breast cancer tumor stroma and metastasis : similarities with oxidative stress, inflammation, alzheimer's disease, and "neuron glia metabolic coupling". Journal of Aging 2(4), 185–199.

Piraveenan, M., Prokopenko, M., Zomaya, A., 2011. Assortativity in cyber-physical networks. prokopenko.net.

Poulain, J., 2001. Les dimensions sociales de l'obésité. Journal de Pédiatrie et de Puériculture 14(3), 185–186.

Poulain, J., Tibère, L., 2008. Alimentation et précarité/food and insecurity. Anthropology of Food 6.

Poulain, J.-P., 2002. Manger aujourd'hui : attitudes, normes et pratiques. Privat.

Poulain, J.-P., 2009. Sociologie de l'obésité. Presses Universitaires de France.

Pryor, T., Morgan, J., Clark, S., Miller, W., Warner, H., 1975. Help. a computer assisted system for medical decision making. computer.org.

Raoult, D., 2008. Obesity pandemics and the modification of digestive bacterial flora. European Journal of Clinical Microbiology & Infectious Diseases 27(8), 631–634.

Redner, S., 2005. Citation statistics from 110 years of physical review. Physics Today 58(6), 49–54.

Ritenbaugh, C., Kumanyika, S., 1999. Caught in the causal web : a new perspective on social factors affecting obesity. Healthy Weight Journal 13, 88–89.

Robins, G., Snijders, T., Wang, P., Handcock, M., Pattison, P., 2007. Recent developments in exponential random graph (p*) models for social networks. Social Networks 29, 192–215.

Romon, M., Duhamel, A., Collinet, N., Weill, J., 2005. Influence of social class on time trends in bmi distribution in 5-year-old french children from 1989 to 1999. International Journal of Obesity 29(1), 54–59.

Ruef, M., Aldrich, H., N.M.Carter, 2003. The structure of founding teams : homophily, strong ties, and isolation among us entrepreneurs. American Sociological Review 68(2), 195–222.

Salem, G., Rican, S., Kürzinger, M., Roudier-Daval, C., 2006. Atlas de la santé en france : comportements et maladies. John Libbey Eurotext.

Sallis, J., Glanz, K., 2006. The role of built environments in physical activity, eating, and obesity in childhood. Future of Children 16(1), 89–108.

Sassi, F., Devaux, M., Cecchini, M., Rusticelli, E., 2009. The obesity epidemic : analysis of past and projected future trends in selected oecd countries. OECD Health Working Papers 45.

Scharoun-Lee, M., Adair, L., Kaufman, J., Gordon-Larsen, P., 2009. Obesity, race/ethnicity and the multiple dimensions of socioeconomic status during the transition to adulthood : a factor analysis approach. Social Science & Medicine 68(4), 708–716.

Seidell, J., 1997. Time trends in obesity : an epidemiological perspective. Hormone and Metabolic Research 29(4), 155–158.

Seidell, J., 1999. Obesity : a growing problem. Acta Paediatrica 88(428), 46–50.

Seidell, J., 2005. Obesity prevention and public health - the epidemiology of obesity : a global perspective. Oxford University Press 13, 3–20.

Seidell, J., Flegal, K., 1997. Assessing obesity : classification and epidemiology. British Medical Bulletin 53(2), 238–252.

Snijders, T., 2001. The statistical evaluation of social network dynamics. Sociological Methodology 31(1), 361–395.

Sobal, J., 1991. Obesity and nutritional sociology : a model for coping with stigma of obesity. Clinical Sociology Review 9, 21–32.

Sobal, J., Stunkard, A., 1989. Socioeconomic status and obesity : a review of the literature. Psychol Bull 105(2), 260–275.

Sorensen, T., Price, R., Stunkard, A., Schulsinger, F., 1989. Genetics of obesity in adult adoptees and their biological siblings. British Medical Journal 298(6666), 87–90.

Stehlé, J., Barrat, A., Bianconi, G., 2010. Dynamical and bursty interactions in social networks. Physical Review E 81(3).

Strauss, R., Pollack, H., 2003. Social marginalization of overweight children. Archives of Pediatrics & Adolescent Medicine 157(8), 746–752.

Stunkard, A., Harris, J., Pedersen, N., McClearn, G., 1990. The body-mass index of twins who have been reared apart. The New England Journal of Medicine 322(21), 1483–1487.

Stunkard, A., Sorensen, T., 1993. Obesity and socioeconomic status - a complex relation. The New England journal of Medicine 329(14), 1036–1037.

Stunkard, A., Sorensen, T., Hanis, C., Teasdale, T., Chakraborty, R., Schull, W., Schulsinger, F., 1986. An adoption study of human obesity. The New England Journal of Medicine 314(4), 193–198.

Tambs, K., Moum, T., Eaves, L., Neale, M., Midthjell, K., Lund-Larsen, P., Naess, S., Holmen, J., 1991. Genetic and environmental contributions to the variance of the body mass index in a norwegian sample of first and second degree relatives. American Journal of Human Biology 3(3), 257–267.

Taramasco, C., Demongeot, J., 2011. Collective intelligence, social networks and propagation of a social disease, the obesity. EIDWT 2011, IEEE, 86–90.

Teymoori, F., Hansen, O., Franco, A., Demongeot, J., 2010. Dynamic projection of old aged disability in Iran : DOPAMID microsimulation. IEEE ARES-CISIS' 10, IEEE Press, 612–617.

Thippana, C., Thomas, A., Tosh, W., Chakraborty, B., Beauchamp, B., Banerjee, D., Mukherjee, R., 2010. P152 effect of obesity in patients admitted to non invasive ventilation (niv) unit with acute hypercapnic respiratory failure (ahrf). Thorax 65(4), 142–143.

Tibere, L., Poulain, J., da Proenca, R., Jeannot, S., 2007. Adolescents obèses face à la stigmatisation. Obésité 2(2), 173–181.

Trogdon, J., Nonnemaker, J., Pais, J., 2008. Peer effects in adolescent overweight. Journal of Health Economics 27(5), 1388–1399.

Tunstall-Pedoe, H., 2003. Monograph and multimedia sourcebook : world's largest study of heart disease, stroke, risk factors, and population trends 1979-2002. WHO press.

Turnbaugh, P., Hamady, M., Yatsunenko..., T., 2008. A core gut microbiome in obese and lean twins. Nature 457, 480–484.

Turnbaugh, P., Ley, R., Mahowald, M., Magrini..., V., 2006. An obesity-associated gut microbiome with increased capacity for energy harvest. Nature 444, 1027–1033.

Valente, T., Fujimoto, K., Chou, C., Spruijt-Metz, D., 2009. Adolescent affiliations and adiposity : a social network analysis of friendships and obesity. Journal of Adolescent Health 45(2), 202–204.

Valois, J., Abrial, J., Cohen, S., 1970. Description d'un système de gestion en temps réel du dossier médical. Grenoble Médico-Chirurgical 8, 301–314.

Vander-Heiden, M., Cantley, L., Thompson, C., 2009. Understanding the warburg effect : the metabolic requirements of cell proliferation. Science 324, 1029–1033.

Vigarello, G., 2010. Les métamorphoses du gras. histoire de l'obésité du moyen age au xxème siècle. Seuil.

Voorhees, C., Murray, D., Welk, G., Birnbaum, A., Ribisi, K., Johnson, C., Pfeiffer, K., Saksvig, B., Jobe, J., 2005. The role of peer social network factors and physical activity in adolescent girls. American Journal of Health Behavior 29(2), 183–190.

Wang, Y., Beydoun, M., 2007. The obesity epidemic in the united states - gender, age, socioeconomic, racial/ethnic, and geographic characteristics : a systematic review and meta-regression analysis. Epidemiologic Reviews 29(1), 6–28.

Wasserman, S., Pattison, P., 1996. Logit models and logistic regressions for social networks : an introduction to markov graphs and p. Psychometrika 61(3), 401–425.

Watson, J., 2009. To fight cancer, know the enemy. New York Times, Op-Ed.

Watts, D., 1999. Networks, dynamics, and the small-world phenomenon. American Journal of Sociology 105(2), 493–527.

Watts, D., Strogatz, S., 1998. Collective dynamics of 'small-world' networks. Nature 393, 440–442.

Weil, G., 1998. L'identifiant permanent du patient (i.p.p.) dans les systèmes d'information de santé. Rapport Ministère l'Emploi et de la Solidarité, Direction des Hôpitaux.

Winnicott, D., 2000. La crainte de l'effondrement et autres situations cliniques. Gallimard.

Wostmann, B., 1981. The germfree animal in nutritional studies. Annual Review of Nutrition 1, 257–279.

Xulvi-Brunet, R., Sokolov, I., 2005. Changing correlations in networks : assortativity and dissortativity. Acta Physica Polonica B 36(5), 1431.

Yapko, M., 2009. Depression is contagious. Free Press Hardcover Edition.

Zermati, J., 2009. Maigrir sans regrossir : Est-ce possible ? Odile Jacob.